受験ジャーナル 特別企画⑤

JN090758

**6**年度

# 直前予想問題

## 地方上級／市役所

## CONTENTS

表紙デザイン：アルビレオ
表紙イラスト：北村みなみ

**6** 年度

# 地方上級 教養試験 予想問題

> 出題数・解答数：50問（全問解答）
> 解答時間：150分

地方上級（全国型）教養試験 科目別出題数（予想）

| 科　目 | | 出題数 |
|---|---|---|
| 社会科学 | 政　治 | 1 |
| | 法　律 | 3 |
| | 経　済 | 3 |
| | 社　会 | 5 |
| 人文科学 | 地　理 | 2 |
| | 日本史 | 2 |
| | 世界史 | 2 |
| 自然科学 | 数　学 | 1 |
| | 物　理 | 1 |
| | 化　学 | 2 |
| | 生　物 | 2 |
| | 地　学 | 1 |
| 文章理解 | 英　文 | 5 |
| | 現代文 | 3 |
| 判断推理 | | 10 |
| 数的推理 | | 6 |
| 資料解釈 | | 1 |

No. 1 各国の政治制度に関する次の記述のうち，妥当なものはどれか。

1 アメリカでは，大統領は法案拒否権を持っており，連邦議会で可決された法案でも大統領が署名しない限り，法律として成立することはない。

2 イギリスでは，二大政党である自由党と労働党のうち，野党となった政党は，政権交代に備えて「影の内閣」を組織する慣習がある。

3 ドイツでは，大統領は4年ごとに国民の直接投票によって選出されているが，議会には大統領に対する不信任決議権が認められている。

4 フランスでは，大統領は儀礼的な存在であるため政治的実権を持っておらず，行政権は首相が率いる内閣によって担われている。

5 中国では，一院制議会である全国人民代表大会が最高の国家権力機関とされており，国家主席も全国人民代表大会において選出されている。

No. 2 法の下の平等に関する次の記述のうち，妥当なものはどれか。

1 明治憲法においては，日本国憲法14条1項前段に相当する法の下の平等に関する一般的な規定が置かれていた。

2 日本国憲法における法の下の平等とは，法を執行し適用する行政権および司法権が国民を差別してはならないという法適用の平等のことを意味するのであり，国会が立法する法の内容が平等であることまでは要求されないと解されている。

3 憲法14条1項後段は「信条」による差別を禁止しているが，企業者が特定の思想，信条を有する者をそのゆえをもって雇い入れることを拒んでも，それを当然に違法とすることはできないとするのが判例である。

4 民法は夫婦が同一の氏を称することを定めているが，女性が氏を変更することが多いことから実質的に不平等であり，憲法14条1項，24条2項に違反するとするのが判例である。

5 地方公共団体が同一の取締事項について各別に条例を制定した結果，その取扱いにおいて差別を生ずることになった場合には，その地域差が生じていることは憲法14条に違反するとするのが判例である。

No. 3 社会権などに関する次の記述のうち，妥当なものはどれか。ただし，争いのあるものは判例の見解による。

1 すべて国民は，法律の定めるところにより，その能力にかかわらず，ひとしく教育を受ける権利を有する。

2 すべて国民は，法律の定めるところにより，普通教育を受ける義務を負う。

3 勤労者の団結する権利および団体交渉その他の団体行動をする権利は，これを保障する。

4 生存権の憲法25条1項は，国民が健康で文化的な最低限度の生活を営みうるように国政を運営すべきことを国の責務として宣言したものにとどまらない。

5 憲法26条2項の「義務教育は無償とする」との規定の無償とは，授業料のほかに，教科書，学用品その他の費用まで無償としなければならないことを定めたものである。

No. 4 衆議院に関する次の記述のうち，妥当なものはどれか。ただし，争いのあるものは通説の見解による。

1 衆議院が解散されたときは，解散の日から30日以内に衆議院議員の総選挙を行い，その選挙の日から40日以内に国会を召集しなければならない。

2 衆議院が解散されたときは，参議院は同時に閉会となる。ただし，参議院が，その総議員の4分の1以上で緊急集会を要求したときには，内閣は緊急集会を開くことを決定しなければならない。

3 憲法は，衆議院の意思決定が参議院の意思決定に優越する場面として，法律案の議決，予算の議決，条約の承認の議決，内閣総理大臣の指名の議決，憲法改正の発議について規定している。

4 予算は，先に衆議院に提出しなければならず，また，条約の締結に必要な国会の承認についても，先に衆議院が議決しなければならない。

5 衆議院の解散は，衆議院で内閣不信任案が可決または内閣信任案が否決された場合に10日以内に解散されるときに限られず，内閣自らの判断で決定することができる。

No. 5 経済理論等に関する次の記述のうち，妥当なものはどれか。

1 市場機構による資源配分の限界を市場の失敗という。たとえば，ハイブリッド車や電気自動車などの電動車の普及は，従来のガソリン車に比べ，脱炭素など社会全体に好影響をもたらす一方，外部への好影響よりも製造コストの高さばかりが注目され，普及が進まない現状を外部不経済という。

2 資本の集中が進むと，市場は寡占・独占状態となる。寡占・独占市場においては，完全競争市場に比べ財価格が高くなる一方，少数の企業に資本が集中することで，より効率的かつ質の高い製品が作られるので，市場全体での経済厚生は完全競争市場の場合と比べ大きくなる。

3 今，ある市中銀行が現金10万円を預金として受け入れ，引出しに備えた支払準備金を残して，残りを別の市中銀行に貸し出すものとする。支払準備率を5％とした場合，各銀行が貸出と預金を繰り返すことで，預金総額の理論値は200万円に達し，このとき190万円が新たに信用創造されたことになる。

4 中央銀行が貨幣量をコントロールする公開市場操作に関して，中央銀行が買いオペレーションを実施すると，マネタリーベースが減少するため市場における貨幣量は減少する。反対に，売りオペレーションを実施すると，マネタリーベースが増加するため市場における貨幣量は増加する。

5 小麦を1単位生産するのに必要な労働力がA国で14人，B国で3人，一方，茶を1単位生産するのに必要な労働力がA国で7人，B国で6人であるとする。このとき，小麦・茶両方の生産において，B国はA国に対して絶対優位にあるといい，両国の間で貿易は行われない。

No. 6　第二次世界大戦以降の我が国の経済に関する次の記述のうち，妥当なものはどれか。

1　朝鮮戦争による朝鮮特需がきっかけで生じたインフレを抑えるため，ドッジ＝ラインが導入され，緊縮予算などが実施された結果，インフレは収束したものの，経済はデフレの様相を呈することとなった。

2　昭和35年に池田内閣が表明した「国民所得倍増計画」は，昭和36～45年の間の実質経済成長率を年平均7.8％と計画し，国民所得を倍増しようとするものであったが，当該期間の実際の実質経済成長率は年平均10％を超え，「国民所得倍増計画」を上回った。

3　昭和40年不況は，当時「戦後最大の不況」と呼ばれ，これに対処するため政府は財政支出を大幅に増大させることで均衡財政主義からの転換を行い，昭和41年度以降，毎年，特例国債を発行するようになった。

4　昭和48年秋に発生した第一次石油危機と，それ以前から続く「過剰流動性」により，狂乱物価と戦後初のマイナス成長に直面した結果，我が国は翌年より変動相場制へ移行することとなった。

5　昭和60年に先進5か国蔵相会議（G5）が開かれ，プラザ合意がなされたことから，急速に円安が進行し，昭和63年に経常収支は赤字になり，以後，赤字が定着した。

No. 7　最近の我が国の経済状況に関する次の記述のうち，妥当なものはどれか。

1　2022年度以降の我が国の経済を振り返ると，名目GDPは，2022年7－9月期に輸入物価の上昇などによる輸入の急増を受け前期比で減少したほかは増加を続け，2023年4－6月期に591兆円と，過去最大となった。一方，実質GDPについては，物価上昇により下押しされた結果，減少傾向にある。

2　2023年の春闘では，連合による集計では定期昇給相当込み賃上げ計は3.58％と，30年ぶりの伸びとなった。賃上げ（ベア）分が明確にわかる労働組合の賃上げ分を見ると2.12％と，集計を開始した2015年以降で最も高い伸びとなっている。

3　コロナ禍後の住宅着工戸数の推移を見ると，注文住宅からなる持家着工は，2020年半ばから2021年末にかけて，住宅ローン減税制度などの住宅取得支援策の効果に加え，郊外の住宅需要の高まりもあって持ち直し，2022年も底堅く推移してきたが，2023年に入り弱い動きとなっている。一方，居住用マンションや建売の戸建販売からなる分譲住宅は，2022年以降，減少傾向で推移している。

4　2022年度の企業の収益動向を製造業・非製造業別に見ると，製造業については，売上高が増加を続ける中，経常利益，営業利益ともに特に年度後半にかけて増加している。一方，非製造業については売上高の増勢に鈍化が見られ，経常利益，営業利益ともに年度後半にかけて減少傾向となっている。

5　雇用調整助成金，持続化給付金や休業補償に加え，いわゆる実質無利子・無担保融資といった政府によるコロナ禍の支援策に関して，我が国の企業の借入金の状況を見ると，大企業において2020年度以降借入金の増加が見られ，手元流動性を確保することで経済活動正常化までの間の事業活動を守る動きが見られてきた。一方，中小企業では，長期借入れは1998年度以来の低水準となっている。

No. 8　我が国のこどもの現状などに関する次のア〜オの記述のうち，妥当なもののみをすべて挙げているのはどれか。

　　ア　年間の死亡数が増加傾向にある一方，出生数は減少傾向にあり，2022年の全国の出生数は，統計を開始して以来初めて80万人を下回った。

　　イ　都道府県別の合計特殊出生率につき，人口の維持に最低限必要とされる数値を上回って推移しているのは，沖縄県だけとなっている。

　　ウ　年間に全国の児童相談所が対応した児童虐待の相談件数が20万件を超えるに至っている一方，親権者の懲戒権に関する規定を廃止する民法の改正が実現している。

　　エ　家庭の事情や不登校などにより社会から孤立するおそれのあるこどもたちがいるが，チャイルドグルーミングとはこうした境遇にあるこどもたちを地域全体で見守る活動のことである。

　　オ　2023年策定の「こども未来戦略方針」では，児童手当につき，こども2人以上の世帯数の割合が特に減少していることなどから，第2子以降は3万円とすることとされた。

　　1　ア，ウ
　　2　ア，エ
　　3　イ，エ
　　4　イ，オ
　　5　ウ，オ

No. 9　原子力発電に関する次の記述のうち，妥当なものはどれか。

　　1　日本では，原子力発電所の再稼働が進められており，2020年代には発電電力量に占める原子力発電の割合が再び20％を超えるに至っている。

　　2　フランスは，発電電力量に占める再生可能エネルギーの割合をほぼ100％とすることをめざしており，2023年にはすべての原子力発電所の稼働を停止した。

　　3　ALPS処理水とは，福島第一原子力発電所の建屋内の放射性物質を含む水につき，トリチウム以外の放射性物質を安全基準を満たすまで浄化した水をいう。

　　4　2023年，日本は世界に先駆けて，「核のごみ」とも呼ばれる原子力発電の使用済核燃料から出る高レベル放射性廃棄物の最終処分場の建設を開始した。

　　5　日本国内の原子力発電所の稼働期間は，原則として60年までとされてきたが，2023年にこれを原則として40年までに短縮する制度改正が実施された。

地方上級 教養試験 予想問題

No. 10 我が国における性的少数者に関する次のア～オの記述のうち, 妥当なもののみをすべて挙げているのはどれか。

ア 性的指向とは恋愛や性愛の対象となる性, 性自認とは性別に関する自己意識のことを意味するが, 両者を総称してSOGIという言葉が用いられている。

イ 他者の性的指向や性自認を勝手に暴露する行為をカミングアウトといい, 過去にこうした行為が訴訟となった例がある。

ウ トランスジェンダーとは, 自身の身体的な性と性自認が異なっていることに苦痛を覚え, 性別適合手術を受けた人々のことをいう。

エ 2023年, 「性的指向及び性自認の多様性に関する国民の理解の増進に関する法律」の制定により, 地方自治体で同性パートナーシップ制度が開始された。

オ 2023年, 最高裁判所は, 生殖能力をなくす手術を受けていることを戸籍上の性別変更の要件とする法規定を憲法違反とした。

1 ア, イ
2 ア, オ
3 イ, ウ
4 ウ, エ
5 エ, オ

No. 11 国際情勢に関する次の記述のうち, 妥当なものはどれか。

1 中国との関係を維持しながらも過度の中国依存から脱却しようとする動きが見られるが, こうした動きをさしてデリスキングという言葉が用いられている。

2 ロシアのプーチン大統領が2023年のG20ニューデリーサミットに出席し, ウクライナ侵攻を開始してから初となる, アメリカのバイデン大統領との首脳会談を行った。

3 2023年10月, パレスチナ自治政府との間で発生した戦闘につき, 国連安全保障理事会は先制攻撃をしたイスラエルを制裁する決議を採択した。

4 フィンランドとスウェーデンの北大西洋条約機構 (NATO) への加盟は, トルコの強硬な反対により, 2023年中には実現しなかった。

5 2023年1月, オーストラリアの主催により, 南半球の国々による「グローバルサウスの声サミット」がオンライン形式で開催された。

No. 12 生物に関する次の記述のうち, 妥当なものはどれか。

1 ジャイアントパンダなど, 絶滅するおそれのある野生動植物の種の国際取引は, ウィーン条約によって規制されている。

2 日本国内で愛玩動物として飼育されている猫と犬には, 飼い主と離れ離れになったときに備え, GPSチップの装着が法律によって義務づけられている。

3 アメリカザリガニは, 日本国内に長期にわたって生息し, 現在ではその生態系と調和するに至っていることから, 日本の在来種の認定を受けている。

4 「持続可能な開発目標 (SDGs)」では, 野生動植物のために2030年までに陸域と海域の30%以上を保全する「30by30目標」が行動目標の一つとされている。

5 日本において, 年間のクマ類による人身被害件数は100人を超えることがあるが, その多くはツキノワグマによるものと見られている。

No. 13 地形に関する次の記述のうち，妥当なものはどれか。

1 扇状地は沖積平野の一種で，山麓の谷の出口に形成される扇形をした地形である。扇央は湧水帯となるので集落が発達するが，扇端は水利が悪く，果樹園などに利用される。

2 エスチュアリー（三角江）は沈水海岸の一種で，河川の運搬する土砂が河口付近に堆積して形成される低平な地形である。平野の中にあるため都市が発達しやすく，ロンドン，ハンブルクなどの港湾都市が発達している。

3 氷河地形には，カール，ホーン，V字谷などの氷食地形があり，V字谷に海水が入るとフィヨルドとなる。

4 カルスト地形は，石灰岩地域で石灰岩が溶食されて形成される地形で，地上にはメサ，ビュート，ケスタ，地下には鍾乳洞などが形成される。

5 日本列島はフォッサマグナによって東北日本と西南日本とに分かれ，さらに，西南日本は，中央構造線によって外帯と内帯とに分かれる。

No. 14 東南アジアに関する次の記述のうち，妥当なものはどれか。

1 国民の多くが信仰する宗教については，ベトナム，ラオス，カンボジアは仏教，その他のインドシナ半島の国々とブルネイはイスラム教，マレーシア，インドネシア，フィリピン，東ティモールはカトリックである。

2 19世紀末までにすべての国が欧米の植民地となった。インドネシアはオランダ，東ティモールはポルトガル，フィリピンはアメリカ，それ以外の国々はイギリスの植民地となった。

3 タイはチャオプラヤ川デルタでの米作が盛んで，米の輸出額ではインドに次ぐ2位（2021年）となっている。工業化が進み，最大の輸出品は機械類である。2020年から軍政権と王政を批判する民主化デモが続いている。

4 マレーシアではマレー系住民を優遇するブミプトラ政策が行われている。かつては天然ゴムとすずの輸出に頼る国だったが，ドイモイ政策による輸出加工区の設置などで工業化が進んだ。天然ゴム栽培は油ヤシ栽培に変わり，パーム油を日本などに輸出している。

5 ミャンマーは長い間軍事政権が続いたが，2010年の総選挙で一応の民政移管を果たし，海外からの投資も増加しつつあった。しかし，2021年に国軍がクーデターを起こして政権を掌握し，国内外から大きな非難を浴びている。また，ミャンマー西部のイスラム教徒モロへの弾圧とモロの大量難民化が深刻である。

No. 15　昭和初期の日本に関する次の記述のうち，妥当なものはどれか。

1　満州事変以降，思想弾圧が強化され，1933年の滝川事件に続き，35年に天皇機関説事件が起きた。辞任を余儀なくされた元東京帝大教授の貴族院議員，美濃部達吉の天皇機関説はそれまで公認学説の位置を占めていたが，反国体的であるとして攻撃され，政党政治を支えていた理論が失われた。

2　日本の華北への進出とともに日中間の対立が高まり，1937年の盧溝橋事件を契機に日中戦争が勃発した。国共の内戦中であったことが中国に不利に働き，短期決戦を狙う日本は首都南京を陥落させたところで国民政府と休戦協定を結んだ。

3　日中戦争の最中には，満ソ国境を巡る紛争も絶えず，1938年には張鼓峰事件，39年にはノモンハン事件が起こった。どちらも日本軍が勝利し，北方を固めて南方へ進出する政策にかじを切った。

4　東条内閣は，日中戦争勃発の年に，挙国一致・尽忠報国などを目標とする国民思想統一のための国民精神総動員運動を始め，翌年には，すべての人的・物的資源を議会の承認のみで動員できる国家総動員法を制定し，戦時体制を確立した。

5　日中戦争の泥沼化に窮した日本は，ヨーロッパでフランスがドイツに敗北すると南方への進出を断行し，援蒋ルートを断ち，戦略物資を確保するため北部仏印に進駐した。これを受けて米英が日本に宣戦布告すると，日本軍はハワイの真珠湾を攻撃し，太平洋戦争が勃発した。

No. 16　戦後占領下の日本経済・社会に関する次の記述のうち，妥当なものはどれか。

1　GHQは経済の民主化として財閥解体と農地改革を指示した。財閥解体では15財閥が解体されたが大銀行はそのまま残り，日本の産業復興の基軸となった。農地改革では，在村地主の小作地保有を5町歩まで認めたため寄生地主制が残り，その後の日本の民主化の足を引っ張るものとなった。

2　焼け野原となった日本の経済復興は，食料・繊維など，国民の生活に直結し，設備投資が比較的安価で済む産業の生産に重点を置く傾斜生産方式によってスタートした。

3　アメリカの当初の占領政策は，日本の民主化と非軍事化を推進することだった。しかし，冷戦の深刻化から，対日占領政策も，共産主義に対する防壁となりうる強力な日本政府と日本経済を育成することに大きく転換し，日本に対し経済復興と再軍備を強く求めるようになった。

4　GHQの特別公使として来日したドッジは，政府に対し，赤字国債の発行によって歳入不足を補い日本経済の回復を図る一連の施策を指示した。

5　ドッジ＝ラインの効果でようやく立ち直りかけた日本経済は，朝鮮戦争の勃発によって輸出が減少し，深刻な不況に陥った。

**No. 17** パレスチナの歴史に関する次の記述のうち，妥当でないものはどれか。

1　紀元前10世紀頃，ヘブライ人（イスラエル人・ユダヤ人）がパレスチナの地にイスラエル王国を建てたが，王国は分裂した後ローマに征服された。ユダヤ人は世界各地に離散し，差別・迫害を受けながら商業・金融業などを営んだ。

2　パレスチナは16世紀以降オスマン帝国の支配下にあり，多くのアラブ人が住んでいた。19世紀末に欧州各地での差別からユダヤ人の祖国帰還運動（シオニズム）が強まり，パレスチナに移住するユダヤ人が増えてアラブ人の反発を招いた。

3　第一次世界大戦中イギリスは，アラブ人にはバルフォア宣言，ユダヤ人にはサイクス＝ピコ協定でそれぞれの戦後の独立を約束し，また英・仏・露によるフセイン（フサイン）＝マクマホン協定でパレスチナの国際管理を定めるという三枚舌外交をとり，大戦後アラブ人とユダヤ人の対立が起こった。

4　ナチスによるホロコーストを経験したユダヤ人は，大戦後1948年の国連パレスチナ分割案によって宿望のイスラエル建国を果たした。これ以降アラブ側との間で4度の中東戦争が行われ，大量のパレスチナ・アラブ難民が発生し，イスラエルは地歩を固めた。

5　1993年にはパレスチナ暫定自治協定（オスロ合意）が結ばれ，相互承認とイスラエルの占領地にパレスチナ人の暫定自治を認めることで合意したが，結局双方とも武力対立路線に立ち戻った。2023年にはイスラム組織ハマスによる越境攻撃を契機に大規模紛争状態へと陥った。

**No. 18** 東西体制史に関する次の記述のうち，妥当なものはどれか。

1　1947年にアメリカが開始したトルーマン＝ドクトリンは冷戦の契機となった。同年にマーシャル＝プランが発表されると，東側はそれに対抗してコミンテルンを発足させた。さらに，1949年，西側が集団防衛体制の中心となるNATOを設立すると，東側は同年にCOMECONを結成し，軍事面での結束を固めた。

2　東西両陣営による冷たい戦争は，直接の武力衝突のない国際緊張状態だったが，冷戦の激化を背景に，アジア地域では朝鮮戦争と第1次インドシナ戦争という2つの熱い戦争が起こった。両戦争ともアメリカの敗北で終結し，朝鮮とベトナムは南北に分かれて休戦することとなった。

3　1953年にレーニンが死去すると，両陣営は緊張緩和へと動き，ソ連のフルシチョフ第一書記はレーニン批判を行い，59年には訪米してケネディ大統領とキャンプ＝デーヴィット会談を行った。また，非同盟主義の立場をとるアジア・アフリカ諸国を中心とする第三勢力が台頭し，1955年にはアジア＝アフリカ会議を開いて，平和共存などからなる十四か条の平和原則を決議した。

4　平和共存への動きの中では再緊張の場面も見られた。1962年のキューバ危機では米ソの武力衝突が起こり，1961年のドイツでは，ソ連が西ドイツから西ベルリンへの交通を遮断するベルリン危機が起きた。しかし，キューバ危機の後には部分的核実験禁止条約が調印され，ベルリン危機の後には西ドイツのブラント首相のもとで東方外交が行われた。

5　1985年にゴルバチョフがソ連共産党書記長に就任すると，ペレストロイカを掲げて自由選挙や市場経済への移行を実行し，新思考外交を唱え，社会主義国家への指導も否定した。ソ連の締付けがなくなった東欧では1989年に東欧革命が起き，ベルリンの壁が壊され，ゴルバチョフとブッシュ米大統領が冷戦終結宣言を行った。90年には東西ドイツが統一し，翌年ソ連が解体した。

No. 19　$y=-2x^2-4x+2020$ の表す放物線を $C_1$，$y=x^2+2021$ の表す放物線を $C_2$とする。$C_1$の頂点は $C_2$の上にあるが，$C_1$を $x$ 軸の正方向にいくつか平行移動すると，その頂点は再び $C_2$の上に来る。このとき，$C_1$を $x$ 軸の正方向にいくつだけ平行移動すればよいか。

1　1
2　2
3　3
4　4
5　5


No. 20　放射線とその性質に関する次の文章の空欄ア～エに当てはまる語の組合せとして，妥当なものはどれか。

　放射性同位体から出る放射線には $\alpha$ 線，$\beta$ 線，$\gamma$ 線という 3 種類がある。これらの放射線は，物質を透過し，物質中の原子から電子を弾き飛ばして原子をイオンにする働き，すなわち，電離作用を持っている。$\alpha$ 線，$\beta$ 線，$\gamma$ 線を，この電離作用が強い順に並べると　ア　となる。また，紙，木板，鉛板などの物質に対する透過力が強い順に並べると　イ　となる。なお，磁場の中では　ウ　は磁場からローレンツ力を受けて互いに反対向きに進路を曲げられるが，　エ　は磁場を直進する。

| | ア | イ | ウ | エ |
|---|---|---|---|---|
| 1 | $\alpha$ 線＞$\beta$ 線＞$\gamma$ 線 | $\gamma$ 線＞$\beta$ 線＞$\alpha$ 線 | $\alpha$ 線と $\beta$ 線 | $\gamma$ 線 |
| 2 | $\alpha$ 線＞$\beta$ 線＞$\gamma$ 線 | $\gamma$ 線＞$\beta$ 線＞$\alpha$ 線 | $\gamma$ 線 | $\alpha$ 線と $\beta$ 線 |
| 3 | $\gamma$ 線＞$\beta$ 線＞$\alpha$ 線 | $\alpha$ 線＞$\beta$ 線＞$\gamma$ 線 | $\alpha$ 線と $\gamma$ 線 | $\beta$ 線 |
| 4 | $\gamma$ 線＞$\beta$ 線＞$\alpha$ 線 | $\alpha$ 線＞$\beta$ 線＞$\gamma$ 線 | $\beta$ 線 | $\alpha$ 線と $\gamma$ 線 |
| 5 | $\gamma$ 線＞$\beta$ 線＞$\alpha$ 線 | $\alpha$ 線＞$\beta$ 線＞$\gamma$ 線 | $\beta$ 線と $\gamma$ 線 | $\alpha$ 線 |


No. 21　アンモニアに関する次の文章の空欄ア～オに当てはまる語の組合せとして，妥当なものはどれか。

　アンモニア $NH_3$は，実験室では塩化アンモニウム $NH_4Cl$ と水酸化カルシウム $Ca(OH)_2$との混合物を加熱して発生させてから　ア　で捕集する。刺激臭を持つ無色の気体で，その水溶液は弱い　イ　を示す。工業的には次の反応式で示される　ウ　により製造される。

$$N_2+3H_2 \rightarrow 2NH_3$$

　この製法では，窒素 $N_2$と水素 $H_2$とを$1.5\times10^3$mol ずつ用意すると　エ　のアンモニアが得られる。

| | ア | イ | ウ | エ |
|---|---|---|---|---|
| 1 | 上方置換 | 塩基性 | ハーバー・ボッシュ法 | $1.0\times10^3$mol |
| 2 | 上方置換 | 塩基性 | オストワルト法 | $1.0\times10^3$mol |
| 3 | 上方置換 | 塩基性 | ハーバー・ボッシュ法 | $2.0\times10^3$mol |
| 4 | 下方置換 | 酸性 | オストワルト法 | $2.0\times10^3$mol |
| 5 | 下方置換 | 酸性 | ハーバー・ボッシュ法 | $1.0\times10^3$mol |

No. 22 金属の性質に関する次の記述のうち，妥当なものはどれか。

1 リチウムは最も軽い金属であり，水と激しく反応して水素を発生する。また，二次電池の素材として携帯電子機器の小型化に貢献している。

2 亜鉛は軽くて丈夫なジュラルミンの主成分であり，ジュラルミンは航空機の機体，新幹線の車両などに用いられている。

3 銅は酸化力のない酸には溶けないが，硝酸や熱濃硫酸には溶けて水素を発生する。また，銅は電気・熱の良導体であり，電線に用いられる。

4 水銀は，室温では唯一の液状金属であり，塩酸や希硫酸に溶けて水素を発生する。水銀の蒸気は有毒であるので，密閉容器中に保存しなければならない。

5 カルシウムの化合物である酸化カルシウムは石灰岩や大理石の主成分であり，塩酸と反応して二酸化炭素を発生する。

No. 23 ヒトの脳に関する次の記述のうち，妥当なものはどれか。

1 大脳は，髄質と皮質とに分けられ，髄質には感覚や随意運動などの中枢があり，皮質には心臓拍動の中枢がある。

2 大脳皮質は，新皮質と辺縁皮質とに分けられ，辺縁皮質からなる海馬や扁桃体などを大脳辺縁系という。

3 間脳は，視床と視床下部とに分けられ，視床には自律神経系の中枢があり，体温や血圧を調節する。

4 中脳には，排尿や排便の中枢や，姿勢を保持する中枢があり，大脳，間脳，中脳を合わせて脳幹という。

5 小脳には，眼球の運動や，瞳孔の大きさを調節する中枢があり，延髄には，心臓の拍動や，呼吸運動などの中枢がある。

No. 24 呼吸に関する次の記述のうち，妥当なものはどれか。

1 呼吸は，グルコースなどの無機物が還元されて ATP が合成される反応である。呼吸の反応段階は，解糖系，クエン酸回路，電子伝達系の3つに分けられる。

2 ATP は，糖の一種であるアデニンと，塩基の一種であるリボースが結合したアデノシンに，2つのリン酸が結合した化合物である。

3 解糖系では，グルコース1分子が酵素によって分解されて，2分子のピルビン酸が生じる。この過程において，グルコース1分子当たり2分子の ATP が消費され，4分子の ATP が合成される。

4 クエン酸回路では，ピルビン酸が分解されて$CO_2$が生じ，水素が取り出されて還元型の補酵素ができる。これらの反応は，ミトコンドリア内膜で進行する。

5 電子伝達系で$H^+$の濃度勾配ができて ATP が合成される過程を酸化的リン酸化という。この過程により，グルコース1分子当たり1分子の ATP が合成される。

No. 25 地震に関する次の文章中のア〜オの ｜　｜ 内について，正しい語句を選んでいるものは
どれか。

　2011年3月11日に起こった東北地方太平洋沖地震は，プレートの境界で起こった地震であった。
震源域はア ｜太平洋プレート　ユーラシアプレート｜ がイ ｜太平洋プレート　北米プレート｜ の下
に潜り込む場所で，破壊した断層には圧縮力が加わっていたため，ウ ｜正断層型　逆断層型｜ の
地震に分類される。地震の規模が大きく，震源域の深さがエ ｜深かった　浅かった｜ ため，巨大
な津波が日本の沿岸を襲った。津波は水深が浅くなると，特に波高が大きくなるが，この際，速
度はオ ｜速くなる　遅くなる｜。一般には人の走る速さよりも格段に速いため，津波警報が発令さ
れた場合，一刻も早く避難を開始することが大切である。

|  | ア | イ | ウ | エ | オ |
|---|---|---|---|---|---|
| 1 | 太平洋プレート | 北米プレート | 正断層型 | 深かった | 遅くなる |
| 2 | 太平洋プレート | 北米プレート | 正断層型 | 浅かった | 速くなる |
| 3 | 太平洋プレート | 北米プレート | 逆断層型 | 浅かった | 遅くなる |
| 4 | ユーラシアプレート | 太平洋プレート | 逆断層型 | 深かった | 遅くなる |
| 5 | ユーラシアプレート | 太平洋プレート | 正断層型 | 浅かった | 速くなる |

No. 26 次の英文の要旨として，最も妥当なものはどれか。

　When one reads about Public Opinion in the press (and one reads a good deal about it one
way and another), it is a little difficult to realize, particularly if the printer has used capital
letters, that this much-advertised Public Opinion is simply You and Me and the Others.　Now,
since it is impossible for any man to get at the opinions of all of us, it is necessary that he
should content himself with a sample half-dozen or so.　But from where does he get his
sample?　Possibly from his own club, limited perhaps to men of his own political opinions；
almost certainly from his own class.　Public Opinion in this case is simply what he thinks.
Even if he takes the opinion of strangers — the waiter who serves him at lunch, the
tobacconist, the policeman at the corner — the opinion may be one specially prepared for his
personal consumption, one inspired by tact, boredom, or even a sense of humour.　If, for
instance, the process were to be reversed, and my tobacconist were to ask me what I thought
of the strike, I should grunt and go out of his shop；but he would be wrong to attribute "a
dour grimness" to the nation in consequence.

1　出版物に掲載されている世論というものが単純にわれわれやほかの人々の意見である，とい
　うことを認めることは難しい。
2　出版物はある一定の政治的な見解を読者に提供するため，大きな影響力を持っている。
3　世論を生み出す出版社は，同じような社会的階級の人々によって構成されている。
4　出版物に掲載されている世論によって，われわれの意見が支持されているかどうかを知るこ
　とができる。
5　同じ社会的階級の人々は，出版物で宣伝されている世論に惑わされずに，独自の批判的見解
　を持っている。

No. 27 次の英文の要旨として，最も妥当なものはどれか。

In the United States, the pressure was more subtle, the expansion of government less marked but nevertheless profound by America's past standards.　It was led by the Democratic Party, stimulated by the example of Franklin Delano Roosevelt's "New Deal" interventionism in the 1930s.　It then took a new impetus in the 1960s as a social counterpart to the civil rights movement, under which the federal governments led by John Kennedy and Lyndon Johnson sought to overcome resistance from state governments to the provision of equal civil rights for black Americans and the ending of segregation.　President Johnson's "Great Society" programme sought to bring in welfare provisions for poor Americans, whether black or white.　This was intended partly to solve real problems；partly to show that political concern for blacks did not end with legal rights but extended also to living standards；partly also to show that governmental concern about social welfare was colour-blind, in other words that the government worried just as much about poor white Americans as poor black ones.　Whatever the motivation, the effect was clear to shift more spending power to the federal government, and thus more tax-raising power.

1 恐慌を克服するために，ローズベルト大統領は「ニューディール」を始めたが，この政策は共和党主導で進められ成功を収めた。

2 「ニューディール」や「偉大な社会」計画に見られるように，アメリカにおける連邦政府の介入は進み，さらに多くの財政支出とそれに伴う増税が行われた。

3 ジョンソン大統領の「偉大な社会」計画は，白人と黒人の間の差別を解消することだけでなく，女性解放運動にも影響を与えた。

4 ローズベルト大統領の後を引き継いだケネディ大統領は，アメリカに経済的発展をもたらし，社会福祉政策の拡大と失業者対策に取り組んだ。

5 ローズベルト大統領の政策を受けて「偉大な社会」計画を進めたジョンソン大統領は，国民の生活水準を引き上げるために金融引締め政策に取り組んだ。

**No. 28** 次の英文の要旨として，最も妥当なものはどれか。

I think one of the problems, is, that Japanese want to be perfect in everything they do. "If I can't speak English perfectly, then I won't speak English at all!" may be a common if mistaken sentiment. I'd like to tell you the story about such a perfectionist. We'll call him Hiro. He was travelling by air to San Francisco where he was going to stay for three weeks with a wealthy American family. He wanted his greeting at the airport to be word perfect. So, he memorized every word perfectly exactly as it was printed in the textbook under the heading of 'Greetings.' At last, the great moment came when his whealthy banker host was standing before him at the airport. He put out his hand and said, "I am very happy to meet you dear sir or madam as the case might be." The banker looked surprised. His Japanese guest didn't seem to know whether he was a man or a woman! Actually, Hiro had just memorized every word in the book without actually thinking of the meaning. Naturally, you do not include the instructions of saying 'sir or madam.'

So often I have heard students say, "I can't speak English." Actually, thought they may not know it, they are not telling the truth. What they should say, is, "I can read English. I can write English, but I have NEVER TRIED to speak English." And it's much easier than you think. Students tell me that after staying only a month in England or America, they are surprised to be speaking English quite easily.

One of the most difficult constructions for Japanese to master is in answering negative questions. For instance, in answer to two such questions, "YOU DO PLAY GOLF, don't you?" and "YOU DON'T PLAY GOLF, do you?" a Japanese may often combine a positive with a negative in answering. He may give the strange answer of "YES, I DON'T." It's strange because it has no meaning. You must either say, "YES, I DO," or "NO, I DON'T," in response to either question. Well, I will end this story by asking you. "YOU DO LOVE ENGLISH, DON'T YOU?"

1 日本人は英語が読めたり書けたりしても，完璧主義のため英語が話せないと思っているが，英語が好きなら努力で話せるようになるものだ。

2 ヒロは，自分で考えずに英語のテキストのままを暗記して話したために，アメリカのホームステイ先のホストにおかしなあいさつをした。

3 ヒロはアメリカでのホームステイを終えると，楽に英語を話せるようになっていて，自分でも驚いた。

4 日本人の学生たちは英語の読み書きの能力は高いが，引っ込み思案なために，話す能力はほとんど身についていない。

5 日本人が英語の否定疑問文に対しておかしな答えをすることが多いのは，日米の文化の差異による。

No. 29 次の英文の要旨として，最も妥当なものはどれか。

The teenage years are a time for exploration and experimentation. Our teenagers will be trying out different roles and taking on a variety of activities. In the process, they will inevitably experience both success and failure. When our teens experience failure, for whatever reason, we don't want them to give up on themselves. We want them to come through the experience with hope for their future intact and a realistic optimism about who they can become and what they can do with their lives.

If teenagers consistently fail at too many things, they may become demoralized and lose faith in themselves. They may think they don't have what it takes to succeed. Teenagers who feel this way are in danger of growing up feeling inherently flawed, as if they lack some essential quality, and that no matter what they do, they're doomed to failure.

Once the expectation of failure sets in, teenagers may lose confidence and stop trying. They may give up on themselves ; it might seem too painful to keep on trying and failing. Though teens certainly wouldn't express it in those terms, they have come to the conclusion that the only way to protect themselves from failure is to stop trying.

It's our job as parents to recognize this kind of negative, self-fulfilling prophecy when it begins to occur, and to help our teens find an alternative approach to life. We want to help them face their feelings of disappointment and encourage them to persist, or find a new and better direction, when they feel like giving up.

To do this, we need to be quite involved with the daily ups and downs of their lives. That's the only way we'll know when the normal adolescent disappointments and losses are mounting and our kids are beginning to feel an overwhelming sense of failure. Different kids have different levels of tolerance for frustration, so it's important to know when your child needs help or encouragement, and to be there to offer it.

1　最近は日常生活で失敗を経験すると自信を失ってすぐにあきらめてしまう若者が多いが，大人が積極的にかかわり，彼らに努力し続けることの大切さを教えるべきである。

2　10代の若者はささいな失敗も過度に気にしてしまう繊細な年頃であるから，大人はなるべく欠点を指摘せず，長所を見つけて褒めてやるようにすべきである。

3　10代の若者には失敗や挫折は付き物であるから，彼らが落ち込んでいるときでも大人は過度に干渉せず，近くで温かく見守っているのがよい。

4　10代の若者が失敗から否定的な感情にとらわれている場合は，周囲の大人はそれを敏感に察知して，彼らが対処法を見つけられるよう助力する必要がある。

5　思春期に特有の失望や敗北感は，積み重なると若者を非行へと走らせる原因になるものであるから，大人が早めに気づいて対処することが犯罪の抑止にもつながる。

No. 30 次の英文の内容に合致するものとして，最も妥当なものはどれか。

To many people, eating a healthful diet is a mystery. They may do strange things to try to be healthy. One unnecessary thing many people do is take food supplements. Let's look at some of the negative aspects of food supplements.

To start, I'm a certified personal trainer, so I've studied nutrition for many years. I can't believe the false promises that some companies make for their products. I remember once talking to a company salesman who claimed their food supplement cured a disease that didn't even exist! Frightening people into needlessly buying their product is a crime in my opinion.

In reality, if you live in a country where you are able to eat a variety of foods, and you're an average, healthy person, you don't need to take food supplements at all. Any nutritionist with a good reputation will say this because it is impossible to get all of the minerals you need only from supplements. On the other hand, any nutritionist that is trying to sell supplements will tell you that you need supplements. Wow, I guess that isn't a surprise!

Here's a typical example of a food-supplement company half-truth: One company says that taking their vitamin supplements will improve your energy level. This is a lie. Vitamins contain no calories, so they provide the body with absolutely no energy. In fact, all vitamins provide are the necessary nutrients that allow your body to work properly. A shortage of vitamins in the body will make it run poorly. The right amount of vitamins will make the body run well. But extra vitamins will not make the body run any better than with the right amount of vitamins. Actually, extra amounts of some kinds of vitamins, like vitamin A and D, can damage your body by poisoning you because extra amounts stay in your fat cells.

1  多くの人が本来の健康を取り戻すために栄養補助食品の定期的な摂取をやめている。
2  ありもしない病気に自分の会社の栄養補助食品が効くなどと宣伝したことを今では後悔している。
3  良い評価を受けている栄養士であれば誰でも，健康維持のため栄養補助食品をとることをすすめるだろう。
4  ビタミンはカロリーを含まないため，ビタミン補助食品をとればエネルギーが補給されるという宣伝文句はうそである。
5  ビタミンをとりすぎると身体に蓄積され，健康に害を及ぼすので，ビタミン補助食品は規制されるべきである。

**No. 31** 次の文章の要旨として，最も妥当なものはどれか。

　プルーストはまず読書を，精神が自分自身に対して実り豊かな働きを続けている最中に，孤独のなかで他の思想からの伝達を受けることである，と規定する。その上で，読書の素晴らしさを認めながらもその過大評価を戒め，著者にとって結論である書物は，読者にとっては「うながし」（incitation）にすぎず，人を精神生活の入口へ連れて行ってくれるが，精神生活そのものを作りはしないのだ，と言う。そればかりか，読書が精神生活にとって代わるようになると，その役割は有害でさえある，と断定する。なぜなら，各人は読書の「うながし」を受けながら，自分で精神生活を切り開いてゆかなければならないからだ。

　「魂の交流」の問題は，明らかにこの読書論に通じるものである。そして同じようにヴァントゥイユの音楽を感動して聴いたスワンと語り手との違いも，そこにあるだろう。語り手は，ヴァントゥイユの七重奏曲の「うながし」を受けて，自分自身の精神生活へ，創造へと向かって行く。「この喜びはいつか私に実現できるのか」というつぶやきは，その意味で重要なきっかけだった。これに対して，美術・文学・音楽に造詣の深いスワンは，有り余るほどの知識を社交婦人たちとの会話に浪費しながら，単なるディレッタントとして，それ以上のところに進み出ることはない。プルーストは，別にスワンを名指したわけではないが，「このように自分本来の生を直視する勇気もなく，それから遠く離れて博覧強記と呼ばれる逃避行をつづける」人たちに警告を発して，こう書いている。

　どれほど多くの人びとがそれ以上先に行こうともせず，印象から何も引き出すことなしに，芸術の独身者として，徒に満たされることもなく老いてゆくことだろう！

　この「芸術の独身者」というのは，自分自身の精神生活をどこかに忘れ去って，ただ作品のなかにあるものだけを有り難がる者，と言ってもいいだろう。これはとくに私のような研究者にとっては，耳の痛くなる警告である。うっかりすると，ごく部分的なテーマや，重箱の隅をほじくるような研究に熱中した挙げ句に，原作のなかに何かを発見しただけで，喜んでしまいかねないからだ。先に挙げた読書論でもプルーストは，こうした態度を偶像崇拝として，厳しく戒めている。だが本当はどんな細部の問題も全体と有機的に結びついており，そのような回路で読者の精神生活への呼びかけを含んでいるはずなのだ。

1　美術・文学・音楽にどれだけ造詣が深くとも，感動することがなければ，作品から「うながし」を受けることはできない。

2　書物の中から知識の断片を拾い集めて，ディレッタントとして社交において浪費する人は，真の精神生活を知らない。

3　真の芸術活動は創造にあり，優れた文学作品が発するメッセージを受け取ることで，そのヒントを得ることができる。

4　書物は，各人が自らの精神生活を作り上げていく中で，何かに気づかせてくれるが，読書によって精神生活そのものを作ることはできない。

5　読書においては，部分部分の鑑賞に熱中するよりも，テクスト全体の中での意味を丁寧に読み取っていくことが大切である。

地方上級 教養試験 予想問題

No. 32　次の文章の要旨として，最も妥当なものはどれか。

　もともと生物の複雑性は，生命の誕生の謎とともにはじまっている。

　そもそもは，宇宙の平均的熱平衡から遠く離れた地球のような部分的非平衡系が，宇宙の片隅で偶然に生じたことと関係がある。このような非平衡が生じたのは，ずっと原因をさかのぼれば，今日の宇宙が巨大な諸構造力にたいして過融解の状態にあることに起因する。

　ついで，宇宙のどこからかやってきたであろう"原情報の種"が原始地球にふわりと付着した。情報は，生物ができあがってから生物の体の奥から滲み出してきたのではなく，生物が生まれる前の最初から地球の外にあったのだ。これをパンスペルミア説という。このとき，『遺伝的乗っとり』の著者ケアンズ・スミスの考え方によれば，柔らかい粘土鉱物に"原情報の鋳型"が圧印された。これが生物的複雑性のはじまりだった。

　私の言いかたになるが，"原情報の種"は可逆自由のリバース・モールド（逆鋳型）だったのである。

　次に，原情報の鋳型は情報声明を活性化させるためのメタプログラム（母型的な遺伝子のしくみ）をつくりだし，たくみに高分子の膜をつくってそのなかに住みこむと，みずからコード・アソシエーションをくみたてた。ここからさきは今日の遺伝情報科学があきらかにしてくれている。フランシス・クリックが「最初に複雑な情報の動向があった」と言ったのは，このメタプログラムのことである。いずれにしても，いちばん最初に「情報」があり，ついでこれにあわせて「構造」が派生したのだった。

　しかしここには，とうていわかりやすくは説明できそうもない難しい問題がひそんでいる。いったいどのあたりからわれわれの複雑性は出処していたのかということだ。

　まず，はっきりさせなければならないのは，生物の複雑性は情報をくみあわせているうちに生じたものではないだろうということだ。そうではなくて，最初のリバース・モールドやメタプログラムができたころ，その一連のリバース・モールドやメタプログラムの最も過激な部隊が先兵として，複雑さを乗せるために乗り物をつくったにちがいない。私はそう考えている。先に乗り物ができたのだ。きっと複雑さはその乗り物にあわせて生まれてきたはずなのである。

　そうだとすれば，DNA や RNA などの遺伝暗号の役割についても新しい見方をとる必要がある。それらは遺伝情報を書きこんだ一枚の設計書などではなく，原初のメタプログラムを情報生命体というかたちでなんとか維持しようするために，しきりに正負のフィードバックを調整しつづけている複雑な編集本部なのである。

1　生物史における情報編集は単純なものから複雑なものに向かうとは限らない。
2　情報は，生物の中に初めからあったのではなく，地球の外からやってきたと考えられる。
3　生物的複雑性の起源については，パンスペルミア説によって説明することができる。
4　生命体においては，情報に合わせてできた構造が徐々に複雑化していったと考えられる。
5　DNA や RNA には複雑な情報が書き込まれており，それに基づいて生命体の仕組みが作られている。

No. 33 次の文章の空欄A〜Cに当てはまる語の組合せとして，妥当なものはどれか。

　国民全体の富の増大のために国家が介入する空間をフーコーは統治性の語でとらえていたのだが，それは別の見方をすると，生産と交易のおこなわれる空間が独自のメカニズムをもつものとして対象化されたということであった。フランスのケネーやイギリスのアダム・スミスはこれを「社会」と呼び，そのメカニズムを理解するために経済学を作り出した。

　一方，それと並行するかたちで，都市化と産業化がもたらした貧困や失業などの問題に関心を持つ社会思想家があらわれ，かれらはそれは社会が生み出した問題だから社会が対処することが必要だと主張した。このようにして，「社会」は上からと下からのせめぎ合いがおこなわれる空間，社会の富の増大と社会問題の解決という，二重の視点が交錯する空間として概念化されたのである。

　このように見てくると，社会とは，近代の人びとが作り出した認識の一形式であるにすぎないことがわかる。しかし，認識だからといって，現実に根をもたないと考えたなら間違いである。ある種の認識の成立は，世界を変え，歴史を変えることがある。　A　の語を作り出すことによって，人間は周囲の環境に対して能動的に働きかけることができるようになった。それにより，人間が他者とともにより良く生きるにはどうすべきか，どのように働きかけたならより良き集団の生を築くことができるか，という問いが可能になったのである。かくして社会は，　B　のあいだに広がる空間，そこで人びとが生活と労働を組織し，相互行為をおこない，他者とのコミュニケーションを実現する空間として認識されるようになったのであり，それに対して国家の側からも民衆の側からも，積極的な働きかけがおこなわれるようになったのである。

　ところが十九世紀末になると，「社会」の語は違った意味でとらえられるようになる。社会の全体を包括的に理解することが重視された結果，社会は　C　システムとみなされ，その内的構造や機能連関を理解することが優先されていく。その結果，社会に対する働きかけや社会問題への対処は副次的な問題だと考えられるようになっていったのである。

　社会が元来，理論的な考察の対象ではなく，人間集団による働きかけを可能にするために作り出された概念であったとすれば，社会をそのようなものとしてとらえ返すことこそ，今必要なものではないか。最後のふたつの章が，外国人移民とその子弟の社会統合に関する問題と，水俣病に関わるさまざまな社会的実践を取り上げたのは，そのためであった。

|   | A | B | C |
|---|---|---|---|
| 1 | 社会 | 個人と個人 | 開かれた多様な |
| 2 | 社会 | 個人と国家 | 閉じた均質的な |
| 3 | 国家 | 個人と個人 | 開かれた多様な |
| 4 | 国家 | 個人と国家 | 開かれた多様な |
| 5 | 国家 | 国家と国家 | 閉じた均質的な |

No. 34　あるクラスにおいて，球技に関するアンケートを実施したところ，次のア～ウのことがわかった。このとき，確実にいえるものはどれか。

　　ア　野球が好きな者は，サッカーもテニスも好きである。
　　イ　卓球が好きでない者は，サッカーが好きでないかまたはテニスが好きでない。
　　ウ　卓球が好きな者は，バスケットボールが好きでない。
　1　野球が好きな者は，バスケットボールが好きである。
　2　サッカーが好きな者は，バスケットボールが好きでない。
　3　サッカーもテニスも好きな者は，野球が好きである。
　4　バスケットボールが好きな者は，野球が好きでない。
　5　テニスが好きな者は，卓球が好きである。

No. 35　A，B，Cの3人は同じ大学に通う学生であるが，学部はすべて異なっており，法学部，経済学部，理工学部のいずれかである。3人は，ある同好会の幹事を引き受けており，その役職は，会長，副会長，会計のいずれかである。この3人について，次のア～オのことがわかっているとき，確実にいえるものはどれか。

　　ア　Aは法学部ではなく，Cは理工学部ではない。
　　イ　Bと経済学部の学生，および副会長は，それぞれ別人である。
　　ウ　法学部の学生が引き受けている役職は，会長ではない。
　　エ　Aの役職は，会計ではない。
　　オ　Cの役職は，会長ではない。
　1　会長はAであり，Aは理工学部の学生である。
　2　副会長はAであり，Aは経済学部の学生である。
　3　副会長はCであり，Cは法学部の学生である。
　4　会計はBであり，Bは法学部の学生である。
　5　会計はCであり，Cは経済学部の学生である。

No. 36　Aは，学校を出発して市役所前で折り返し，学校まで戻るコースで行われたマラソン大会に出場した。以下のことがわかっているとき，Aがゴールしたときの順位として正しいものはどれか。ただし，出場者は全員完走したものとする。

　　出発してから折り返し点までの間に，Aは3人に追い抜かれた後4人を追い抜き，さらにその後1人を追い抜いて折り返した。折り返すまでの間にAがすれ違った相手は，全部で11人であった。折り返し点を過ぎてから，Aは2人を追い抜いたが3人に追い抜かれ，最後に再び2人を追い抜いてゴールした。
　1　10位
　2　11位
　3　12位
　4　13位
　5　14位

No. 37　A〜Hの8人が参加して会議を行うことになり，会議室に図のような円卓と8人分の等間隔に配置された席が用意された。会議室に同時に到着した者はなく，到着した順序，および各人の着席した位置について，ア〜ウのことがわかっている。このとき，確実にいえるものはどれか。

　ア　Aは5番目，Eは7番目に到着した。

　イ　Hが到着したとき，すでにCとDが正面に向かい合って着席しており，HはCの左隣の席に着席した。FはHより後に到着し，Hの正面に着席した。

　ウ　最初に到着して着席していた者の1人置いて右の席に，2番目に到着した者が着席し，最後に到着した者の席は，最初に到着した者の席の左隣でAの正面であった。

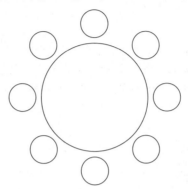

　1　Hの左隣にEが着席した。
　2　Bは最初に到着した。
　3　Cは2番目に到着した。
　4　Dの右隣にAが着席した。
　5　Fは6番目に到着した。

No. 38　A，B，C，D，Eの5人の立候補者に，100人の会員が1人1票ずつ投票して，得票数の多い上位3人を幹事に選出する選挙が行われた。下の表は，現在までの開票状況を示したものである。このとき，Aはあと何票獲得すれば当選が確実となるか。

| 立候補者 | A | B | C | D | E |
|---|---|---|---|---|---|
| 現在の得票数 | 13 | 30 | 9 | 10 | 17 |

　1　7
　2　8
　3　9
　4　10
　5　11

No. 39　それぞれの重さがすべて異なる16個の品物がある。天びんを1台だけ使って，この16個の中から最も重い品物と2番目に重い品物を選び出したい。天びんの使用回数をできるだけ少なくするとき，天びんを使用しなければならない回数として，正しいものはどれか。ただし，偶然わかった場合の回数は無効とする。

1　15回
2　16回
3　17回
4　18回
5　19回

No. 40　図1は，面積が1の正三角形を敷き並べて作った図形である。この図形に対し，図2の太線のように，3個の頂点を結んだ正三角形を，1番目，2番目，3番目，4番目，……，と作っていく。このとき，太線の正三角形の面積が91となるのは，何番目のときか。

図1

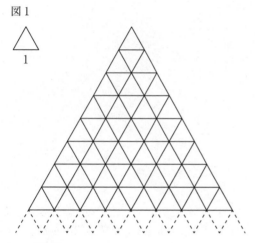

図2

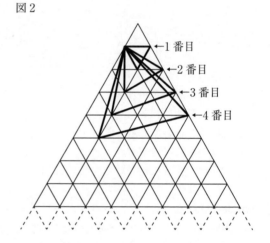

1　8番目
2　9番目
3　10番目
4　11番目
5　12番目

**No. 41** 3つの円O，P，Qがある。円Oの半径は8，円P，Qの半径はいずれも2で，円Pは円Oに外接し，円Qは円Oに内接している。円Pが円Oの外側を周に沿って滑ることなく回転して1周し，円Qが円Oの内側を周に沿って滑ることなく回転して1周した。このとき，円Pと円Qの回転数の比として，正しいものはどれか。

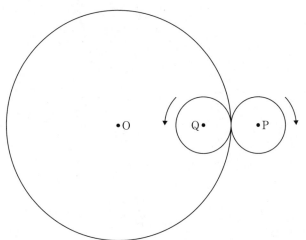

1  P：Q＝1：1
2  P：Q＝2：1
3  P：Q＝3：2
4  P：Q＝5：3
5  P：Q＝7：5

**No. 42** 図は1辺の長さが16の正八面体 ABCDEF である。この正八面体 ABCDEF の辺 AB 上（頂点 A および頂点 B は除く）に点 P を取る。点 P を通り面 ADE と平行な平面で正八面体 ABCDEF を切断したとき，切断面となる図形の周囲の長さとして，正しいものはどれか。

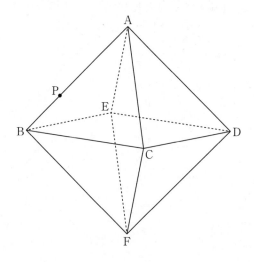

1   32
2   $32\sqrt{3}$
3   40
4   48
5   $48\sqrt{3}$

No. 43　図のような正六面体がある。この正六面体の各辺の中点を頂点とする立体を，立体Aとする。さらに，この立体Aの各辺の中点を頂点とする立体を，立体Bとする。この立体Bの面について，正しいことを述べているのはどれか。

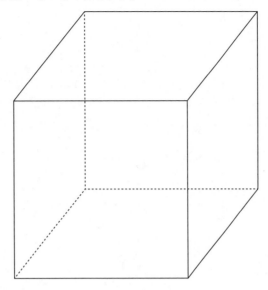

1　正三角形の面は6面ある。
2　正方形の面は8面ある。
3　長方形の面は8面ある。
4　正方形の面は12面ある。
5　長方形の面は12面ある。

No. 44　2桁の整数 $n$ のうち，$n^2$ を5で割った余りが1となるものの個数として，正しいものはどれか。
1　18個
2　24個
3　30個
4　36個
5　42個

No. 45　図中にある12個の丸印の中に，1〜12の自然数を1回ずつ入れ，一直線に並んだ4つの数の和がすべて等しくなるようにしたい。3，7，11，12の4数の位置が決まっているとき，AとBの積として，正しいものはどれか。

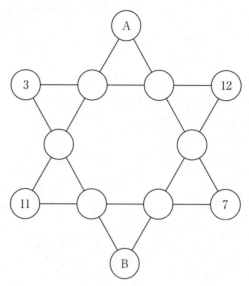

1　36
2　40
3　48
4　50
5　72

No. 46　P，Q2地点間は1本道で通じている。今，AがP地点からQ地点に向かって，B，CがQ地点からP地点に向かって，同時に出発した。3人の進む速さは，Aが毎分140m，Bが毎分160m，Cが毎分110mである。途中で，AはBとすれ違い，その6分後にAとCがすれ違った。このとき，P，Q2地点間の距離として，正しいものはどれか。
1　6,300m
2　7,200m
3　8,100m
4　9,000m
5　9,900m

**No. 47** ある仕事をA，Bの2人で行う。このとき，途中でAだけが1時間休憩すると，終了まで6時間かかり，Bだけが1時間30分休憩すると，終了まで6時間30分かかる。2人とも休憩することなくこの仕事を行った場合，開始から終了までにかかる時間として，正しいものはどれか。

1 4時間36分
2 4時間48分
3 5時間24分
4 5時間36分
5 5時間48分

**No. 48** 図の六角形ABCDEFは，内角の大きさがすべて等しく，AF＝1，BC＝CD＝2，DE＝3である。このとき，辺ABの長さとして，正しいものはどれか。

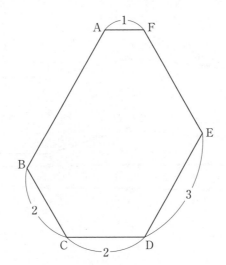

1 3.8
2 4.0
3 4.2
4 4.4
5 4.6

**No. 49** 4個のサイコロA，B，C，Dを1回振る。このとき，「サイコロA，Bの目の和」と「サイコロC，Dの目の和」の積が30となる目の出方は何通りあるか。

1 44通り
2 48通り
3 52通り
4 56通り
5 60通り

No. 50　次の図は，2人以上世帯における5項目の消費支出について，その1か月平均額の推移を示したものである。この図から確実にいえるものはどれか。

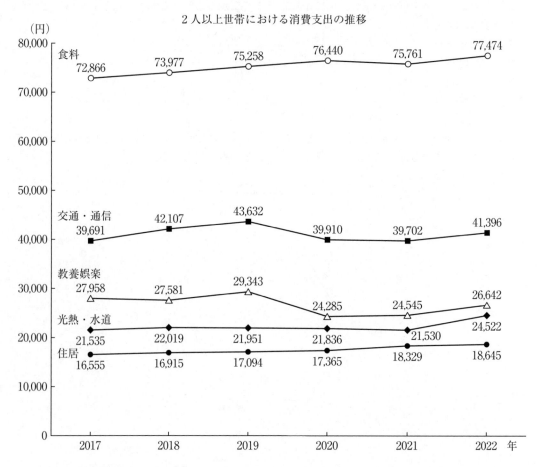

2人以上世帯における消費支出の推移

1　2018年から2022年まで，食料費（1か月平均，以下同）の対前年増加額の1年当たりの平均は，約650円である。

2　2017年から2022年までのいずれの年においても，食料費は教養娯楽費の3倍未満である。

3　2017年から2022年までのいずれの年においても，食料費は交通・通信費と住居費の合計より多い。

4　2017年における光熱・水道費を100とする指数で表すと，2022年における光熱・水道費の指数は，120を上回っている。

5　教養娯楽費と光熱・水道費の合計で見ると，2022年は2017年より2,000円以上増加している。

# 6 年度

# 市役所

# 教養試験

# 予想問題

出題数・解答数：40問（全問解答）

解答時間：120分

市役所教養試験（StandardⅠ）科目別出題数（予想）

| 科 目 | | 出題数 |
|---|---|---|
| 社会科学 | 社　会 | 5 |
| | 政　治 | 1 |
| | 法　律 | 1 |
| | 経　済 | 1 |
| 人文科学 | 地　理 | 2 |
| | 日本史 | 2 |
| | 世界史 | 2 |
| 自然科学 | 数　学 | 1 |
| | 物　理 | 1 |
| | 化　学 | 1 |
| | 生　物 | 2 |
| | 地　学 | 1 |
| 文章理解 | 英　文 | 3 |
| | 現代文 | 3 |
| 判断推理 | | 8 |
| 数的推理 | | 4 |
| 資料解釈 | | 2 |

No. 1　デジタル技術に関する次の記述のうち，妥当なものはどれか。

1　デジタルプラットフォーマーとはウェブページの検索システムのことであり，このシステムの検索窓にキーワードを入力すれば，知りたい情報を検索することができる。

2　量子コンピューターとは量子力学の現象を利用したコンピューターのことであり，日本では国産量子コンピューター初号機である「叡」が稼働を開始している。

3　USBとは偽造のできない所有証明書付きのデジタルデータのことであり，こうしたデジタルデータはブロックチェーンによって可能となっている。

4　テザリングとは動画や音声などのデータのダウンロードと再生が同時に行われる配信方式のことであり，オンデマンド型とライブ型の2種類がある。

5　クライアントとは，インターネットを通じて，サーバーからの要求や指示を受けてサービスやデータなどを提供するコンピューターのことである。


No. 2　女性の賃金に関する次の記述のうち，下線部ア〜エの内容が妥当なもののみをすべて挙げているのはどれか。

　2023年，労働市場における女性の成果の研究に関する功績により，ァカタリン・カリコ氏がノーベル経済学賞（スウェーデン国立銀行賞）を受賞した。我が国の男女間賃金格差は，縮小傾向にあるものの，今なお存在しており，ィ2022年における男性の一般労働者の賃金を100とした場合の，女性の一般労働者の賃金は，80を下回る水準であった。その上，この一般労働者の概念に短時間労働者は含まれないが，我が国のゥ女性の年齢階級別正規雇用比率の線グラフはM字カーブとなっている。なお，ェ現在では，男女の賃金格差の公表が一部の企業に義務づけられている。

1　ア，イ
2　ア，ウ
3　イ，ウ
4　イ，エ
5　ウ，エ


No. 3　エネルギーに関する次の記述のうち，妥当なものはどれか。

1　二酸化炭素と水素を合成することによって燃料を製造する取組みが見られるが，カーボンリサイクルとはこのように二酸化炭素を資源として活用することをいう。

2　頁岩層と呼ばれる地層から採掘される天然ガスをメタンハイドレートというが，アメリカではその商業生産が実現し，輸出されるようになっている。

3　日本は2022年までロシアから天然ガスや石油を輸入した実績がなかったため，日本国内のロシアのウクライナ侵略開始が電気料金などに及ぼす影響は限定的であった。

4　水素・アンモニアを燃料とする火力発電が推進されており，日本の年間の発電電力量に占める水素・アンモニアによる火力発電の割合は約30％となっている。

5　日本の年間の発電電力量に占める再生可能エネルギーの割合は10％を下回る水準にあるが，GX推進法により，新築の建築物に再生可能エネルギー発電設備の設置が義務づけられた。

No. 4　我が国における企業活動に関する次のア～エの記述のうち，妥当なもののみをすべて挙げているのはどれか。

ア　2021年の障害者差別解消法の改正により，合理的配慮の提供が民間事業者の努力義務となった。合理的配慮とは，障害者から社会的障壁を取り除くために何らかの助けを必要としている意思が示された場合に，過度な負担になり過ぎない範囲で対応することをいう。

イ　「ビジネスと人権」に対する関心が国際的に高まっているとされるが，日本政府は企業における人権尊重の取組みを後押しするために，「責任あるサプライチェーン等における人権尊重のためのガイドライン」を策定している。

ウ　インボイス制度では，インボイスと呼ばれる請求書を保管しておかなければ，原則として商品の仕入れのために支払った消費税の控除を受けることができない。このインボイスを発行するには，税務署の登録を受ける必要がある。

エ　従業員らの公益通報によって，企業不祥事が明るみになることがある。こうした公益通報は，内部公益通報対応体制が整備されている企業においては，企業内に設置された対応窓口に対して優先的に行わなければならないことになっている。

1　ア，イ
2　ア，ウ
3　ア，エ
4　イ，ウ
5　ウ，エ

No. 5　人口問題に関する次の記述のうち，妥当なものはどれか。
1　国連機関の推計によると，すでに世界の人口は80億人を超えているが，世界の人口増加率は低下傾向にある。
2　日本の人口は減少傾向にあり，2020年代に年間の出生数が死亡数を上回って推移している都道府県は，東京都だけとなっている。
3　2020年代以降，日本の15～64歳の人口（生産年齢人口）と65歳以上の人口（高齢人口）の比は，およそ3対1となっている。
4　中国では少子高齢化が急激に進み，中国の総人口に占める65歳以上の高齢者の割合は，日本のそれを上回っている。
5　インドの人口は増加を続けており，2023年，国連機関は2030年にインドが世界一の人口大国になるとする推計を示した。

No. 6　我が国の地方自治に関する次の記述のうち，妥当なものはどれか。
1　東京都は，日本の首都であることから特別地方公共団体とされており，普通地方公共団体である道府県よりも一段高い地位に位置づけられている。
2　法定受託事務は国による包括的な指揮監督の下で執行されるため，地方公共団体は法定受託事務に関する条例を制定することができない。
3　広域的な行政ニーズに柔軟かつ複合的に対応するために，複数の普通地方公共団体により，広域連合が設立されることがある。
4　普通地方公共団体には，事務を執行する機関として，長，監査委員，公正取引委員会などの委員会が置かれている。
5　普通地方公共団体の議会は，自主解散あるいは住民の直接請求によるほかは解散されることがないため，ほとんどの普通地方公共団体で同時に議員選挙が行われている。

No. 7　国会に関する次の記述のうち，妥当なものはどれか。

1　憲法41条が国会を国権の「最高機関」と規定している意味については，国会が憲法上国政全般を統括し，ほかの機関を指揮・命令する権能を法的に持つ機関であることを意味すると解するのが通説である。

2　国会の常会について，憲法は，毎年１回１月中に召集することを規定しており，また，国会法は，常会の会期の日数を定めていないが，会期の延長は２回まで認めている。

3　国会の各議院には常任委員会が設けられているが，国会における実質的な審議は本会議を中心に行われている。

4　両議院は，おのおのその総議員の３分の１以上の出席がなければ，議事を開き，議決することができず，また，両議院の議事は，この憲法に特別の定のある場合を除いては，出席議員の過半数でこれを決し，可否同数のときは，議長の決するところによる。

5　衆議院で可決し，参議院でこれと異なった議決をした法律案は，衆議院で総議員の３分の２以上の多数で再び可決したときに法律となる。


No. 8　次の図は，コロナ禍以前の我が国の経常収支の内訳と推移を表している。図中の（A）〜（D）に当てはまる語句の組合せとして，妥当なものはどれか。

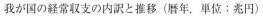

我が国の経常収支の内訳と推移（暦年，単位：兆円）

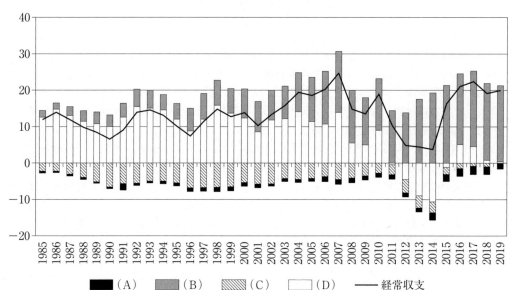

（出典）経済産業省編『通商白書2020年』より作成

| | （A） | （B） | （C） | （D） |
|---|---|---|---|---|
| 1 | サービス収支 | 第一次所得収支 | 第二次所得収支 | 貿易収支 |
| 2 | サービス収支 | 貿易収支 | 第二次所得収支 | 第一次所得収支 |
| 3 | 第一次所得収支 | サービス収支 | 第二次所得収支 | 貿易収支 |
| 4 | 第二次所得収支 | 第一次所得収支 | サービス収支 | 貿易収支 |
| 5 | 第二次所得収支 | 貿易収支 | サービス収支 | 第一次所得収支 |

No. 9　西アジアと中央アジアに関する次の記述のうち，妥当なものはどれか。
1　この地域は，キリスト教，イスラム教，仏教の三大世界宗教の発祥地である。7世紀にムハンマドが現れ，西アジアを中心にイスラム帝国が興った。
2　この地域に広く広がっているイスラム教では，信仰告白・礼拝・断食・喜捨・巡礼の五行とよばれる義務を守ることが求められる。また，神聖な動物として崇拝される牛を食べることは禁忌とされている。
3　西アジアではアラビア語が多くの国で使われているが，トルコではトルコ語，イランではペルシャ語，イスラエルでは古代ヘブライ語を基にした言語が用いられるなど言語分布は一様ではない。
4　西アジアのペルシャ湾岸には世界有数の産油国が集中する。しかし，国際石油資本（石油メジャー）と呼ばれる欧米企業が石油の利権を独占しており，貧困から抜け出せない国がほとんどである。
5　中央アジアの国々は石油・天然ガスなどの鉱山資源に恵まれず，多くの国民はラクダ・ヤギなどを飼う遊牧に頼って生活している。

No. 10　日本の資源や鉱工業に関する次の記述のうち，妥当なものはどれか。
1　日本は，原油輸入先の中東からの分散化をめざしてきたが，2021年には，中東依存度が18.6％となり，原油の中東依存度は低減してきている。
2　福島原発事故の影響で，2013年にはすべての原発が停止した。その後一部の再稼働が始まったが，政府は2022年までの脱原発方針を決め，再生可能エネルギーの割合は2019年に39.8％となった。
3　日本は「鉱物の標本室」といわれ，鉱山資源の種類は多いが，その生産量は非常に少ない。しかしレアアースは産出量が多く，日本のハイテク産業の発展を後押ししている。
4　高度成長をリードした鉄鋼・石油化学工業などは臨海地域の港湾付近に立地したが，低成長時代になって成長したIC・OA機器などの工場は，空港近くや高速道路沿いに立地するようになった。
5　国内人件費の高騰，貿易摩擦，円高の進行などに対応し，日本企業は1980年代後半から海外に工場を建設し，現地労働者を雇用して生産する直接投資を行い，国内の産業のソフト化が進んだ。

No. 11　日清・日露戦争前後の日本に関する次の記述のうち，妥当なものはどれか。
1　日清戦争が日本の勝利に終わり，下関条約が結ばれると，ロシアはイギリスとフランスを誘って三国干渉を行い，遼東半島の返還を迫った。
2　1894年，井上馨は日清戦争の直前にイギリスと日英通商航海条約を結び関税自主権の回復に成功し，大隈重信は日露戦争の勝利を背景に交渉を進め，1911年治外法権の撤廃に成功した。
3　日露戦争前に国内世論が主戦論に傾く中で，社会主義者の与謝野晶子や与謝野鉄幹らは平民社を組織して反戦運動を展開し，新島襄はキリスト教徒の立場から平和論を説いた。
4　日本の産業革命は，日清戦争後に軽工業部門で進展した。日露戦争後には重化学工業化が急速に進み，軽工業よりも重化学工業部門で貿易が拡大し，日本は世界有数の工業国となった。
5　日本はポーツマス条約で韓国に対する一切の指導権を獲得すると韓国への支配を強め，1910年には韓国を併合して朝鮮総督府を置き，軍事的・警察的植民地支配を行った。

No. 12  20世紀後半の日本に関する次の記述のうち，妥当なものはどれか。

1  1955年以降，自由民主党を政権党とし，社会党を主要野党とする55年体制が長期間続いたが，2009年の総選挙の結果，民主党による政権交代が行われ，55年体制は崩壊した。

2  1956年，日本が国際連合に加盟すると，日ソの間でも協調ムードが生まれ，同年末には鳩山内閣が日ソ共同宣言に調印してソ連との国交が回復した。

3  日本経済は1955年頃より高度経済成長期に入った。64年には東海道新幹線が開通し，第18回オリンピック東京大会が開催され，68年にはGNPが資本主義世界で第2位に上昇した。

4  1980年代後半の日本経済は，株価や地価の異常騰貴によるバブル経済となった。これは第一次石油危機により崩壊し，それ以後日本経済は低成長時代に移行した。

5  1992年，小泉純一郎内閣の下でPKO（国連平和維持活動）協力法が制定され，国連の要請を受けて，戦争で疲弊したイラクに自衛隊が派遣された。


No. 13  ロシア革命以降のソ連およびロシア周辺国の歴史に関する次の記述のうち，妥当なものはどれか。

1  第一次世界大戦中にロシア革命が起こり，ソヴィエト政権が樹立した。新政府は即時終戦を訴える「平和に関する布告」を出し，それが終戦後のパリ講和会議の原則となった。

2  1947年，トルーマン・ドクトリンとマーシャル・プランを機に冷戦が開始され，西側がNATO（北大西洋条約機構）を結成すると，東側もCOMECON（経済相互援助会議）やワルシャワ条約機構で対抗した。

3  1980年代にはソ連共産党書記長エリツィンがペレストロイカ（改革）を掲げて市場経済の導入などを実行し，また，レーガン米大統領と会談して冷戦終結を宣言した。

4  1991年，ウクライナ，ポーランド，ルーマニアなどソ連邦内のほとんどの共和国がソ連邦から離脱し，ロシア連邦を中心とする独立国家共同体（CIS）が結成され，ソ連は解体した。

5  ロシア連邦大統領エリツィンは，ロシア連邦からの独立をめざすウクライナに侵攻し，2回の紛争を経て，2009年に独立派武装組織をほぼ制圧した。


No. 14  中国の明に関する次の記述のうち，妥当なものはどれか。

1  元末の黄巾の乱の首領の一人である李自成は，江南の穀倉地帯を基盤に群雄を従え，1368年，南京に都を定めて明を建国し，明の太祖，洪武帝となった。

2  洪武帝は元朝の支配体制を継承し，皇帝独裁の中央集権体制の確立を図り，軍事組織であり行政組織でもある八旗を組織して軍事力を強化した。

3  洪武帝は農村を再編成して里甲制を敷き，農民に納税の責任を持たせた。戸籍簿と租税台帳を兼ねた賦役黄冊を整備し，魚鱗図冊と呼ばれる土地台帳を整備した。

4  第3代皇帝永楽帝は積極的な対外政策を行い，張騫を大月氏に派遣し，西域経営の端緒が開かれた。

5  永楽帝の死後，明は北虜南倭に対する軍事費の増大から財政難に陥り，相次ぐ増税が民衆の反発を招いて黄巣の乱が起こり，乱以後有力となった節度使の朱全忠に滅ぼされた。

**No. 15** 三角比に関する以下の記述について，空欄ア，イに入る語句の組合せとして，正しいものはどれか。

　図1のように長さ $a$, $b$ の辺と，角度 $\theta$ をもつ直角三角形がある。このとき，$a$ と $b$ の比は，$\dfrac{a}{b}=\boxed{\text{ア}}$ と表すことができる。したがって，図2のように $x$, $y$ 平面上において，原点を通り，$x$ 軸と15°，$y$ 軸と75°をなす直線 $l$ は，$y=\boxed{\text{イ}}\times x$ と表すことができる。

図1　　　　　　　　　　　　　図2

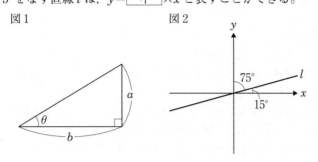

|   | ア | イ |
|---|---|---|
| 1 | $\sin\theta$ | $\sin15°$ |
| 2 | $\sin\theta$ | $\sin75°$ |
| 3 | $\cos\theta$ | $\cos75°$ |
| 4 | $\tan\theta$ | $\tan15°$ |
| 5 | $\tan\theta$ | $\tan75°$ |

**No. 16** 次の図のように，天井の2点から，長さが9cm の糸Aと，長さが12cm の糸Bとで，質量0.5kg の物体をつり下げる。天井の2点間の間隔は15cm である。このとき，糸Aの張力を $T$，糸Bの張力を $S$ として，それらの和である $T+S$ の大きさとして妥当なものはどれか。ただし，重力加速度の大きさを9.8m/s²とする。

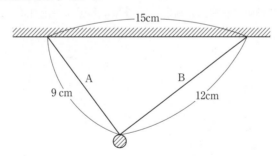

| | |
|---|---|
| 1 | 4.3N |
| 2 | 5.5N |
| 3 | 6.9N |
| 4 | 7.4N |
| 5 | 8.8N |

No. 17　質量48.0gのメタノール $CH_3OH$ を完全燃焼させるとき，必要な酸素 $O_2$ の標準状態における体積として妥当なものはどれか。ただし，原子量は $C=12$，$H=1$，$O=16$ とする。

1　40.4L
2　45.0L
3　50.4L
4　55.0L
5　60.4L

No. 18　植物群落に関する次の記述のうち，妥当なものはどれか。

1　二次遷移とは，森林の伐採跡地や山火事跡，放棄された畑などから始まる遷移で，一次遷移に比べると短期間で極相に達する。
2　乾性遷移とは，溶岩台地などの裸地から始まる遷移で，岩石の保水力が弱いため，栄養塩類が次第に乏しくなり，草本類や木本類は侵入できない。
3　湿性遷移とは，湖沼などから出発する遷移で，植物の遺体や陸地からの流入物が堆積して湖沼などの水深が浅くなり，栄養塩類が蓄積されて，最終的には草原となる。
4　極相の陰樹林では，林床に届く光が弱いため下草があまり育たず，そこで生存できる動物が限られているため，生物の多様性には欠ける。
5　熱帯雨林では，土壌中の微生物による有機物の分解速度が遅いため，栄養が長く地中にとどまって肥沃な土壌が形成される。

No. 19　ヒトの体液とその循環に関する次のA〜Eの記述の正誤の組合せとして，妥当なものはどれか。

A　ヘモグロビンは，酸素濃度が高いほど酸素を遊離する傾向が大きい。
B　血しょう成分の90％以上は水で，脂質や糖質がわずかで，タンパク質は含まない。
C　動脈は筋肉層が発達した構造を持ち，血液の逆流を防ぐ弁を備えている。
D　肺循環では，肺動脈に静脈血が流れ，肺静脈に動脈血が流れる。
E　組織液の大部分は，心臓に戻らずに末梢組織にとどまる。

|   | A | B | C | D | E |
|---|---|---|---|---|---|
| 1 | 正 | 正 | 正 | 正 | 正 |
| 2 | 正 | 誤 | 正 | 誤 | 正 |
| 3 | 正 | 正 | 誤 | 誤 | 正 |
| 4 | 誤 | 誤 | 誤 | 正 | 誤 |
| 5 | 誤 | 誤 | 誤 | 誤 | 誤 |

No. 20　高気圧と低気圧に関する次の記述のうち，妥当なものはどれか。

1　北半球では，低気圧の中心に向かって時計回りに風が吹き込むため，低気圧の中心付近では上昇気流が生じる。

2　南半球では，高気圧の中心から時計回りに風が吹き出すため，高気圧の中心付近では下降気流が生じる。

3　中緯度地帯では，地表付近から上空までほぼ西寄りの風が吹いており，この風の影響で高気圧や低気圧は西から東へ移動する。

4　温帯低気圧は，寒冷前線，温暖前線，閉塞前線などの前線を伴っており，寒冷前線が通過するときには，広範囲にわたって長い時間雨が降る。

5　冬，日本付近で西高東低型の気圧配置が強まると，シベリア高気圧から吹き出した湿潤・寒冷な風が日本列島にぶつかって積雲を発生させ日本海側に雪をもたらす。

No. 21　次の英文の要旨として，最も妥当なものはどれか。

It is important for Japanese working in the United States to understand American values. Many of these values may be unique to the United States. But in very broad terms, Western cultures have values that can be regarded as similar (if not exactly the same).

One of these values is individualism. Individualism is a fundamental value in Western cultures. It is also a fundamental value in Western business culture.

What does individualism mean in the business world?

Consider the following point: When you are in a meeting, say what you think and say it clearly. No beating around the bush!

In other words, your ideas, as an individual, are very important. In Japan, of course, that may not always be the case. Although Japanese certainly have individual ideas, they generally consider group consensus to be more important. So, for this reason, many Japanese hesitate to speak up at meetings. They may hesitate to say what they really think about something. However, outside of Japan, it is important to say what you think. In fact, business executives who are globally experienced work on the premise that every individual has a responsibility to share his or her ideas. Only then can the group arrive at the best solution or course of action.

1　アメリカの価値観はアメリカ特有のものであり，欧米文化においても異質である。

2　個人主義はアメリカのビジネス社会にとって基本的な価値観である。

3　欧米の価値観は日本と異なるので，個人としての自分の意見を主張することが大切である。

4　欧米社会にあっても集団のコンセンサスを得るためには，個人主義を貫くことは難しい。

5　グローバル時代には個人主義の価値観を身につけ，個より集団に配慮することが大切である。

No. 22　次の英文の内容に合致するものとして，最も妥当なものはどれか。

　　The morning of April 12 we could see the flat, chiaroscuro outline of Ceylon on the horizon before us.　As we neared Colombo, schools of dolphins appeared again and again to caper about beside the ship.　A native canoe bobbed in and out of sight between the waves ; its three oarsmen paddled with mighty, rhythmical strokes, yet seemed to make no progress at all.

　　At the wharf we drew a crowd of men decked out in splendid white robes or brilliantly colored shirts with waistcloths tucked up above their knees.　Soldiers wore khaki trousers and helmets.　None of the Indians I saw had features as striking as the spiritual-looking fellows I'd seen in Singapore, but of course India comprises a great variety of racial types.

　　Though I'd seen a lot of lovely women in Paris, Milan, and almost every port we stopped at, the one who'd made the greatest impression on me was an Indian girl in Singapore.　She was working in a department store I went to, and when I walked in she looked at me with large, dewy eyes too wonderful to be of this world.

1　セイロン島ではカヌーに乗せてもらう機会を得たが，このときイルカの群れがまるで旅行者を歓迎するかのように近づいてきたことが一番思い出に残っている。

2　さまざまな人々でごった返し，活気にあふれるインドのほうが，パリやミラノを訪れたときよりも強烈な印象を受け，今回の旅ではインドが一番思い出に残る街となった。

3　コロンボの港ではたくさんの兵士が物々しく周辺を警備していたので，観光旅行どころではなくなってしまい，今までの旅が懐かしくなった。

4　立ち寄った港のほとんどで美しい女性を見かけたが，シンガポールのデパートで働いていた，瞳の美しいインド人の少女のことが一番印象に残った。

5　シンガポールで出会った女性に勧められて，今回の旅では美しいコロンボの街を訪ねてみたが，予想以上に美しく，活気があり，人々も魅力にあふれていた。

No. 23 次の英文の要旨として，最も妥当なものはどれか。

How much garbage do you produce in a day?

I started thinking about this after attending a talk by Bea Johnson, an advocate of zero-waste living.

Her family of four (herself, her husband and two sons) produce so little trash that their annual household rubbish fits into a single glass jar. They accomplish this in a few ways. First, they don't buy packaged items, instead putting foodstuffs into their own glass jars and bags. They also reduce the things they own to the bare essentials, and use the same product for many things.

For instance, Johnson uses vinegar and baking soda to clean. Also, her wardrobe consists of just fifteen items of clothing.

"A zero-waste lifestyle is not about depriving yourself," she said. "It's about focusing your time and resources on what's important, and you'll find yourself saving time and money, as well as (having) better health."

Johnson, a French native living in California, explains all this and more in her book Zero Waste Home, a guide to reducing waste and simplifying one's life. I read the book a few years ago and tried to follow her 5R's : Refuse, Reduce, Reuse, Recycle and Rot (in that order).

But my motivation and self-discipline didn't last. After a few weeks, I'd lapsed into my old habits of buying packaged goods. It was especially hard for me to resist potato chips and stationery. I also found it hard to say no to well-meaning gifts from family and friends.

What I've managed to do successfully is to say no to plastic bags and to use my own utensils instead of disposables when eating out. But the amount of trash I produce is still way more than ideal.

But after Johnson's talk, I decided I would give the zero-waste lifestyle another go. I'm not sure if I can be as successful as she has been in reducing waste, but I can definitely try to do more.

1　ジョンソンさんの著書「ゼロ・ウェイスト・ホーム」を読んで，ごみを減らす努力を改めて決意した。

2　ジョンソン一家が1日に出す家庭ごみの量はガラス瓶に入りきるぐらい少ないものである。

3　数年前に，ジョンソンさんの5Rのトークショーに参加して以来，ごみを出さない生活を実践しようとしている。

4　ごみを出さない努力をしてみたことがあるが，そのために家族や友人の善意の贈り物を断るのは難しかった。

5　ジョンソンさんの著書を読んでもごみを出さない生活を続けることはできなかったが，今回のトークショーに参加して再チャレンジしようと思った。

No. 24　次の文章の要旨として，最も妥当なものはどれか。

　　印刷の発明による書籍の普及は，民衆の知識の伝達の形態をさらに大きく変えました。リアリ
ティー（存在するもの）に対する知識を伝達する方法としての話し言葉はここでも大きく後退し
ます。現実は断片化した形で伝えられることが可能になります。文字のない世界におけるように，
知識は時と場所を定めて，たとえば神話または叙事詩のような形をとって時間の流れと空間の広
がりの中では伝えられません。人は時間の流れを止めてホメロスを読むことができます。註を読
んだりインデクスをたどったりして時間の流れはどんどん断ち切られます。その度に言葉は全体
性から切り離されていきます。文字が使われる以前は言葉はリアリティーと堅く結びついている
と考えられ，置き換えが可能であるとは考えられませんでした。特に全体の中で音の持つ意味が
重要であればあるほど，それは不可能です。ところが言葉が文字で再現される時，音はその指示
力を失います。こうして言葉の置き換えのみちが開けます。そして単語を独立の切り離された単
位として捉える方向に拍車をかけたのは，百科辞典という形式です。百科辞典は現実を分断して
細かいスペースに押し込むことを我々に教えました。それは現実の細部についての正確な知識を
あたえます。しかし細部の相互の関係および我々の住む世界全体の中での細部の位置および意味
を教えはいたしません。その出現の時から百科辞典は活字文化のカリカチュア（戯画）だったの
です。

　　こうして言葉を有機的な現実から切り離し，寸断し，無機的に再構成する，文字の出現ととも
にはじまった作業過程は完成するのです。

1　百科辞典は，時間の流れを文字で固定して明確にするために，流動的であるはずの人間世界
　　を規定し，秩序を持ったものに変えてしまうものである。
2　百科辞典は，単語を独立した単位としてとらえることで現実を断片化し，現実の細部につい
　　て正確な知識を与えるが，世界の全体像はとらえにくくする。
3　百科辞典は，大変に正確でかつ便利であるため，活字文化が礼賛されて，百科辞典の世界だ
　　けが信じられ真実となるという事態を招来するものである。
4　百科辞典は，現実の細部についての正確な知識を与えてくれるので，人々はその情報をもと
　　にして，世界について語ることができるものである。
5　百科辞典は，活字による客観的で正確な知識の伝達メディアであるために，必要以上に世界
　　の細部を描いてしまうものである。

No. 25　次の文章の要旨として，最も妥当なものはどれか。

　　人間は，生まれおちたときに自分を育ててくれる共同体が必要です。そしてその共同体の言語を学ぶことによって，世界をどう理解したらよいか，その認識の枠組みを学びます。それは，個人の外にある，共同体の掟や習慣，秩序でもあります。古代ギリシャでは，そうしたものをノモスという言葉で呼びました。ここではそれを借りましょう。人間は，共同体のノモスを（主として言語を通じて）身につけます。それなしに，人間は人間たり得ません。しかし，個人には，そうしたノモスを受け入れるだけの容器がなければなりません。その容器は，単にノモスを受け入れるという働きだけをするのではありません。むしろ，Aのノモスを受け入れればAに，Bのノモスを受け入れればBに向かうことができるような，可能性を秘めたエネルギーのようなものだと考えましょう。それを，同じギリシャ語から借りてきた「カオス」という言葉で呼ぶことにしますと，人間は，外からのノモスと，内からのカオスとの間の，絶えざる拮抗作用のなかにあることになります。

　　つまり，共同体の持つノモスを全面的に受け入れる個人などはあり得ず，常に，ノモスから外れようとするエネルギーを多かれ少なかれ，個人は備えていることになります。しかも，一人の個人の生涯のなかでも，このノモスへの反発のエネルギーが強い時期もあれば，弱い時期もあります。また一つの共同体のなかでも，ノモスに寄り添って安定を得ることを目指す人もいれば，ノモスへの反発と，もっと他のようでありたいという欲求が勝っている人もいます。こうして，ノモスとカオスの均衡点は，個人のなかでも常に動揺していますし，共同体としても，転変ただならない状態にあるのです。

1　人間は，自分を育ててくれる共同体としてのノモスから認識の枠組みや共同体の掟や習慣を学ぶことで人間になる。

2　共同体のノモスを受け入れるためには，それぞれの共同体に固定化された容器を自らの内に作り上げなければならない。

3　可能性を秘めたエネルギーのように揺動するノモスとそれを受け入れようとするカオスは常に背反している。

4　認識の枠組みであるノモスとそれを受け入れる内なるカオスとの間の均衡点は個人においても共同体においても揺れ動いている。

5　ノモスとカオスは絶えざる拮抗作用のなかにあるが，それが成熟すると安定的な均衡点に落ち着く。

No. 26　次の文章の要旨として，最も妥当なものはどれか。

　　世の中には自分の生活スタイルにこだわりを持っている人がいる。わざわざ放浪生活をしたり，端の欠けた食器でご飯をたべたり。うっかり友人が「安いアパートを紹介しようか」とか「新しい食器をあげようか」などと言えば，「これが俺の美学だ」「この風流な味がわからんのか」と怒られる。「いやあ，そうだよね」とか言って引っ込むしかない。どうやら「美学」や「風流」といった言葉はそのような，あえて便利だの快適だのを無視した生活のスタイルを指すことになっている。「～の美学」という言葉をネットで検索すると，「男の美学」，「敗者の美学」，「無駄の美学」などが出てくる。私もいちおう美学研究者のはしくれなので断言するけれども，美学の学会でこういう言葉が使われることは絶対にない。専門用語の「美学」は哲学の一分野であって，自然美とか芸術とかを対象に考察を行うものである。専門家からすると，世間は「美学」を誤解している，ということになる。

　　たしかに美学という学問はひどくマイナーなので，世間に正しく理解されていないのは仕方がない。けれどもその言葉の使い方に一定の傾向があるのをみると，どうやら世間は「美学」を誤解したのではない。初めから理解する気などなく，勝手に独自の意味を与えてしまったようだ。それは身の処し方において，物の作り方において，経済性や合理性ではなく「美しさ」を基準とするという態度のことである。つまり「生き方のスタイル」とか「生活の中のデザイン」という身近なものを指すために「美学」という言葉が採用されたのだ。それはたぶん「美学」という言葉が，日本語の体系の中で欠落していたあるピースを埋めるのにちょうどよかったからだろう。「美学」は便利な，いや必要な言葉だったから広まったのである。

1　世の中には自分の生活スタイルにこだわりを持って自分なりの「美学」を持っている人がいる。
2　「美学」や「風流」とは，あえて便利さや快適さを無視した生活スタイルのことだが，世間には正しく理解されていない。
3　哲学の一分野である「美学」は自然美や芸術美を対象に考察を行うもので，世間の「美学」とは区別して議論する必要がある。
4　世間で広く使われている「美学」には独自の意味の「美しさ」の基準があり，専門用語の「美学」とは違うものである。
5　「美学」という言葉の便利さから，世間では，本来の意味の「美学」は誤解されて広まってしまった。

No. 27　海外旅行に出発する100人について調査したところ，風邪薬を携帯している者が75人，胃腸薬を携帯している者が80人であった。このとき，確実にいえるものはどれか。
1　風邪薬と胃腸薬の両方とも携帯している人は，０人以上30人以下である。
2　風邪薬と胃腸薬の両方とも携帯していない人は，５人以上20人以下である。
3　風邪薬と胃腸薬の両方とも携帯している人は，30人以上55人以下である。
4　風邪薬と胃腸薬の両方とも携帯していない人は，０人以上25人以下である。
5　風邪薬と胃腸薬の両方とも携帯している人は，55人以上75人以下である。

No. 28　A，B，C，Dの4人は，先週一緒に科学博物館へ見学に行った。博物館内は，宇宙ゾーン，地学ゾーン，海洋ゾーン，生物ゾーンの4つのゾーンに分かれており，4人はそれぞれ別々に見学することにした。次のア～オのことがわかっているとき，確実にいえるものはどれか。

　　ア　4人とも各ゾーンを30分ずつ見学した。見学した順序は4人とも異なっており，2人以上が同時に同じゾーンを見学することはなかった。
　　イ　Aが地学ゾーンを見学しているとき，Bは宇宙ゾーンを見学していた。
　　ウ　Bが地学ゾーンを見学しているとき，Dは海洋ゾーンを見学していた。
　　エ　Bが生物ゾーンを見学したのは3番目で，Cが地学ゾーンを見学したのは1番目であった。
　　オ　Dが生物ゾーンを見学したのは2番目ではなかった。
　1　Aが宇宙ゾーンを見学しているとき，Bは海洋ゾーンを見学していた。
　2　Bが海洋ゾーンを見学しているとき，Cは生物ゾーンを見学していた。
　3　最初に海洋ゾーンを見学したのは，Aである。
　4　Dが宇宙ゾーンを見学しているとき，Aは生物ゾーンを見学していた。
　5　最後に宇宙ゾーンを見学したのは，Cである。

No. 29　A～Hの8人が参加して，テニスのトーナメント戦が行われた。表は，その対戦の一部を示したものであり，また，次のア～オのことがわかっている。このとき，確実にいえるものはどれか。

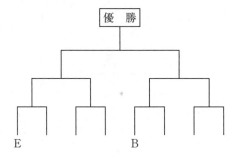

　　ア　Bは1回戦で敗れた。
　　イ　DはEに勝った。
　　ウ　Gに勝った相手は準優勝した。
　　エ　AはHに敗れ，BとFはDに敗れた。
　　オ　Hは2回戦でEに敗れた。
　1　Aは1回戦でGと対戦した。
　2　Cは1回戦でFに敗れた。
　3　Dは1回戦でFに勝った。
　4　優勝したのはEである。
　5　Hは1回戦でEと対戦した。

No. 30　A，B 2つの箱にそれぞれりんごとみかんが入っている。Aの箱に入っているりんごとみかんの合計数は25個，Bの箱に入っているりんごとみかんの合計数は23個である。また，A，B 2つの箱に入っているりんごの合計数は26個である。このとき確実にいえるものは次のうちどれか。

1　Aの箱に入っているりんごの個数は，Bの箱に入っているりんごの個数より2個多い。

2　Aの箱に入っているりんごの個数は，Aの箱に入っているみかんの個数より2個多い。

3　Aの箱に入っているみかんの個数は，Bの箱に入っているりんごの個数より1個多い。

4　Aの箱に入っているりんごの個数は，Bの箱に入っているみかんの個数より3個多い。

5　Aの箱に入っているみかんの個数は，Bの箱に入っているみかんの個数より2個多い。

No. 31　図の正方形 ABCD において，対角線 AC＝BD＝16である。この正方形 ABCD を，頂点 C を中心として矢印の方向に90°回転させたとき，△ ADO が通過する部分の面積として，正しいものはどれか。

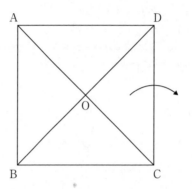

1　$36\pi+32$
2　$36\pi+36$
3　$48\pi+32$
4　$48\pi+36$
5　$48\pi+48$

**No. 32**　1辺の長さが1である正方形のタイルを，図が示す規則に従って，1番目→2番目→3番目→4番目→……，と並べていく。このとき，たとえば2番目の図形の周囲の長さは12，3番目の図形の外側のタイルの枚数は8枚である。図形の周囲の長さが116のとき，何番目の図形であり，また，図形の外側のタイルの枚数として，正しいものはどれか。

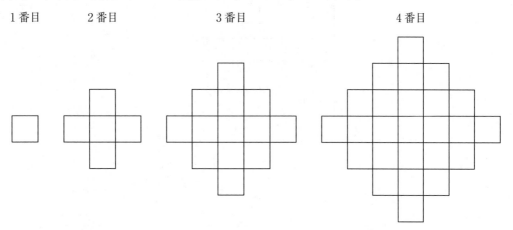

1番目　　　2番目　　　　　3番目　　　　　　　　4番目

   1　14番目，52枚
   2　14番目，56枚
   3　15番目，52枚
   4　15番目，56枚
   5　16番目，60枚

**No. 33**　図は，底面の半径が5，母線の長さが12の円錐である。底面の円周上の点Aから，円錐の側面を最短距離で1周してAに戻る線で，円錐の側面を分割する。このとき，円錐の側面のうち点Pを含む部分の面積として，正しいものはどれか。

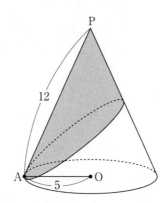

   1　24
   2　$24\sqrt{3}$
   3　36
   4　$36\sqrt{3}$
   5　48

No. 34 図のように，立方体を4個組み合わせて作った立体がある。この立体を，3点A，B，C を通る平面で切断したとき，現れる切断面として正しいものはどれか。

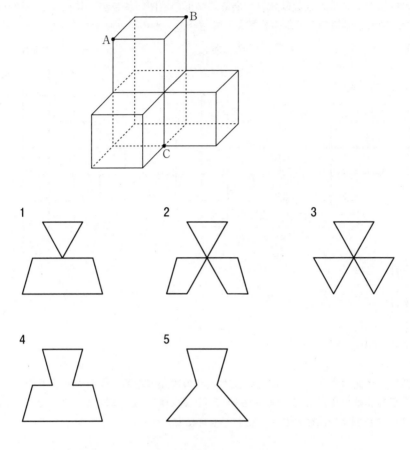

No. 35 2つの自然数P，Qがあり，どちらも2桁の数である。P，Qの最大公約数が12，最小公倍数が420のとき，P＋Qの値として，正しいものはどれか。
1　120
2　132
3　144
4　156
5　168

No. 36 静水での速さが時速24kmである船が，時速2.4kmで流れる川の下流にあるA地点から上流のB地点まで上るのに，4時間35分かかる。この船が上流のB地点から下流のA地点までこの川を下るときにかかる時間として，正しいものはどれか。
1　3時間25分
2　3時間30分
3　3時間35分
4　3時間40分
5　3時間45分

No. 37　図の△ ABC の面積は20であり，AB：AE＝BC：BF＝CA：CD＝1：3である。このとき，
△ DEF の面積として，正しいものはどれか。

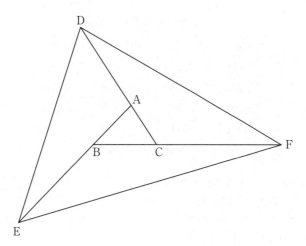

1　320
2　350
3　380
4　410
5　440

No. 38　白色，黒色，赤色，青色の4個の球を，3個の箱A，B，Cに入れる。どの箱にも少なく
とも1個入れることとするとき，球の入れ方は全部で何通りあるか。
1　24通り
2　30通り
3　36通り
4　42通り
5　48通り

No. 39　次の表は，5か国におけるリチウム生産量の推移について示したものである。この表から確実にいえるものはどれか。

リチウム生産量の推移 （単位：t）

| | 2016年 | 2017年 | 2018年 | 2019年 | 2020年 | 2021年 |
|---|---|---|---|---|---|---|
| オーストラリア | 522,181 | 1,706,618 | 1,965,910 | 1,587,980 | 1,427,380 | 1,985,670 |
| チ　　　　リ | 72,606 | 76,098 | 90,855 | 102,673 | 114,260 | 150,348 |
| 中　　　　国 | 25,400 | 37,300 | 37,800 | 57,500 | 70,600 | 75,000 |
| ブ　ラ　ジ　ル | 8,804 | 10,547 | 41,000 | 33,700 | 57,500 | 60,000 |
| ポ　ル　ト　ガ　ル | 25,758 | 52,741 | 76,818 | 59,912 | 23,185 | 60,000 |

1　表中の5か国の中で，2016年のリチウム生産量に対する2021年のリチウム生産量の増加率が，最も大きいのはオーストラリアである。

2　2016年から2021年までのいずれの年においても，チリのリチウム生産量はオーストラリアのリチウム生産量の10％を下回っている。

3　2017年から2021年までの間で，オーストラリアのリチウム生産量が前年より減少している年は，ブラジルのリチウム生産量も前年より減少している。

4　2016年から2021年までの間で，チリのリチウム生産量とポルトガルのリチウム生産量との差が，10万tを超えた年はない。

5　2016年から2021年までのいずれの年においても，表中の5か国のリチウム生産量の合計に占めるオーストラリアのリチウム生産量の割合は，90％を超えている。

No. 40　次の図は，石油製品消費量の推移を示したものである。この図から確実にいえるものはどれか。

石油製品消費量の推移

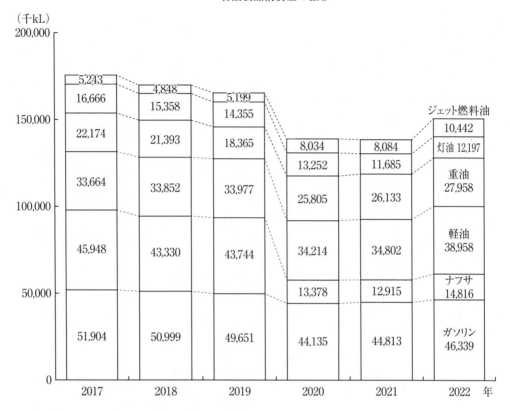

1　2017年から2022年までのいずれの年においても，ジェット燃料油消費量はガソリン消費量の10％を超えている。
2　2017年における重油消費量を100とする指数で表すと，2019年における重油消費量の指数は，75未満である。
3　2017年から2022年までのいずれの年においても，重油消費量は灯油消費量の1.5倍を超えている。
4　2017年から2019年までのいずれの年においても，石油製品消費量に占めるナフサの割合は，20％を超えている。
5　2017年から2022年までのガソリン消費量の累計は，360,000千kLを超えている。

**6** 年度

# 地方上級
# 専門試験
# 予想問題

出題数・解答数：40問（全問解答）
解答時間：120分

地方上級（全国型）専門試験 科目別出題数（予想）

| 科 目 | 出題数 |
|---|---|
| 政 治 学 | 2 |
| 行 政 学 | 2 |
| 憲 法 | 4 |
| 行 政 法 | 5 |
| 民 法 | 4 |
| 刑 法 | 2 |
| 労 働 法 | 2 |
| 経済原論 | 9 |
| 財 政 学 | 3 |
| 経 営 学 | 2 |
| 社会政策 | 3 |
| 国際関係 | 2 |

No. 1　M. フィオリナの投票理論に関する次の記述のうち，妥当なものはどれか。

1　社会的地位，宗教，居住地域などといった投票者の属性が，その投票先の決定に強い影響を及ぼしているとした。

2　投票者には，落選が確実な候補者に投票すれば自分の投票が無駄になるという思いがあるため，小選挙区制は二大政党をもたらすとした。

3　投票者は，選挙のたびに現政権の業績について自ら評価を下し，高評価ならば与党に投票し，低評価ならば野党に投票するとした。

4　二大政党が掲げる政策は，中央値に当たる意見を持つ投票者の支持を集めるために次第に類似したものとなり，投票者の選択の幅は狭まるとした。

5　投票者による投票先の決定には，候補者から受けるイメージや自身が持つ支持政党への愛着などが強い影響を及ぼすとした。

No. 2　議会制度に関する次の記述のうち，妥当なものはどれか。

1　ポルスビーは，議会について，社会の諸要求を法制度に反映させる変換型と，政党等が政策の優劣を競うアリーナ型に分類した。この分類によれば，イギリス議会は前者，アメリカ議会は後者の典型例である。

2　二院制の議会において，両院の関係に関する制度は，歴史的な背景により異なっている。上院と下院による議会を持つアメリカやイギリス，日本においては，下院が主要な権限を独占し，上院は儀礼的な存在となっている。

3　レイプハルトは，民主主義を多数決型と合意形成型に分類したが，合意形成型の民主主義では，議会議員は小選挙区制で選出され，二大政党制の議会となるのが特徴とされる。

4　イギリスでは本会議中心主義が採用されている。対して，日本やアメリカでは委員会中心主義が採用されており，法案などの実質的な審議は委員会で行われている。

5　バークは，議会における各議員の行動は，選出母体によって拘束されなければならないとした。このような考え方は，命令委任と呼ばれ，国民全体の利益のために自由に行動すべきであるとする自由委任と対照的な理念である。

No. 3　行政統制に関する次の記述のうち，妥当なものはどれか。

1　国民が直接的に関与する行政統制の手段として，オンブズマンが挙げられる。これは，行政機関から独立した監察官が国民からの苦情を受けて調査等を行い，改善を勧告するものであり，日本では，山形県金山町が1982年に全国初の市民オンブズマン条例を制定した。

2　日本の行政機関情報公開法は，知る権利を明文で保障したうえで，情報公開の請求手続き，対象となる機関や情報について定めている。非開示決定に不服がある場合には，行政機関の長に対する不服申立てを経て，それでも非開示とされた場合には，訴えを提起することができる。

3　フリードリッヒとファイナーは，20世紀前半に，行政責任についての論争を展開した。フリードリッヒが行政官による技術的知識と民衆感情への応答を重視したのに対して，ファイナーは，議会による統制を重視した。

4　日本には，内閣から独立して会計検査を実施する機関として会計検査院が設置されているが，現状では計算書や証拠書類などの書面検査しか実施しておらず，効果的な行政統制には実地検査を導入すべきとする見解もある。

5　パブリックコメント（意見公募手続）制度として，行政手続法では，国や地方公共団体に対し，政令などの命令などを制定する際に，一般の市民から意見，情報を募集することを原則として義務づけている。

No. 4　我が国の地方公共団体の首長に関する次の記述のうち，妥当なものはどれか。

1　2023年7月の時点において，全国の地方公共団体の首長に占める女性の割合は，およそ3割となっている。

2　住民は首長に対して議会解散を請求することができ，解散請求後の住民投票で有効投票の過半数が解散に賛成すれば，議会は解散される。

3　地方公共団体の執行機関である委員会の委員はすべて，議会の同意を前提として，首長によって任命されている。

4　首長による専決処分は，すべて事後に議会による承認を要し，議会が不承認とした専決処分は，直ちに無効となる。

5　首長は，議会による議決の内容につき，違法性があると判断した場合だけでなく，異議がある場合にも，再議請求権を行使することができる。

No. 5　信教の自由および政教分離原則に関するア〜オの記述のうち，妥当なもののみをすべて挙げているのはどれか。ただし，争いがある場合は判例による。

ア　市の管理する公園内に儒教の祖である孔子等を祀った久米至聖廟を設置することを許可したうえで，その敷地の使用料の全額を免除した行為は，市と宗教とのかかわり合いが，我が国の社会的，文化的諸条件に照らし，信教の自由の保障の確保という制度の根本目的との関係で相当とされる限度を超えるものではなく，憲法20条3項の禁止する宗教的活動に当たらない。

イ　遺族会が維持管理する忠魂碑について，市立小学校の増改築工事に伴い移転の必要が生じたため，市が移転用地を取得して忠魂碑を移設するとともに，その敷地を市が遺族会に無償貸与したことは，宗教的観念の表現である礼拝の対象物たる忠魂碑という宗教施設に対し，市が過度のかかわりを持ったものといえ，その目的が宗教的意義を持ち，その効果も宗教的活動に対する援助，助長または促進になるから，憲法20条3項および89条に違反する。

ウ　知事が大嘗祭に参列した行為は，大嘗祭が皇位継承の際に通常行われてきた皇室の伝統儀式であること，他の参列者とともに参列して拝礼したにとどまること，参列が公職にある者の社会的儀礼として天皇の即位に祝意を表す目的で行われたことなどの事情の下においては，憲法20条3項に違反しない。

エ　宗教法人法81条の宗教法人の解散命令の制度は，もっぱら宗教法人の世俗的側面を対象としたものでも，また，もっぱら世俗的目的によるものでもなく，宗教団体や信者の精神的・宗教的側面に容かいする意図によるものであり，その制度の目的も合理的であるということができないため，同法に基づく解散命令は憲法20条1項に違背する。

オ　県が，神社の挙行した例大祭等に際し，玉串料，献灯料または供物料をそれぞれ県の公金から支出して神社へ奉納したことは，その目的が宗教的意義を持つことを免れず，その効果が特定の宗教に対する援助，助長，促進になると認めるべきであり，これによってもたらされる県と特定の神社等とのかかわり合いが我が国の社会的・文化的諸条件に照らし相当とされる限度を超えるものであって，憲法20条3項の禁止する宗教的活動に当たる。

1　ア，エ
2　ア，イ，エ
3　イ，オ
4　イ，ウ，オ
5　ウ，オ

No. 6　職業選択の自由に関するア〜オの記述のうち，判例に照らし，妥当なもののみをすべて挙げているのはどれか。

　　ア　憲法22条1項は，国民の基本的人権の一つとして，職業選択の自由を保障しているが，職業選択の自由を保障するという中には，広く一般に，いわゆる営業の自由を保障する趣旨を包含していると解することはできず，営業の自由は財産権行使の自由として導かれる自由である。

　　イ　小売商業調整特別措置法所定の小売市場の許可規制は，国が社会経済の調和的発展を企図するという観点から中小企業保護政策の一方策としてとった措置ということができ，その目的において，一応の合理性が認められるが，その規制の手段・態様において，著しく不合理であることが明白であると認められるから，当該規制は憲法22条1項に違反する。

　　ウ　薬局の開設等に係る許可基準の一つとして，設置場所についての地域的制限を定めた薬事法の規定は，不良医薬品の供給や医薬品濫用による国民の生命・健康に対する危険を防止するための消極目的の規制であり，立法目的はより緩やかな規制手段によっても十分に達成できるから，憲法22条1項に違反する。

　　エ　租税の適正かつ確実な賦課徴収を図るという国家の財政目的のための職業の許可制による規制は，その必要性と合理性についての立法府の判断が，政策的・技術的な裁量の範囲を逸脱し著しく不合理でない限り，憲法22条1項に違反しない。

　　オ　公衆浴場の適正配置規制を定めた公衆浴場法の規定は，もっぱら公衆浴場業者が経営の困難から転廃業を防止する観点から設けられたものではあるが，必ずしも手段としての必要性と合理性を有しているとはいえないから，憲法22条1項に違反する。

　　1　ア，ウ
　　2　ア，オ
　　3　イ，エ
　　4　イ，オ
　　5　ウ，エ

No. 7　国会の議事および議決に関する次の記述のうち，妥当なものはどれか。

　　1　衆議院または参議院において，その総議員の3分の1以上の出席がない場合には，議事を開くことはできるが，議決することはできない。

　　2　臨時会および特別会の会期は，両議院一致の議決で定められるが，両議院の議決が一致しないときは，衆議院で出席議員の3分の2以上の多数で議決したところによる。

　　3　両議院の会議および委員会は，公開が原則とされている。

　　4　両議院の議事は，原則として，出席議員の過半数でこれを決するとされるが，議院が懲罰によって議員を除名する場合，衆議院が法律案を再可決する場合，憲法改正の発議のために両議院が改正に賛成する場合などには，出席議員の3分の2以上の多数による議決が必要となる。

　　5　各議院の議長は国会議員であるが，その議院の議事の表決に加わらず，可否同数のときは，議長の決するところによる。

No. 8　裁判所に関する次の記述のうち，妥当なものはどれか。ただし，争いのあるものは判例の見解による。
　1　すべて司法権は，最高裁判所および法律の定めるところにより設置する下級裁判所に属するので，特別裁判所を設置することはできず，行政機関は，前審として裁判を行うことができない。
　2　最高裁判所は，訴訟に関する手続，弁護士，裁判所の内部規律および司法事務処理に関する事項について規則を定める権限を有するが，下級裁判所に関する規則を定める権限を，下級裁判所に委任することはできない。
　3　最高裁判所の裁判官の任命は，その任命後初めて行われる衆議院議員総選挙の際に国民の審査に付し，その後10年を経過した後初めて行われる衆議院議員総選挙の際にさらに審査に付される。
　4　裁判所が，裁判官の全員一致で，公の秩序または善良の風俗を害するおそれがあると決した場合には，判決は，公開しないで行うことができる。
　5　在外の国民に，最高裁判所裁判官の任命に関する国民審査に係る審査権の行使が認められないとしても，憲法に違反するものではないとするのが判例である。

No. 9　権限の委任，権限の代理または専決に関する記述のうち，妥当なものはどれか。
　1　行政庁相互の間においていわゆる権限の委任がされ，委任を受けた行政庁が委任された権限に基づいて行政処分を行う場合には，委任を受けた行政庁はその処分を自己の行為としてするものであるとするのが判例である。
　2　権限の委任は，法律の根拠がなくても，政令等の根拠があれば行うことができる。
　3　権限の代理において，代理機関は被代理機関の権限を自己の権限として行使し，その行為の効果は被代理機関に生ずる。
　4　専決は，行政庁の権限を補助機関が行使することを内部的に認め，補助機関がその補助機関の名において権限を行使することである。
　5　専決は，法律の根拠がなければ認められないと解されている。

No. 10　行政手続法が規定する各種義務に関する次の記述のうち，妥当なものはどれか。
　1　行政庁は，行政上特別の支障があるときを除き，法令により申請の提出先とされている機関の事務所における備付けその他の適当な方法により審査基準を公にしておくよう努めなければならない。
　2　行政庁は，申請がその事務所に到達してから当該申請に対する処分をするまでに通常要すべき標準的な期間を定め，これらの当該申請の提出先とされている機関の事務所における備付けその他の適当な方法により公にしておかなければならない。
　3　行政庁は，申請に対する処分であって，申請者以外の者の利害を考慮すべきことが当該法令において許認可等の要件とされているものを行う場合には，必要に応じ，公聴会の開催その他の適当な方法により当該申請者以外の者の意見を聴く機会を設けるよう努めなければならない。
　4　行政庁は，処分基準を定め，かつ，これを公にしておかなければならない。また，行政庁は，処分基準を定めるに当たっては，不利益処分の性質に照らしてできる限り具体的なものとしなければならない。
　5　同一の行政目的を実現するため一定の条件に該当する複数の者に対し行政指導をしようとするときは，行政機関は，あらかじめ，事案に応じ，行政指導指針を定め，かつ，これを公表するよう努めなければならない。

No. 11 取消訴訟の訴訟要件に関する次の記述のうち，判例に照らし，妥当なものはどれか。

1 土地区画整理事業の事業計画の決定は，施行地区内の宅地所有者等の法的地位に変動をもたらすものであって，実効的な権利救済を図るという観点から見ても，これを対象とした抗告訴訟の提起を認めるのが合理的であるから，当該事業計画の決定は，行政事件訴訟法3条2項にいう「行政庁の処分その他公権力の行使に当たる行為」に当たる。

2 関税定率法による通知等は，その法律上の性質において，判断の結果の表明，すなわち観念の通知であるから，行政事件訴訟法3条2項にいう「行政庁の処分その他公権力の行使に当たる行為」に当たらない。

3 都市計画事業の事業地の周辺に居住する住民のうち当該事業が実施されることにより騒音，振動等による健康または生活環境に係る著しい被害を直接的に受けるおそれのある者であっても，その取消訴訟における原告適格を有しない。

4 公衆浴場法が許可制を採用したのは，国民保健および環境衛生という公共の福祉の見地から出たものであるから，適正な許可制度の運用によって保護される業者の営業上の利益は，単なる事実上の反射的利益というにとどまり，公衆浴場法によって保護される法的利益と解することはできない。

5 建築確認は，それを受けなければ工事をすることができないという法的効果を付与されているにすぎないものではなく，当該工事が完了した場合においても，建築確認の取消しを求める訴えの利益は失われない。

No. 12 国家賠償法に関する次の記述のうち，判例に照らし，妥当なものはどれか。

1 行政処分が違法であることを理由として国家賠償の請求をするについては，行政行為の公定力が国家賠償請求訴訟にも及ぶことから，あらかじめ当該行政処分につき取消しまたは無効確認の判決を得なければならない。

2 国家賠償法1条1項にいう「公権力の行使」について，公立学校における教師の教育活動は公権力の行使に含まれるため，市立中学校において体育の授業中に教師の注意義務違反により生じた事故は，国家賠償の対象となりうる。

3 警察官がパトカーで速度違反車両を追跡中に，これを逃れようとした当該違反車両の暴走により第三者が損害を被った場合，警察官が違法車両を追跡する行為は職務上必要なものであるから，当該追跡行為は被害者である第三者との関係において国家賠償法1条1項にいう違法となることはない。

4 非番中の警察官が，制服制帽を着用のうえで，職務行為を装い強盗殺人を犯した場合において，当該警察官に職務執行の意思がなく，当該行為がもっぱら自己の利益を図る目的で行われたものであるときは，国または公共団体が損害賠償責任を負うことはない。

5 国または公共団体以外の者の被用者が第三者に損害を加えた場合，当該被用者の行為が国または公共団体の公権力の行使に当たるとして国または公共団体が国家賠償法1条1項に基づく損害賠償責任を負うときであっても，当該被用者の使用者は民法715条に基づく損害賠償責任を負う。

No. 13　住民の権利に関する次の記述のうち，妥当なものはどれか。

1　選挙権を有する者が，地方税の賦課徴収に関して新たに条例の制定が必要であると考える場合，これらの者は，政令の定めるところにより，その総数の50分の1以上の者の連署をもって，その代表者から，普通地方公共団体の長に対し，条例の制定または改廃の請求をすることができる。

2　普通地方公共団体の監査委員に対して行う当該普通地方公共団体の事務の執行に関する監査の請求は，当該普通地方公共団体の住民が1人で行うことができる。

3　選挙権を有する者は，政令の定めるところにより，法定の数の者の連署をもって，その代表者から，普通地方公共団体の選挙管理委員会に対し，当該普通地方公共団体の議会の解散の請求をすることができ，この請求があったときは議会は解散され，議会の議員の選挙が行われる。

4　住民が，住民監査請求を行うか，それとも住民訴訟を提起するかは，その住民の自由な選択に委ねられている。

5　住民監査請求においては，当該普通地方公共団体の長等による違法もしくは不当な行為等または違法もしくは不当な怠る事実を争うことが可能であるが，住民訴訟においては，行為等または怠る事実の違法性のみを争うことができ，それらの不当性については争うことができない。

No. 14　代理に関する次の記述のうち，妥当なものはどれか。ただし，争いのある場合は判例の見解による。

1　民法上，代理人が本人のためにすることを示さないでした意思表示は，代理人が自己のためにしたものとみなされるが，相手方が，代理人が本人のためにすることを知り，または知ることかできたときには無効とされ，なんらの効果も生じない。

2　代理権を与えられた代理人が自己または第三者の利益を図るため権限内の行為をしたときは，無権代理となり，本人がその追認をしなければ，本人に対してその効力を生じない。

3　無権代理の相手方は，本人に対し，相当の期間を定めて，その期間内に追認をするかどうかを確答すべき旨の催告をすることができ，本人がその期間内に確答をしないときは，追認したものとみなされる。

4　任意代理権を有しない夫婦の一方が日常家事の範囲を越えて，この者に代理権があると信じるについて正当な理由がある第三者と法律行為をした場合には，民法761条による夫婦相互の日常家事に関する代理権を基本代理権として同法110条を直接適用することにより，この第三者を保護することができる。

5　性質上可分である金銭債務の連帯保証契約について無権代理行為が行われた後で無権代理人が本人を他の相続人とともに共同相続した場合，他の共同相続人全員の追認がない限り，当該無権代理行為は，無権代理人の相続分に相当する部分においても，当然に有効とはならない。

No. 15 所有権に関する次の記述のうち，妥当なものはどれか。ただし，争いのある場合は判例の見解による。

1 土地の所有者は，境界またはその付近において建物を築造するため必要な範囲内で，隣地の使用を請求することができ，この請求をした場合には，必要な範囲であれば隣人の承諾がなくてもその住家に立ち入ることができる。

2 他の土地に囲まれて公道に通じない土地の所有者は，公道に至るため，その土地を囲んでいる他の土地を通行することができるが，この通行権を有する者は，必要があるときでも，通行する他の土地に通路を開設することはできない。

3 分割によって公道に通じない土地が生じたときは，その土地の所有者は，公道に至るため，他の分割者の所有地のみを通行することができるが，この通行権を有する者は，その通行する他の土地の損害に対して償金を支払わなければならない。

4 共有地が甲地と乙地に分割されそれぞれAとBの所有となり，甲地が公路に通じない土地となった場合には，Aは乙地の通行権を有することになるが，その後に乙地がBからCに売却されたときでも，Aは乙地についてのみ囲繞地通行権を有し，乙地以外の甲地を囲んでいる他の土地の通行権を有しない。

5 土地の所有者は，隣地から水が自然に流れて来るのを妨げてはならないが，水流が天災その他避けることのできない事変により低地において閉塞したときは，高地の所有者は，低地の所有者の費用で，水流の障害を除去するため必要な工事をすることを請求できる。

No. 16 債権者代位権に関するア～オの記述のうち，判例に照らし，妥当なもののみをすべて挙げているのはどれか。

ア 債務者がすでに自ら権利を行使している場合には，その行使の方法または結果の良否にかかわらず，債権者は，債務者を排除しまたは債務者と重複して債権者代位権を行使することはできない。

イ 遺留分侵害額請求権は，遺留分権利者の一身に専属する権利であるから，遺留分権利者がこれを第三者に譲渡するなどして権利行使の確定的意思を有することを外部に表明したと認められる場合であっても，債権者代位権の目的とすることはできない。

ウ 債権者が債務者に対する金銭債権に基づいて債務者の第三債務者に対する金銭債権を代位行使する場合には，債権者は，自己の債権額の範囲を超える場合であっても総債権者のために債務者の有する債権全額を代位行使することができる。

エ 不動産がA→B→Cと順次転売されたが，登記名義が依然としてAにあり，A・BのいずれもBへの移転登記をしようとしない場合には，Cは，Bが無資力でなくても，BのAに対する移転登記請求権を代位行使することができる。

オ 建物の賃借人が，賃貸人たる建物所有者に代位して，建物の不法占拠者に対しその明渡しを請求する場合でも，直接自己に対して明渡しをすべきことを請求することはできない。

1 ア，エ
2 ア，オ
3 イ，ウ
4 イ，エ
5 ウ，オ

No. 17 不法行為に関する次の記述のうち，妥当なものはどれか。

1 精神上の障害により自己の行為の責任を弁識する能力を欠く状態にある間に他人に損害を加えた者は，その賠償の責任を負う余地はない。

2 責任無能力者がその責任を負わない場合に，その責任無能力者を監督する法定の義務を負う者は，その義務を怠らなくても損害が生ずべきであったときでも，責任を負う。

3 ある事業のために他人を使用する者は，被用者がその事業の執行について第三者に加えた損害を賠償する責任を負い，この責任は，使用者が被用者の選任およびその事業の監督について相当の注意をしたときでも免責されない。

4 土地の工作物の設置または保存に瑕疵があることによって他人に損害を生じたときは，その工作物の占有者が，被害者に対してその損害を賠償する責任を負うが，占有者が損害の発生を防止するのに必要な注意をしたときは，所有者がその損害を賠償しなければならない。

5 人の生命または身体を害する不法行為による損害賠償の請求権は，被害者またはその法定代理人が損害および加害者を知った時から3年間行使しない場合には，時効によって消滅する。

No. 18 正当防衛に関する次の記述のうち，判例に照らし，妥当なものはどれか。

1 国家的・公共的法益を保全防衛することは，国家または公共団体における公的機関の本来の任務に属する事柄であって，これを自由に私人または私的団体の行動にゆだねることは，かえって秩序を乱す危険があるから，国家的・公共的法益のための正当防衛が認められる余地はない。

2 急迫不正の侵害に対し自己または他人の権利を防衛するためにした行為であっても，それと同時に侵害者に対する攻撃的な意思に出たものであれば，正当防衛が成立することはない。

3 互いに暴行し合ういわゆる喧嘩闘争は，闘争者双方が攻撃および防御を繰り返す一団の連続的闘争行為であっても正当防衛の成立する場合がありうる。

4 急迫不正の侵害に対して防衛行為としての相当性を満たす反撃行為が行われた場合でも，その反撃行為から生じた結果が侵害されようとした法益よりも大きい場合には，その反撃行為は正当防衛行為とはなりえない。

5 共同正犯が成立する場合，積極的な加害の意思がなかった共同正犯者の1人について過剰防衛が成立した場合には，被害者の攻撃を予期し，積極的な加害の意思で侵害に臨んだ他の共同正犯者についても侵害の急迫性を肯定することができるから，過剰防衛が成立する。

No. 19 収賄罪，贈賄罪に関する次の記述のうち，判例に照らし，妥当なものはどれか。

1 賄賂罪が成立するためには，賄賂は，職務行為に対するものであるだけでは足りず，個々の職務行為との間に対価関係のあることを必要とする。

2 国立大学教育学部付属中学校の教諭が，私生活上の時間を割いて生徒に学習指導をした行為であっても，それはこの教諭の当然の職務行為であるから，指導の謝礼としてその生徒の親から額面1万円の贈答用小切手の供与を受ければ常に収賄罪が成立する。

3 警視庁A警察署地域課に勤務する警察官が，自らは関与していない同庁B警察署刑事課で捜査中の事件に関して告発状を提出していた者から現金の供与を受けた行為は，職務に関し賄賂を収受したものとはいえないから，収賄罪は成立しない。

4 公務員が一般的職務権限を異にする他の職務に転じた後に前の職務に関して賄賂を供与した場合であっても，供与の当時受供与者が公務員である以上，贈賄罪が成立する。

5 市長が，任期満了の前に，現に市長としての一般的職務権限に属する事項に関し，再選された場合に担当すべき具体的職務の執行につき請託を受けて賄賂を収受したときは，事前収賄罪が成立する。

No. 20　労働時間に関する次の記述のうち，妥当なものはどれか。ただし，争いのある場合は判例の見解による。

1　使用者は，労働者に，休憩時間を除き1週間について40時間を超えて労働させてはならないが，使用者は，休憩時間を除き1週間について40時間を超えない範囲内であれば，1週間の各日について，労働者に，休憩時間を除き1日について8時間を超えて，労働させることができる。

2　労働者が，就業を命じられた業務の準備行為等を事業所内において行うことを使用者から義務づけられ，またはこれを余儀なくされたときは，当該行為を所定労働時間外において行うものとされている場合であっても，当該行為は，特段の事情のない限り，使用者の指揮命令下に置かれたものと評価することができ，当該行為に要した時間は，それが社会通念上必要と認められるものである限り，労働基準法上の労働時間に該当する。

3　突発業務が発生しない限り睡眠をとってもよいとされる仮眠時間は，突発業務が発生した際にこれに対応する時間を除いて実作業に従事していない以上，労働基準法上の労働時間には当たらない。

4　いわゆる三六協定を締結することなく使用者が労働者に違法な時間外労働をさせた場合，この使用者は，労働基準法違反として処罰されることがあるが，この使用者には当該時間外労働に対して割増賃金を支払う義務はない。

5　労働基準法上の労働時間に関する規定は，事業の種類にかかわらず管理監督者には適用されないが，この管理監督者に該当するといえるためには，その役職の名称により形式的に判断される。

No. 21　争議行為に関する次の記述のうち，妥当なものはどれか。ただし，争いのある場合は判例の見解による。

1　使用者に対する経済的地位の向上の要請とは直接関係のない政治的目的のための争議行為であっても，それが労働者の生活利益に関連する立法や政策の実現を目的として行われたものである場合には，間接的に労働者の経済的地位の向上に関係するものであるから，正当な争議行為として法的保護を受けることができる。

2　労働組合法では，労働組合等は，争議行為をしようとする日の相当の期間の前までに，使用者に対して，あらかじめ争議行為を行う旨の通知をしなければならないとされている。

3　タクシー等の運行を業とする企業において，労働者側が，ストライキ期間中，非組合員等による営業用自動車の運行を阻止するために，説得活動の範囲を超えて，当該自動車を労働者側の排他的占有下に置いてしまうなどの行為をすることは許されず，正当な争議行為とすることはできない。

4　憲法は勤労者の団体行動権を保障しているから，労働者が，生産管理中の工場から，争議期間中の賃金の支払いに充てる目的で，工場にある資材を工場の外に搬出する行為については，違法性が阻却され，窃盗罪は成立しない。

5　使用者が労働者の提供する労務の受領を集団的に拒否する行為であるロックアウトは，個々の労働争議における労使間の交渉態度，経過，組合側の争議行為の態様，それによって使用者側の受ける打撃の程度等に関する具体的諸事情に照らし衡平の見地から見て相当と認められる場合には，労働者側の争議行為に対する対抗防衛手段としてのみならず，使用者から先制する攻撃的手段としてであっても，使用者の争議行為として正当性を有する。

No. 22　ある消費者は所得のすべてをX財とY財に支出して効用最大化を行うものとする。この消費者の効用関数は，$u=xy$（$x$：X財の消費量，$y$：Y財の消費量）で示され，当初の所得は200，X財およびY財の価格はともに2であるとする。今，Y財の価格のみが0.5へ低下するとき，価格変化前と同じ効用を維持するために必要な所得と当初所得の差の大きさはいくらか。

1　　50
2　　75
3　　100
4　　150
5　　200

No. 23　今期と来期の2期間において最適消費を行う合理的個人の効用関数が

$$U=C_1^{\frac{1}{2}}C_2^{\frac{1}{2}}$$

〔$U$：効用，$C_1$：今期の消費，$C_2$：来期の消費〕

で表されるとする。この個人の今期の所得が180，来期の所得が210であり，利子率0.05で自由に貸借できる場合，この消費者の今期の貯蓄の大きさはいくらか。

1　　$-10$
2　　10
3　　20
4　　100
5　　190

No. 24　ある危険中立的な農家の行動について考える。この農家の栽培する農産物価格は，$\frac{1}{4}$の確率で25，$\frac{1}{4}$の確率で15，$\frac{1}{2}$の確率で0というように，価格に関して不確実性に直面している。また，この農家の総費用関数$C$を，

$$C(x)=x^2$$

とする。ここで$x$は農産物の生産量であり，農家は価格が決定する前に生産量を決めなければならない。このとき，最適な生産量として，妥当なものはどれか。

1　　2.5
2　　5
3　　12.5
4　　15
5　　25

No. 25　プレイヤー1とプレイヤー2がそれぞれ2つの戦略を持つゲームが以下の表のように示されるとする。このゲームに関する次の記述のうち，妥当なものはどれか。ただし，表の（　　）内の左側の数字がプレイヤー1の利得，右側の数字がプレイヤー2の利得を示し，各プレイヤーは純粋戦略をとるものとする。

|  |  | プレイヤー2 | |
|---|---|---|---|
|  |  | 戦略 c | 戦略 d |
| プレイヤー1 | 戦略 a | （8，11） | （6，6） |
|  | 戦略 b | （0，2） | （7，9） |

1　支配戦略均衡は（戦略 a，戦略 c）であり，この組合せはパレート効率的である。
2　ナッシュ均衡は（戦略 a，戦略 c）だけであり，この組合せはパレート効率的である。
3　（戦略 b，戦略 d）はナッシュ均衡であり，この組合せはパレート効率的である。
4　マクシ・ミン戦略（maxmini strategy）に従うと，プレイヤー1は戦略 a を選び，プレイヤー2は戦略 d を選ぶ。
5　（戦略 b，戦略 c）は，各プレイヤーが自身の利得を最大化させようと行動した結果，互いにとって望ましくない囚人のジレンマの状況にある。

No. 26　A国のある財市場では需要曲線と供給曲線がそれぞれ，
　　　　需要曲線：$P=500-2Q$
　　　　供給曲線：$P=50+Q$　（$P$：価格，$Q$：数量）
で表される。B国，C国ではこの財の限界費用はそれぞれ100，80で一定であるものとする。
　A国では当初，この財の輸入に1単位当たり40の関税を課していたが，B国と自由貿易協定を締結することになった。その結果，より安価な輸入財が国内市場に供給されることによる貿易創出（創造）効果，および輸入国が代わることによる利益や損失を表す貿易転換効果がA国に発生した。このときA国の総余剰はどう変化するか。ただし，輸送費などはかからないものとする。
1　貿易創出効果によって300だけ増大し，貿易転換効果によって2,400だけ減少する。
2　貿易創出効果によって600だけ増大し，貿易転換効果によって4,800だけ減少する。
3　貿易創出効果によって4,800だけ減少し，貿易転換効果によって600だけ増大する。
4　貿易創出効果によって300だけ減少し，貿易転換効果によって2,400だけ増大する。
5　貿易創出効果によって300だけ増大し，貿易転換効果によって2,400だけ増大する。

No. 27　X財，Y財のみを生産し消費する経済を考える。表は，各時点における両財の価格と生産量を示したものである。基準年を2015年とするとき，2017年の消費者物価指数の大きさはいくらか。なお，両財は家計によりすべて消費されるものとする。

| | X財 | | Y財 | |
|---|---|---|---|---|
| | 価格 | 生産量 | 価格 | 生産量 |
| 2015年 | 100円 | 10個 | 100円 | 10個 |
| 2017年 | 110円 | 9個 | 90円 | 11個 |

1　99
2　100
3　101
4　102
5　103

No. 28　消費関数に関する次の記述のうち，最も妥当なものはどれか。
1　フリードマンの恒常所得仮説によると，人々の消費は将来所得の流列としての恒常所得に依存して決定される。そのため，政府が一時的な減税等を実施した場合には，消費は大きく増加することが予想される。
2　モディリアーニのライフサイクル仮説によると，遺産を残すことへの効用や，各期の人口構成の変化，さらには経済成長率の上昇を考慮した場合，貯蓄率は短期的に正の値をとり長期的にはゼロになるとされる。
3　デューゼンベリーの相対所得仮説によると，所得が上昇傾向にある場合にはそれに比例して消費も増加するが，不景気で所得が一時的に減少するような場合には，所得の減少以上には消費は減少せず，短期の限界消費性向は長期の限界消費性向よりも大きな値をとる。
4　ケインズの絶対所得仮説は，金融市場が不完全で，資金の借入が必ずしも容易ではないという流動性制約が存在する場合の消費行動を考える場合に，現実的妥当性を増す。
5　トービンの流動資産仮説によると，人々の消費は，その時期の所得のみならず，支払手段となる流動資産にも影響を受け，また，マーシャルの$k$が長期的に低下傾向を示していた事実を利用することにより，長期的には平均消費性向が低下するとされる。

No. 29 日本銀行の金融政策に関する次の記述のうち，妥当なものはどれか。

1 日本銀行の目的は，憲法で定められている。それによると，日本銀行は，我が国の中央銀行として，物価の安定，雇用の創出，為替の安定を図ることを通じて国民経済の健全な発展に資するため，通貨および金融の調節を行うこととされている。

2 日本銀行は，2013年4月に，アメリカのFRB（連邦準備制度理事会），欧州のECB（欧州中央銀行）に次いで，非伝統的金融政策である量的・質的金融緩和政策を導入した。その後も2016年1月に「長短金利操作付き量的・質的金融緩和」，同年9月に「マイナス金利付き量的・質的金融緩和」を導入し，大規模な金融緩和の取組みを続けている。

3 2013年の量的・質的金融緩和導入後の日本銀行による金融緩和政策の効果についてみると，実質長期金利が低水準で推移しているものの，新規貸出は伸び悩み，企業の設備投資も停滞している。また，金融機関（預金取扱機関）の資産構成についてみると，貸出債権が低下する中，株式などのリスク性資産が増加している。

4 公開市場操作とは，日本銀行が市中の金融機関との間で，貸付けや国債等の売買を行うことにより，金融機関への資金供給や金融機関からの資金吸収を行う取引のことである。日本銀行は公開市場操作を通じて短期金融市場における資金の需給に影響を与えることができる。

5 準備預金制度は，金融機関に対し，手許現金の額の一定率（預金準備率）に相当する金額を日本銀行に預けることを義務付ける制度である。預金準備率の変更は，金融機関の与信態度に大きな影響を及ぼすことから，ほぼ毎年変更され，公開市場操作と共に主要な金融政策と位置付けられる。

No. 30 以下のようなソロー・モデルを考える。

$$Y_t = K_t^{0.2} L_t^{0.8}$$
$$I_t = sY_t$$

$$\left[ \begin{array}{l} Y_t : t \text{ 期の国民所得，} K_t : t \text{ 期の資本量，} L_t : t \text{ 期の労働量} \\ I_t : t \text{ 期の投資，} s : \text{貯蓄率} \end{array} \right]$$

このとき，1人当たりの消費が最大になる貯蓄率を求めよ。ただし，国民所得は消費と貯蓄の和とする。

1 0.2
2 0.4
3 0.6
4 0.8
5 1

No. 31 我が国の予算制度に関する次の記述のうち，妥当なものはどれか。

1 予算案に関して，参議院が衆議院と異なった議決をした場合は，両院協議会が開かれるが，それでも意見が一致しない場合は，衆議院での再議決を経た後，予算が成立する。また，参議院が衆議院の可決した予算案を受け取った後，国会休会中の期間を除いて30日以内に議決しないときは衆議院の議決が国会の議決となる。

2 予算は，その目的のとおり執行しなければならないが，予算編成後に情勢の変化によって当初予算どおりの執行が困難な場合は，予算の項と項の間の経費の融通である流用や，同一項内の目と目の間の融通である移用という制度が認められている。いずれも，あらかじめ国会の議決を経た場合に限り，財務大臣の承認を経たうえで認められる。

3 特別会計予算とは，特別の法律により設立された法人で，その資本金が全額政府出資であり，予算について国会の議決を必要とする機関の予算である。特別会計の数は，「特別会計に関する法律」により，平成23年度までに13会計に縮減されたものの，度重なる天災地変により，近年は増加傾向にあり，令和5年度現在，17会計となっている。

4 予算の中の国庫債務負担行為とは，工事，製造その他の事業で，完成に数会計年度を要するものについて，経費の総額および毎年度の支出見込額を定め，あらかじめ国会の議決を経て，数年度にわたり支出をするものである。これは，予算の単年度主義の例外であり，後年度の財政を過度に拘束することのないよう，特に必要な場合に限定して認められ，かつ5か年度以内に限られる。

5 一会計年度の予算の執行が完結した後，各省各庁の長は，決算報告書を作製し，翌年度の7月31日までに財務大臣に提出することが義務付けられている。また，会計検査院による決算の検査を受けた後，内閣は決算を検査報告と共に国会に提出し，国会審議を受けることとなる。

No. 32 我が国の国債に関する次の記述のうち，妥当なものはどれか。

1 国債を発行根拠法別に分類すると，普通国債と財政投融資特別会計国債（財投債）に大別されるが，いずれも利払い・償還財源が税財源によって賄われる。また，令和5年度の国債発行総額（当初）は借換債を含めて，約206兆円となっており，当初計画としては過去最大規模となっている。

2 令和5年度の国債発行総額は前年度当初に比べて9.3兆円の増加となっており，その発行総額の大半を，過去に発行した普通国債の満期到来に伴う借換えのために発行する借換債が占めている。また，財政融資の新規の貸付規模のほか，財政融資資金全体の資金繰り等を勘案して決定される財投債についてみると，令和5年度の財投債の発行額は，前年度当初比約13兆円増の約25兆円となっている。

3 国債の償還については，一般会計によって行われ，具体的には，満期ごとに規則的に一部を借り換え，一部を債務償還費として計上された一般財源で償還し，全体として60年間で完全に一般財源で償還し終える仕組みとなっているが，一般会計の決算上の剰余金の繰入れを行うことは禁止されている。また，令和5年度の国債発行総額（当初）のうち，借換債は約36兆円となっている。

4 特例国債（赤字国債）は，建設国債を発行しても，なお歳入が不足すると見込まれる場合に，公共事業費等以外の歳出に充てる資金を調達することを目的として，特例法に基づき発行される国債である。令和5年度における一般会計予算（当初）における特例国債の額は約29兆円となっている。

5 普通国債は，建設国債，特例国債および借換債の3つから成り立ち，財投債および東日本大震災からの復興のための施策に伴う国債である復興債等は含まれない。令和5年度末（見込み）の普通国債残高は約1,280兆円であり，ここ数年で急速に増加している。

No. 33 租税理論に関する次の記述のうち，妥当なものはどれか。

1 政府が生産者に対し租税を賦課した場合，法律上の納税義務者が何らかの方法で税負担を他の経済主体に移しかえる転嫁が発生することがある。このうち，仕入れ値を値引きするなどの方法で，買手から売手に課税の負担が移転することを前方転嫁（前転）といい，生産，流通，消費の流れに沿って，取引上の売手から買手に税負担が移転することを後方転嫁（後転）という。

2 政府が生産者に対し租税を賦課した場合，法律上の納税義務者が何らかの方法で税負担を他の経済主体に移しかえる転嫁が発生することがある。消費者と生産者の税の負担割合は，需要と供給の価格弾力性の大きさに依存し，価格弾力性が大きい経済主体ほど，課税の負担割合は大きくなる。

3 政府が生産者に対し租税を賦課した場合，消費者と生産者の税の負担割合は，需要の価格弾力性が大きくなるにつれて消費者の負担割合が小さくなる。需要の価格弾力性が無限大のとき，租税のすべてを生産者が負担することとなる。

4 政府が生産者に対し租税を賦課した場合，消費者と生産者の税の負担割合は，供給の価格弾力性が大きくなるにつれて消費者の負担割合が小さくなる。供給の価格弾力性が無限大のとき，租税のすべてを生産者が負担することとなる。

5 資源配分の効率性の観点からみると，需要の価格弾力性が大きい財に多く課税するほうが望ましいが，これを逆弾力性の命題（ラムゼー・ルール）という。しかし，需要の価格弾力性が大きい財は一般に生活必需品に多いことから，租税負担において逆進性の問題が発生する。

No. 34 経営戦略に関する次の記述のうち，妥当なものはどれか。

1 A.D.チャンドラーは，米国大企業の事業の多角化の過程を分析し，「組織は戦略に従う」という命題を示した。また，市場の「見えざる手」よりも大企業のマネジメントによる「見える手」が，各産業において重要な役割を果たすようになったと指摘した。

2 H.I.アンゾフが示した成長ベクトルは，事業間で経営資源を共用することから生み出される「1+1=3」となるような相乗効果である。この効果は，事業の多角化を展開する際に生産，販売，投資，経営管理などの分野で期待される。

3 経験効果はBCG（ボストン・コンサルティング・グループ）が考案したPPM（プロダクト・ポートフォーリオ・マネジメント）の理論的基盤であり，生産量の増加に伴って，製品1単位当たりの平均生産コストが低下する現象を意味する。

4 M.E.ポーターが唱えた競争戦略論は，資源ベース戦略論の代表的な学説であり，業界の構造分析に基づいて，コスト・リーダーシップ戦略，差別化戦略，集中戦略の中から適切な戦略を選択し，組み合わせて実施する。

5 J.B.バーニーが唱えたVRIOフレームワークは，自社事業の強みと弱み，外部環境の機会と脅威を比較・分析することで，適切な戦略案を導き出す手法である。

No. 35 マーケティングに関する次の記述のうち，妥当なものはどれか。

1 マーケティング・ミックスとは，市場のニーズを満たすために効果的に組み合わせたマーケティングの諸手段である。その中核となる要素を，E. J. マッカーシーは Customer Value, Cost, Convenience, Communication の4要素に集約した。

2 製品ライフサイクルの導入期は，製品を投入して間もないため市場規模が小さく，競合他社も少ない段階である。そのため，製品の知名度を上げるための広告・宣伝や販売促進の実施，または市場特性に応じて上層吸収価格戦略や浸透価格戦略を導入する。

3 製品差別化戦略と市場細分化戦略は，ともに製品ライフサイクルの成長期に適切な戦略である。製品差別化戦略は，価格および製品の機能，品質，デザイン，アフターサービスなどについて，他社の競合製品とは異なる特徴を打ち出す戦略である。

4 P. コトラーは，生産規模に応じて企業をリーダー，チャレンジャー，フォロワー，ニッチャーに分類した。この中で，ニッチャーは，リーダーの戦略を模倣し，熾烈な競争には参入せず，生き残りに必要な市場シェアの確保に努めるタイプの企業である。

5 ドメインは，企業の事業活動の領域を意味する。ドメインの定義にはさまざまな尺度があるが，T. レヴィットは，製品や技術によってドメインを規定することが望ましいとした。

No. 36 我が国の非正規雇用労働者に関する次の記述のうち，妥当なもののみをすべて挙げているのはどれか。

ア 2010年以降，非正規雇用労働者は増加傾向にあるが，2022年における雇用労働者全体に占める非正規雇用者の割合は，40％を下回っている。

イ 2022年における非正規雇用労働者の内訳を年齢階級別にみると，30歳以下の人々が全体の約7割を占めている。

ウ 派遣労働者が同じ企業で働けるのは3年までであり，3年を超えて同じ企業で働き続けたい労働者は，派遣先企業と直接雇用契約を締結しなければならない。

エ 労災保険は正規雇用労働者を対象とした社会保険であり，非正規雇用労働者が通勤中や業務中に事故にあっても，労災とは認定されない。

オ 働き方改革関連法により，正規雇用労働者と非正規雇用労働者の不合理な待遇差を改善するために，同一労働同一賃金の原則が導入されている。

1 ア，イ
2 ア，ウ
3 イ，オ
4 ウ，エ
5 エ，オ

No. 37　我が国の公的医療保険に関する次の記述のうち，妥当なものはどれか。

1　国民健康保険は個人事業主や農家，無業者などが加入する医療保険であり，厚生労働大臣がその保険者となっている。

2　被用者保険のうち，健康保険組合には，国家公務員および地方公務員と私立学校の教職員が加入することになっている。

3　後期高齢者医療制度は75歳以上のすべての人を加入対象にしているが，公費と現役世代の支援金を財源としており，その加入者に保険料の負担はない。

4　医療機関への診療報酬は医療行為ごとに定められた点数に10円を乗じた額であり，そのうち自己負担分を除いた額が保険者から医療機関に支払われる。

5　高額療養費制度が廃止されたことにより，医療機関が公的医療保険の加入者に対して請求することのできる医療費の総額に，限度がなくなっている。

No. 38　我が国の年金に関する次の記述のうち，妥当なものはどれか。

1　厚生年金の保険料は，6割を事業主，4割を被保険者が負担しているが，保険料は被保険者の収入によって異なる。

2　国民年金の第3号被保険者のうち，配偶者に扶養されていない人は，年金保険料を納付しなければならない。

3　年金積立金管理運用独立行政法人（GPIF）は，公的年金積立金の運用を行っているが，外国債券や外国株式への投資は禁止されている。

4　国民年金と厚生年金には，出産前後の期間中の女性を対象とした，年金保険料の免除制度が導入されている。

5　国民年金基金は私的年金の一つであるが，近年は厚生年金の被保険者を中心に，国民年金基金の加入者が増加傾向にある。

No. 39　国際社会に関する次の記述のうち，妥当なものはどれか。

1　ナポレオン戦争後に開催されたウィーン会議において，欧州の新秩序が討議された結果，主権国家を基本単位とする現在の国際社会の原型が欧州に成立した。

2　第一次世界大戦の終結後，アメリカのウィルソン大統領の平和十原則における提唱に基づき，国際連盟が設立された。

3　米ソ冷戦の初期には，アメリカはトルーマン・ドクトリンに基づいて，共産主義勢力と内戦状態にあったギリシャ政府への援助を実施した。

4　1990年代には，平和維持部隊（PKF）よりも重装備の平和強制部隊が，内戦が激化していたルワンダに派遣された。

5　1990年代以降，東欧諸国や旧ソ連構成国がEUに加盟する例が相次ぎ，2014年にはウクライナがEUに加盟した。

No. 40　軍縮条約に関する次の記述のうち，妥当なものはどれか。

1　第一次戦略兵器削減条約（START I）の失効を受けて，2011年にアメリカとロシアの間で第二次戦略兵器削減条約（START II）が締結された。

2　対人地雷全面禁止条約は，NGO の国際的連帯が成立に貢献したと評価されているが，2023年末現在，アメリカ，中国，ロシアは同条約に参加していない。

3　生物兵器禁止条約について，中国が条約違反を犯しているとの理由で，トランプ政権時のアメリカは離脱を表明した。

4　包括的核実験禁止条約は，部分的核実験禁止条約では禁止されていない宇宙空間における核実験をも禁止する条約であり，1996年に国連総会で採択された。

5　アイルランドやオランダは，北大西洋条約機構（NATO）加盟国であるが，核兵器禁止条約を批准している。

**6**年度

# 市役所 専門試験 予想問題

> **出題数・解答数：40問（全問解答）**
> **解答時間：120分**

市役所専門試験（必須解答タイプ）科目別出題数（予想）

| 科　目 | 出題数 |
|---|---|
| 憲　　法 | 5 |
| 行 政 法 | 6 |
| 民　　法 | 5 |
| 経 済 学 | 10 |
| 財 政 学 | 3 |
| 社会政策 | 3 |
| 政 治 学 | 2 |
| 行 政 学 | 2 |
| 国際関係 | 4 |

No. 1 信教の自由に関するア～オの記述のうち，判例に照らし，妥当なもののみをすべて挙げて
いるのはどれか。

　　ア　市が，市有地を無償で神社施設の敷地としての利用に提供している行為は，市と神社との
　　　かかわり合いが，我が国の社会的，文化的諸条件に照らし，信教の自由の保障の確保という
　　　制度の根本目的との関係で相当とされる限度を超えるものではなく，憲法89条の禁止する公
　　　の財産の利用提供に当たらない。

　　イ　市の管理する公園内に儒教の祖である孔子等を祭った久米至聖廟を設置することを許可し，
　　　その敷地の使用料の全額を免除した行為は，市と宗教とのかかわり合いが，我が国の社会的，
　　　文化的諸条件に照らし，信教の自由の保障の確保という制度の根本目的との関係で相当とさ
　　　れる限度を超えるものであり，憲法20条3項の禁止する宗教的活動に当たる。

　　ウ　市が，戦没者遺族会所有の忠魂碑を公費で公有地に移設，再建し，その敷地を同会に無償
　　　貸与した行為は，忠魂碑が，元来，戦没者記念碑的性格のもので，忠魂碑と特定の宗教との
　　　かかわりは希薄であり，同会は宗教的活動を本来の目的とする団体ではなく，市の目的は移
　　　設後の敷地を学校用地として利用することを主眼とするものであるから，特定の宗教を援助，
　　　助長，促進するとは認められないから，憲法20条第3項および89条に違反しない。

　　エ　県知事が，神社が挙行する例大祭に対し玉串料を県の公金から支出する行為は，時代の推
　　　移によってすでにその宗教的意義が希薄化し，一般人の意識において慣習化した社会的儀礼
　　　にすぎないものになっていると評価することができるため，県と神社等とのかかわり合いが
　　　我が国の社会的・文化的諸条件に照らし相当とされる限度を超えるものではなく，憲法20条
　　　3項の禁止する宗教的活動に当たらない。

　　オ　信仰上の真摯な理由から剣道実技に参加することができない学生に対し，代替措置として，
　　　他の体育実技の履修，レポートの提出等を求めたうえで，その成果に応じた評価をすること
　　　は，その目的において宗教的意義を有し，特定の宗教を援助，助長，促進する効果を有する
　　　ものである。

　　1　ア，ウ
　　2　ア，ウ，エ
　　3　ア，オ
　　4　イ，ウ
　　5　イ，エ，オ

No. 2　教育を受ける権利に関するア～オの記述のうち，判例に照らし，妥当なもののみをすべて
挙げているのはどれか。

　　ア　憲法26条 2 項後段で「義務教育は，これを無償とする」と規定しているが，この「無償」
　　　　には授業料のほか教科書等の費用についても含まれる。
　　イ　教育権の所在については，親の教育の自由も教師の教育の自由もそれぞれ限られた一定の
　　　　範囲において肯定されるが，それ以外の領域においては，必要かつ相当と認められる範囲に
　　　　おいて，国が教育内容について決定する権能を有する。
　　ウ　憲法26条の教育を受ける権利の背後には，子どもがその学習要求を充足するための教育を
　　　　自己に施すことを大人一般に対して要求する権利を有するとの観念が存在している。
　　エ　教育は教師と子どもの間の直接の人格的接触を通じ，その個性に応じて行われなければな
　　　　らないという意味において，普通教育の教師にも大学における教授の自由と同様の教授の自
　　　　由が認められる。
　　オ　教科書検定は，普通教育において全国的に一定の水準を維持し，児童・生徒の心身の発達
　　　　段階に応じた教育を施さなければならないという社会的要請に応えるものであり，この検定
　　　　を経た教科書を使用することによって，教師の憲法上認められた教育上の裁量権を奪うこと
　　　　にはならないから，教科書検定制度は憲法26条に違反しない。

　1　ア，イ，エ
　2　ア，ウ，エ
　3　イ，ウ，オ
　4　イ，エ
　5　ウ，オ

No. 3　内閣に関する次の記述のうち，妥当なものはどれか。

　1　憲法65条は「行政権は，内閣に属する」と規定しているから，地方公共団体を除き，内閣か
　　　ら独立した機関が行政権を行使することは認められない。
　2　内閣総理大臣は，国会議員の中から国会の議決で指名され，天皇により任命され，内閣総理
　　　大臣は，国務大臣を任命し，その過半数は国会議員の中から選ばれなければならない。また，
　　　内閣総理大臣もその他の国務大臣も文民でなければならない。
　3　内閣総理大臣が行う行政各部の指揮監督は，閣議にかけて決定した方針に基づいて行わなけ
　　　ればならないので，閣議にかけて決定した方針が存在しない事案については，内閣総理大臣は，
　　　行政各部に対し指示を与える権限を有しないとするのが判例である。
　4　内閣は，行政権の行使について，国会に対して連帯して責任を負うものであることから，内
　　　閣の構成員である個々の国務大臣が，いずれかの議院から個別に責任を問われることはない。
　5　内閣が総辞職をしなければならない場合は，衆議院で不信任の決議案を可決し，または信任
　　　の決議案を否決したときに内閣が10日以内に衆議院を解散しない場合，内閣総理大臣が欠けた
　　　場合，衆議院議員総選挙または参議院議員通常選挙の後に初めて国会の召集があった場合に限
　　　られる。

No. 4　次のうち，裁判所の司法審査の対象となるものはどれか。ただし，争いのあるものは判例
の見解による。
1　地方議会議員に対する出席停止処分の適否
2　国会における法案議決の際の議事手続の有効性
3　衆議院の解散の有効性
4　国家試験における合否判定の当否
5　信仰の対象の価値や宗教上の教義に関する判断を前提とする請求の当否

No. 5　財政に関するア～オの記述のうち，妥当なもののみをすべて挙げているのはどれか。
　ア　パチンコ球遊器について，従前の取扱いを改め，物品税法上の「遊戯具」とすることによ
　　り，これまで非課税としていたものを課税対象とする通達は，租税法律主義に反し違憲であ
　　るとするのが判例である。
　イ　市町村が行う国民健康保険は，保険料を徴収する方式のものであっても，強制加入とされ，
　　保険料が強制徴収され，賦課徴収の強制の度合いにおいては租税に類似する性質を有するも
　　のであるから，これについても租税法律主義を規定する憲法84条の趣旨が及ぶと解すべきで
　　あるとするのが判例である。
　ウ　予算の法的性格について，予算に法規範性を認めるが，法律とは異なった国法の一形式で
　　あると解する予算法形式説（予算国法形式説）の立場によれば，予算と法律が矛盾するとい
　　う問題が排除されることになる。
　エ　予見し難い予算の不足に充てるため，国会の議決に基づいて予備費を設け，内閣の責任で
　　これを支出することができ，内閣は，事後にその支出について国会の承諾を得なければなら
　　ないが，承諾を得られなかった場合には，すでに支出された予備費は無効となると解されて
　　いる。
　オ　国の収入支出の決算は，すべて毎年会計検査院がこれを検査し，内閣は，次の年度に，そ
　　の検査報告とともに，これを国会に提出しなければならないが，国会による決算の承認を得
　　られない場合でも，その収入支出行為の効力は否定されず，内閣の政治責任の問題が生ずる
　　にとどまると解されている。
1　ア，エ
2　ア，オ
3　イ，ウ
4　イ，オ
5　ウ，エ

No. 6 　行政行為の職権取消しと撤回に関する次の記述のうち，妥当なものはどれか。

1 　行政行為の職権取消しは，行政行為の成立当初から瑕疵がある場合に，その効力を遡及的に失わせるために行われるそれ自体独立の行政行為であるが，その対象は違法な行政行為に限られ，不当な行政行為には及ばない。

2 　行政行為の撤回によって相手方の被る不利益を考慮しても，なおそれを撤回すべき公益上の必要性が高い場合には，法令上その撤回について直接明文の規定がなくとも，当該行政行為を撤回できるとするのが判例である。

3 　行政行為に成立当初から瑕疵がある場合，当該行政行為は取り消されてしかるべきであるから，たとえそれが争訟裁断手続を経て行われたものであっても，処分行政庁は職権によりこれを取り消すことができる。

4 　行政行為を行った行政庁を指揮監督する上級行政庁は，その行政行為を職権により取り消すことも，また，撤回することもできる。

5 　行政財産である土地につき期間の定めなくなされた使用許可が，当該行政財産本来の用途または目的上の必要に基づき撤回されたときは，これによる土地使用権喪失についての補償が必要であるとするのが判例である。

No. 7 　行政手続法に関する次の記述のうち，妥当なものはどれか。

1 　本法は，行政計画，処分，行政指導および届出に関する手続に関し，共通する事項を定めることによって，行政運営における公正の確保と透明性の向上を図り，もって国民の権利利益の保護に資することを目的とする。

2 　「申請」とは，法令に基づき，行政庁の許可，認可，免許その他の自己に対しなんらかの利益を付与する処分を求める行為であって，当該行為に対して行政庁が諾否の応答をすべきとはされていないものをいう。

3 　「行政指導」とは，行政機関がその任務または所掌事務の範囲内において一定の行政目的を実現するため特定の者に一定の作為または不作為を求める指導，勧告，助言その他の行為であって処分に該当するものをいう。

4 　申請により求められた許認可等を拒否する処分は，「不利益処分」に当たらない。

5 　審査基準，処分基準は「命令等」に含まれるが，行政指導指針は「命令等」には含まれない。

No. 8　「行政機関の保有する情報の公開に関する法律」に関する次の記述のうち，妥当なものはどれか。ただし，争いのあるものは判例の見解による。

1　本法は，国民の知る権利を明文で保障することによって，政府の諸活動を国民に説明する責務が全うされるようにするとともに，国民の理解と批判の下に公正で民主的な行政の推進に資することを目的としている。

2　開示請求権を有する者については特段の制限がないことから，法人や法人格のない団体も等しく情報の開示を請求することができるが，国民主権の理念から，外国に居住する外国人は除外されるものと解されている。

3　不開示情報の一つとして，特定の個人を識別できるような個人情報が法定されているが，こうした個人情報であっても，開示請求者本人の情報に関しては，本法により例外的に開示が認められている。

4　不開示決定等に対する不服申立てを受けた行政機関の長は，不服申立てが不適法で却下するなどの場合を除き，情報公開・個人情報保護審査会に諮問しなければならないが，諮問を受けた審査会は，不開示決定等の適法性のみならず妥当性についても審査することができる。

5　不開示決定等に不服があるときは，情報公開訴訟を提起することもできるが，情報公開・個人情報保護審査会の調査審議の場合と同様，不開示決定取消訴訟においても，裁判所は，不開示決定等に係る行政文書について提出を求めて審理することができる。

No. 9　行政事件訴訟に関する次の記述のうち，妥当なものはどれか。

1　行政事件訴訟法において，「行政事件訴訟」とは，抗告訴訟，当事者訴訟，民衆訴訟，機関訴訟および争点訴訟をいう。

2　処分の取消しの訴えとその処分についての審査請求を棄却した裁決の取消しの訴えとを提起することができる場合には，裁決の取消しの訴えにおいては，処分の違法を理由として取消しを求めることができない。

3　不作為の違法確認訴訟において，行政庁が処分をしないことについての違法を確認する判決が確定した場合には，当該行政庁は当該申請を認めるべき義務を負うことになる。

4　差止めの訴えは，行政庁による一定の処分または裁決が行われる前に提起されるものであるため，行政庁が一定の処分または裁決をしてはならない旨を命ずることを求めるにつき法律上の利益を有する者でなくても，提起することができる。

5　当事者訴訟とは，当事者間の法律関係を確認しまたは形成する処分または裁決に関する訴訟で法令の規定によりその法律関係の当事者の一方を被告とするものと，公法上の法律関係に関する確認の訴えその他の公法上の法律関係に関する訴訟の2つをいい，前者は実質的当事者訴訟，後者は形式的当事者訴訟と呼ばれる。

No. 10　国家賠償に関するア～オの記述のうち，判例に照らし，妥当なもののみをすべて挙げているのはどれか。

ア　国家賠償法1条に基づいて，国または公共団体の行政処分が違法であることを理由として，国家賠償を請求する場合には，あらかじめ当該行政処分について取消しまたは無効確認の判決を得なければならない。

イ　非番中の警察官が，制服制帽を着用のうえで，職務行為を装い強盗殺人を犯した場合において，当該警察官に職務執行の意思がなく，当該行為がもっぱら自己の利益を図る目的で行われたものであるときは，国または公共団体が損害賠償責任を負うことはない。

ウ　刑事事件の公訴提起時において，検察官が各種の証拠資料を総合勘案して合理的な判断過程により有罪と認められる嫌疑があったと判断しても，当該事件について無罪の判決が確定した場合には，公訴提起をした検察官の行為は，国家賠償法上違法の評価を免れない。

エ　国民に憲法上保障されている権利行使の機会を確保するために国会において所要の立法措置をとることが必要不可欠であり，それが明白であるにもかかわらず，国会が正当な理由なく長期にわたりこれを怠った場合には当該立法不作為は国家賠償法1条1項の規定の適用上違法との評価を受ける。

オ　公の営造物の設置者に対して設置・管理の費用を単に供与したにすぎない場合は国家賠償法3条1項の設置費用の負担者には含まれないが，法律上営造物の設置をなしうる国が，地方公共団体にその設置を認めたうえ，設置費用と同等の補助金を交付する反面，地方公共団体に対し法律上当該営造物につき危険防止の措置を請求しうる立場にあるときには，国は，同項の設置費用の負担者に含まれ，損害賠償責任を負うことがある。

1　ア，ウ
2　ア，エ
3　イ，ウ
4　イ，オ
5　エ，オ

No. 11　普通地方公共団体における条例および規則に関する次の記述のうち，妥当なものはどれか。

1　普通地方公共団体は，法令に違反しない限りにおいて，自治事務に関しては，条例を制定することができるが，法定受託事務に関しては，条例を制定することができない。

2　普通地方公共団体は，義務を課し，または権利を制限するには，法令に特別の定めがある場合を除くほか，普通地方公共団体の議会による条例または普通地方公共団体の長による規則によらなければならない。

3　普通地方公共団体の長は，法令に特別の定めがあるものを除くほか，普通地方公共団体の規則中に，規則に違反した者に対し，100万円以下の罰金，拘留，科料もしくは没収の刑または5万円以下の過料を科する旨の規定を設けることができる。

4　条例の制定もしくは改廃に関する普通地方公共団体の議会の議決について異議があるときは，当該普通地方公共団体の長は，原則として，議決の送付を受けた日から10日以内に理由を示してこれを再議に付することができるが，出席議員の3分の2以上の者の同意による議会の議決が再議に付された議決と同じ議決であるときは，その議決は，確定する。

5　普通地方公共団体の長は，議会の議長から議決された条例の送付を受けた場合は，原則として，その日から10日以内に当該条例を公布しなければならず，当該条例は，条例に特別の定めがあるものを除くほか，公布の日から起算して20日を経過した日から，これを施行することになる。

No. 12　Aは自己の所有する不動産をBに譲渡し，BはこれをさらにCに譲渡した。この場合に関する次の記述のうち，妥当なものはどれか。ただし，争いのあるものは判例・通説の見解による。

1　Aが冗談で譲渡の意思表示をした場合，BがAの真意を知っていれば，Aは善意のCに対しA・B間の売買契約の無効を主張しうる。

2　AはBと通じて売る意思がないにもかかわらず売買契約を締結した場合，Cが善意でかつ無過失の場合に限ってAは当該契約の無効をCに主張することができない。

3　AのBに対する意思表示に法律行為の目的および取引上の社会通念に照らして重要な錯誤があったが，Aにも重大な過失があった場合，Bがその事実を知っていたときは，AはBに対し錯誤による取消しを主張できる。

4　AはBにだまされて不動産を譲渡したが，Aが詐欺を理由にA・B間の契約を取り消した場合，その後で，それまでの事情についてCが善意・無過失であれば，Aは，当該不動産について登記を具備していても，A・B間の契約の取消しを主張することができない。

5　AがBに強迫されて不動産を譲渡した場合，その間の事情につきCが悪意のときに限り，AはA・B間の契約の取消しを主張することができる。

No. 13　質権に関する次の記述のうち，妥当なものはどれか。ただし，争いのあるものは判例の見解による。

1　質権の設定は，占有改定の方法による場合のみならず，指図による占有移転の方法による場合も認められない。

2　質権者が，自己の債権者に対する債務を担保するために留置している質物について転質権を設定しようとする場合には，質権設定者の承諾を得なければならない。

3　質権設定者が質権者に債務を弁済せずに質物の返還を請求してきた場合において，質権者が質権を主張して質物の引渡しを拒めば，質権者の被担保債権の消滅時効は更新する。

4　動産である質物の占有を第三者によって奪われた動産質権者がその質物の占有を回復する手段としては，占有回収の訴えによるほかに，質権に基づく返還請求をすることもできる。

5　債権を目的とする質権が設定され，第三債務者への対抗要件を備えた場合，質権者は，質権の目的である債権を直接に取り立てることができる。

No. 14　債権者代位権に関するア～オの記述のうち，妥当なもののみをすべて挙げているのはどれか。ただし，争いのあるものは判例の見解による。

ア　債務者が自ら権利を行使して訴えを提起している場合でも，その行使の方法が不適切であるため敗訴しそうなときには，債権者は債権者代位権を行使することができる。

イ　債権者が債務者に対する金銭債権に基づいて債務者の第三債務者に対する金銭債権を代位行使する場合には，債権者は，自己の債権額の範囲を超える場合であっても総債権者のために債務者の有する債権全額を代位行使することができる。

ウ　名誉毀損による慰謝料請求権は，一身専属的な権利であるが，その具体的な金額が当事者間において客観的に確定したときや，金額が確定する前の段階において被害者が死亡したときは，債権者代位権の対象となる。

エ　第三者の不法占有により抵当不動産の交換価値の実現が妨げられ抵当権者の優先弁済請求権の行使が困難となるような状態が生じている場合には，抵当権者は，不動産所有者の不法占有者に対する妨害排除請求権を代位行使することはできるが，直接自己に建物を明け渡すよう求めることまではできない。

オ　遺留分侵害額請求権は，遺留分権利者が権利行使の確定的意思を有することを外部に表明したと認められる特段の事情がある場合を除いて，債権者代位権の目的とすることはできない。

1　ア，イ
2　ア，オ
3　イ，エ
4　ウ，エ
5　ウ，オ

No. 15　賃貸借に関する次の記述のうち，妥当なものはどれか。ただし，争いのあるものは判例の見解による。

1　賃貸借契約は，当事者が賃貸借の合意をし，目的物の占有を移転して賃借人がその使用収益をなしうる状態になったときに，初めてその効力を生ずる。

2　賃借人が目的物を無断で転貸した場合，賃貸人は賃貸借契約を解除しなくても，転借人に対しその返還を請求できる。

3　賃借人が賃貸人の同意を得て目的物を転貸した場合には，賃貸人は，賃借人の債務不履行を理由として賃貸借契約を解除することはできない。

4　賃借人が，賃貸人の承諾を得て適法に目的物を転貸した場合であっても，転貸借契約は賃貸借契約とは別個独立の契約であるから，賃貸人は転借人に対して直接に賃料を請求することはできない。

5　家屋の賃貸借契約が終了した場合，賃貸人は，特別の約定のない限り，賃借人からの当該家屋の明渡と同時に敷金残額を返還しなければならない。

No. 16　相続に関する次の記述のうち，妥当なものはどれか。

1　自筆証書によって遺言をするには，遺言者が，その全文，日付および氏名を自書しなければならないから，自筆証書にこれと一体のものとして相続財産の目録を添付する場合は，その目録についても，自書することを要する。

2　配偶者居住権の存続期間は，配偶者の終身の間とするのが原則であるが，遺産分割協議や遺言に別段の定めがあるとき，家庭裁判所が遺産分割審判で別段の定めをしたときは，その定めるところによる。

3　配偶者居住権は，譲渡することはできないが，配偶者は，居住建物の所有者の承諾を得なくても，第三者に居住建物の使用・収益をさせることができる。

4　遺留分権利者およびその承継人は，受遺者または受贈者に対し，遺留分侵害額に相当する金銭の支払いを請求することはできない。

5　被相続人に対して無償で療養看護をしたことにより被相続人の財産の維持または増加について特別の寄与をした被相続人の親族であっても，相続の開始後，相続人に対し，寄与に応じた額の金銭の支払いを請求することはできない。

No. 17　需要曲線と供給曲線の式が以下のように与えられているとき，次の記述のうち，妥当なものはどれか。

$$D = -p + 80$$
$$S = 2p + 10$$　〔$p$：価格，$D$：需要量，$S$：供給量〕

1　市場がワルラス的調整過程をとるとき均衡は安定，マーシャル的調整過程をとるとき均衡は不安定である。

2　市場がワルラス的調整過程をとるとき均衡は不安定，マーシャル的調整過程をとるとき均衡は安定である。

3　市場がワルラス的調整過程をとるとき均衡は安定，くもの巣調整過程をとるとき均衡は安定である。

4　市場がワルラス的調整過程をとるとき均衡は不安定，くもの巣調整過程をとるとき均衡は安定である。

5　市場がマーシャル的調整過程をとるとき均衡は安定，くもの巣調整過程をとるとき均衡は不安定である。

No. 18 下図は，家計の所得と余暇の組合せについて，予算制約線と無差別曲線を用いて示したものである。賃金の上昇に伴い，予算制約線が線分 *AB* から線分 *BC* へシフトしたときの余暇に関する次の記述のうち，妥当なものはどれか。なお，点 *F* を通過する右下がりの点線と線分 *BC* は平行であるものとする。

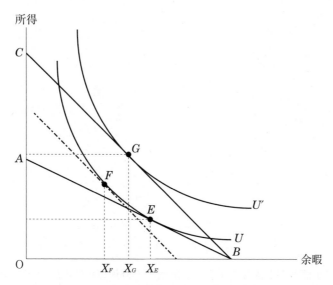

1　点 *E* から点 *F* への変化は，実質所得の増加によって余暇の需要が減少する「所得効果」を表し，点 *F* から点 *G* への変化は，実質所得の増加によって余暇の需要が増加する「代替効果」を表す。上図において余暇は上級財である。

2　点 *E* から点 *F* への変化は，賃金の上昇によって時間の配分が余暇から労働に切り替えられた「代替効果」を表し，点 *F* から点 *G* への変化は，実質所得の増加によって余暇の需要が増加する「所得効果」を表す。上図において余暇は上級財である。

3　点 *E* から点 *F* への変化は，賃金の上昇によって時間の配分が余暇から労働に切り替えられた「代替効果」を表し，点 *F* から点 *G* への変化は，実質所得の増加によって余暇の需要が増加する「所得効果」を表す。上図において余暇は下級財である。

4　点 *E* から点 *F* への変化は，賃金の上昇によって時間の配分が余暇から労働に切り替えられた「所得効果」を表し，点 *F* から点 *G* への変化は，実質所得の増加によって余暇の需要が増加する「代替効果」を表す。上図において余暇は上級財である。

5　点 *E* から点 *F* への変化は，賃金の上昇によって時間の配分が余暇から労働に切り替えられた「所得効果」を表し，点 *F* から点 *G* への変化は，実質所得の増加によって余暇の需要が増加する「代替効果」を表す。上図において余暇は下級財である。

No. 19　労働と資本の両方を可変的生産要素として，生産要素の投入と生産物の産出との関係を表す等産出量曲線と，一定の費用の下で労働と資本の最大投入量を表す等費用線が下図のように描かれており，接点 $E$ では費用最小化が実現している。下図に関する次の記述のうち，妥当なものはどれか。

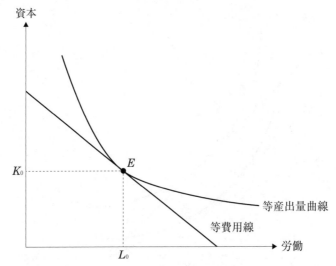

1　資本のレンタル価格が上昇した場合，等費用線の横軸切片は不変のままで，縦軸の切片が下方に移動する。
2　賃金率が下落した場合，等費用線の縦軸切片は不変のままで，横軸の切片が左方に移動する。
3　賃金率の上昇と同じ割合で資本のレンタル価格が下落した場合，等費用線の縦軸切片および傾きは変化前と変わらない。
4　等費用線が右方に平行移動した場合，新しい等費用線における費用最小化は，点 $E$ と費用は同じであるが，賃金率と資本のレンタル価格は当初よりも高い水準で達成される。
5　等費用線が右方に平行移動した場合，新しい等費用線における費用最小化は，点 $E$ よりも産出量が低い水準で達成される。

No. 20　「市場の失敗」に関する次の記述のうち，妥当なものはどれか。
1　公海上の海洋資源などの共有資源には，消費の競合性はないが，排除性がある。
2　支払いにより加入をすることで消費ができるクラブ財は，消費の競合性と排除性をともに有する。
3　自動車保険における免責事項の設定には，保険の契約締結後に生じるモラルハザードを減らす効果が期待できる。
4　逆選択とは，人々が自動車保険に入ったことにより，不注意な運転をするようになり，その結果かえって事故を起こすようになる現象をいい，それについては「グレシャムの法則」が働く。
5　シグナリングとは，情報を持つ側が複数の契約条件や料金体系を提示して，その中から相手に選ばせることにより，相手のタイプに関する情報を得るというものである。

No. 21 下表は，同じお店で働くＡさんとＢさんが，それぞれ１時間当たりに作ることのできる「おにぎり」と「サンドイッチ」の数を表している。比較生産費説に基づく２人の仕事に関する次の記述のうち，妥当なものはどれか。

|  | おにぎり | サンドイッチ |
|---|---|---|
| Ａさん | 30 | 20 |
| Ｂさん | 15 | 12 |

1 Ａさんにとって，おにぎりを１個作ることの機会費用は，サンドイッチ$\frac{3}{2}$個である。

2 Ｂさんにとって，おにぎりを１個作ることの機会費用は，サンドイッチ$\frac{5}{4}$個である。

3 サンドイッチを作ることに比較優位を持っているのは，Ａさんである。

4 おにぎりとサンドイッチを作ることの両方に比較優位を持っているのは，Ａさんである。

5 Ａさんはおにぎり，Ｂさんはサンドイッチを作ることに比較優位を持っている。

No. 22 国内総生産（GDP）に関する記述として，最も妥当なものはどれか。

1 GDPは，各生産段階で生み出される産出額の経済全体における総額である。

2 GDPは，各生産段階で生み出される産出額から原材料価格などの中間投入額を引いた付加価値額の合計であるが，中間投入額には減価償却費や人件費が含まれる。

3 GDPは，市場で取り引きされた財・サービスのみ計上するが，持ち家の住宅サービスや農家の自家消費など，帰属計算されるものについては，市場で取り引きされていなくても例外的にGDPに計上される。

4 名目GDPは，実質GDPをGDPデフレーターで除したものに等しい。

5 実質GDPは，名目GDPに海外からの所得の純受取を加算したものに等しい。

No. 23 財政政策と金融政策の効果に関する次の記述のうち，妥当なものはどれか。なお，IS曲線は垂直，LM曲線は通常の右上がりの形状を想定するものとする。

1 金融緩和政策は，LM曲線を右方にシフトさせる。これによって利子率が低下し，投資が増加するため，GDPは増加する。

2 金融緩和政策は，LM曲線を左方にシフトさせる。これによって利子率が上昇し，投資が減少するため，GDPは変化しない。

3 政府支出の増加は，IS曲線を右方にシフトさせる。このとき，利子率は上昇し，100％クラウディング・アウトが発生するため，GDPは変化しない。

4 政府支出の増加は，IS曲線を右方にシフトさせる。このとき，利子率が上昇し，投資が減少するものの，GDPは増加する。

5 IS曲線の傾きは投資の利子弾力性の大きさに，LM曲線の傾きは貨幣需要の利子弾力性の大きさに依存する。このうち，本問のIS曲線における投資の利子弾力性はゼロである。

**No. 24** ライフサイクル仮説に従って消費と貯蓄の計画を立てる個人を考える。現在30歳であるこの個人は60歳で定年を迎え，80歳で亡くなることがわかっているものとする。勤労期には毎年400万円の所得がある一方，定年後にはまったく所得がない。また，この個人は勤労期の最初に3,000万円の資産を有しており，子孫にはなんらの資産も残さないものとする。今後，生涯にわたって毎年同額の消費を行うとしたとき，この個人の勤労期間中の毎年の貯蓄額はいくらか。なお，利子率はゼロとする。

1　100万円
2　150万円
3　240万円
4　300万円
5　400万円

**No. 25** 新古典派経済成長理論に関する次の記述のうち，妥当なものはどれか。なお，マクロ生産関数は一次同次のコブ゠ダグラス型とし，下図の $y$ は労働1単位当たりの生産量，$f(k)$ は労働1単位当たりの生産関数，$n$ は労働成長率，$k$ は資本・労働比率，$s$ は貯蓄率を表し，$k^*$ は定常状態の資本・労働比率を表している。

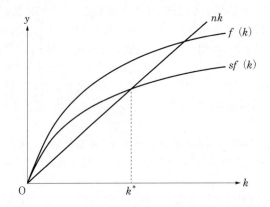

1　定常状態における労働1単位当たりの生産量は，貯蓄率の低下によって増加する。
2　定常状態における労働1単位当たりの生産量は，労働成長率の低下によって増加する。
3　定常状態の資本・労働比率は，全要素生産性の上昇によって低下する。
4　定常状態の資本・労働比率は，貯蓄率の上昇によって低下する。
5　定常状態の資本・労働比率は，労働成長率の上昇によって増加する。

No. 26 下のグラフA〜Cは，日本，米国，ユーロ圏の消費者物価（総合）の推移（対前年同月比，%）を表している。A〜Cに該当する国・地域名の組合せとして，妥当なものはどれか。

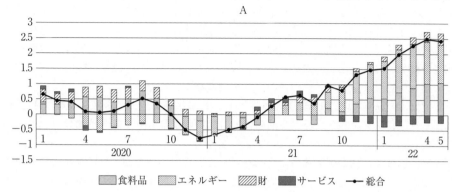
A

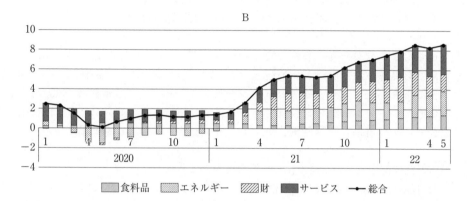
B

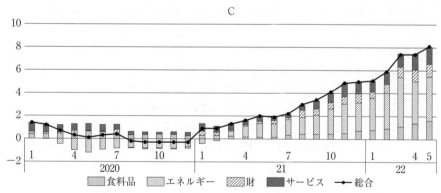
C

内閣府編「令和4年版 経済財政白書」より作成

|   | A | B | C |
|---|---|---|---|
| 1 | 日本 | ユーロ圏 | 米国 |
| 2 | 日本 | 米国 | ユーロ圏 |
| 3 | 米国 | 日本 | ユーロ圏 |
| 4 | 米国 | ユーロ圏 | 日本 |
| 5 | ユーロ圏 | 日本 | 米国 |

**No. 27** 高度成長期以降の我が国財政の歩みに関する次の記述の空欄ア〜オに当てはまる語句の組合せとして，妥当なものはどれか。

　1960年代の半ばにいわゆる昭和40年不況に突入し，65年度には年度途中に（　ア　）発行を盛り込んだ補正予算が組まれた。また66年度には当初予算において，（　イ　）を発行することで我が国は均衡予算主義と決別した。その後，第一次オイルショック翌年の74年には戦後初のマイナス成長を記録するに至った。この不況で法人税を中心に税収が大幅に落ち込んだことにより，75年度の補正予算によって（　ウ　）の発行を余儀なくされた。

　1980年度には，同年を財政再建元年と位置づけ，概算要求の段階で一定の枠を設ける（　エ　）方式による支出抑制を実施し，バブル期の税の自然増収が加わり，90年度には（　ウ　）の発行ゼロが実現した。

　バブル経済崩壊後，我が国財政は悪化の一途をたどっていったが，平成9年度に（　オ　）を制定し，徹底的に歳出を見直すことをめざした。しかし，同年秋以降，金融機関の破綻等に伴う金融システム不安が発生し，翌年の経済成長率がマイナス成長に陥ったため，（　オ　）を凍結せざるをえず，我が国は，主要先進国中最悪の財政状況に陥った。

|  | ア | イ | ウ | エ | オ |
|---|---|---|---|---|---|
| 1 | 歳入補てん債 | 建設公債 | 特例公債 | シーリング | 財政構造改革法 |
| 2 | 歳入補てん債 | 建設公債 | 特例公債 | プライマリーバランス | 社会保障・税一体改革大綱 |
| 3 | 歳入補てん債 | 特例公債 | 建設公債 | シーリング | 新経済・財政再生計画 |
| 4 | 建設公債 | 特例公債 | 財投債 | プライマリーバランス | 新経済・財政再生計画 |
| 5 | 建設公債 | 特例公債 | 特例公債 | シーリング | 財政構造改革法 |

**No. 28** 地方財政に関する次の記述のうち，妥当なものはどれか。

1　地方交付税は，地方公共団体間の財政力の格差を是正し，地方公共団体が一定の行政水準を確保できるように財源を保障する機能を有している。2023年度地方財政計画における歳入総額に占める地方交付税額の割合は，地方税額のそれよりも大きく，歳入総額の約半分を占めている。

2　地方交付税は，所得税，法人税，消費税，贈与税および相続税の収入額の一定割合を財源としている。また，その総額の94％は，使途が制限されない一般財源である普通交付税，残りが国に使途を指定される特定財源である特別交付税として，各地方団体に配分される。

3　地方公共団体の歳出は，原則として地方債以外の歳入をもって，その財源としなければならないが，出資金および貸付金の財源とする場合においては，地方債をもってその財源とすることができる。また，地方公共団体は，総務大臣または都道府県知事と協議を行うことで，その同意が得られない場合であっても，あらかじめ議会に報告すれば，地方債を発行することができる。

4　平成24年より，地方債発行に関する総務省との事前協議制が一部見直された。この見直しにより，実質公債費比率が政令で定める数値未満である地方公共団体が民間等資金債の起債をする場合には，必ず総務大臣または都道府県知事との協議を要することとなった。

5　2000年に施行された「地方分権一括法」により，地方公共団体が条例で独自に定める税である法定外税のうち，目的税について許可制度から同意を要する協議制度に変更されるとともに，普通税の創設も認められた。法定外普通税の代表例としては，宿泊税や産業廃棄物税が挙げられる。

No. 29　我が国の租税に関する次の記述のうち，妥当なものはどれか。

1　納税義務者と担税者が一致する税を直接税といい，一方，租税の転嫁が生じることにより納税義務者と担税者が異なる税を間接税という。地方税における直接税として，住民税，事業税，道府県たばこ税等が，間接税として，地方消費税，固定資産税，自動車税等がある。

2　租税を徴収主体の区分により分類した場合，国が徴収する税金を国税，都道府県または市町村が徴収する税金を地方税といい，地方税はさらに「道府県税」と「市町村税」に分けられる。このうち，地方消費税，固定資産税は道府県税であり，自動車税，入湯税は市町村税である。

3　租税は，課税対象の違いにより，所得課税，消費課税，資産課税等の3つに分類される。このうち，法人税，道府県民税は所得課税，たばこ税，事業税は消費課税，そして相続税，自動車税は資産課税等である。

4　地方税は，使途が特定されない「普通税」と特定される「目的税」に区分される。さらに，普通税のうち，税目その他の課税要件を地方税法が規定しているものを法定普通税といい，地方公共団体が裁量で独自に課税するものを法定外普通税という。

5　所得税の課税単位には，個人の所得に対して課税する個人単位と世帯員の所得を合算したものに対して課税する世帯単位があるが，我が国の所得税は世帯単位である。また，配偶者控除や扶養控除の存在により，配偶者や扶養する子どもがいる世帯は，独身者に比べ，所得税の課税最低限は低い。

No. 30　我が国の若者と労働に関する次の記述のうち，妥当なものはどれか。

1　若者の就労支援のためにジョブカフェが都道府県に設置されており，カウンセリングなどのサービスが無料で提供されている。

2　若年層の完全失業率は中高年よりも低い。これは，企業が若年層のみを対象にした求人を実施しているのが原因とされている。

3　若者のものづくりや技能離れなどの実態を踏まえて，技能尊重機運の醸成や産業活動の基礎となる技能者の育成を図ることを目的として，特定技能制度が導入されている。

4　中学卒業者の約7割，高校卒業者の約5割，大学卒業者の約3割が卒業して就業を開始してから1年以内に離職しており，これを七五三現象という。

5　雇用保険による給付は，雇用保険の被保険者期間が連続で120か月以上あることが受給要件であり，若者は失業しても給付を受けられない例が多い。

No. 31　我が国の生活保護に関する次の記述のうち，妥当なものはどれか。

1　生活保護の受給者は，2021年に日本の総人口の5％に達したが，その約半数は一人暮らしとなっている65歳以上の高齢者である。

2　生活保護は社会保障の「最後の砦」であり，受給には市町村の福祉事務所に申請し，ミーンズテストによって無収入であることの証明を受ける必要がある。

3　生活保護は無差別平等が原則であるが，生活保護として受給することのできる金額には受給者の居住地や年齢などによって違いがある。

4　生活保護の受給者となっても，引き続き公的医療保険の被保険者であり，医療扶助として保険料に相当する金銭が給付される。

5　生活困窮者自立支援制度とは，生活保護の受給期間が長期化している勤労世代の人々に対し，就労準備や家計改善などを指導する制度である。

No. 32 我が国の公的介護保険に関する次の記述のうち，妥当なものはどれか。

1 介護保険は市区町村が保険者であるが，国が財政調整などの関与を行っているため，国が定めた保険給付の範囲を超えるサービスを市区町村が独自に提供することは，認められていない。

2 介護サービスには居宅サービス，施設サービス，地域密着型サービスの3種類があるが，このうちデイサービスは居宅サービスの一つに分類される。

3 介護保険の第二号被保険者とは，40歳から64歳までの公的医療保険加入者であり，これらの者には介護保険料を支払う義務があるが，まだ介護サービスを受けることはできない。

4 介護離職ゼロを目標として，介護保険の利用を促進するために，介護サービスの自己負担分が3割から2割に軽減された。

5 介護保険を利用できるのは，医師らの判定によって要介護と判定された者だけであり，要支援と判定された者は介護保険を利用できない。


No. 33 G.サルトーリの政党制論に関する次の記述のうち，妥当なものはどれか。

1 サルトーリの分類によって穏健な多党制に分類された国においても，大政党どうしの間にはイデオロギーに大きな隔たりがあるから，大政党どうしによる連立政権は成立しない。

2 二大政党制は，二大政党が単独での政権のために競合する政党制のことであり，ワイマール憲法時代のドイツの政党制がこの例に該当する。

3 分極的多党制は，極めて多くの政党が乱立している状態のことであるが，戦争直後などの混乱期において一時的に出現するにすぎない。

4 ヘゲモニー政党制とは，北朝鮮の朝鮮労働党による独裁体制のように，法的に1つの政党しか存在を許されていない体制のことをさす。

5 一党優位政党制では，複数の政党が政権獲得のために自由に競合しつつも，結果的に巨大政党による長期政権が続いている。


No. 34 政治権力に関する次の記述のうち，妥当なものはどれか。

1 組織は規模が拡大するにつれ少数の創立者グループによる支配は通用しなくなっていく宿命にあり，ミヘルスはこの宿命を「寡頭制の鉄則」と名づけている。

2 バクラックとバラッツは，政治的争点となるべき問題を政策決定から排除してしまう権力があるとして，これを非決定権力と名づけた。

3 民主主義では権力行使に合理性が求められるため，メリアムは，大衆の感情に働きかけて権力を正当化するミランダは，現代の民主主義国家ではもはや機能しないと論じている。

4 モスカは，政治権力による支配にはそれを正当化する手段が必要であると論じており，その手段として，伝統，権力者のカリスマ性，合法性の3つを挙げている。

5 ダールは，その著書『統治するのはだれか』において，アメリカには軍部と政界，経済界の頂点にいるパワーエリートたちが権力を独占している実態があることを明らかにしている。

No. 35　次の図は C. ギルバートが行政統制を4つに類型化したマトリクスであり，ア〜エにはその具体例が入る。ア〜エに入る具体例の組合せとして，妥当なものはどれか。

|  | 制度的 | 非制度的 |
|---|---|---|
| 外在的 | ア | イ |
| 内在的 | ウ | エ |

1　ア：議会による統制　　　　　　　イ：財務省による予算査定
2　ア：マスメディアによる批判　　　ウ：各省大臣による統制
3　ア：圧力団体による要求　　　　　エ：パブリックコメント
4　イ：外部の有識者による評価　　　ウ：裁判所による統制
5　ウ：上司からの職務命令　　　　　エ：職員組合による批判

No. 36　我が国の内閣府に関する次の記述のうち，妥当なものはどれか。
1　内閣府には，内閣および内閣総理大臣の「知恵の場」として，経済財政諮問会議や公害対策会議など，全部で10の重要政策会議が設置されている。
2　内閣官房長官は，内閣府の主任の大臣であり，内閣官房の事務の統括や所部の職員の服務の統督などの職務を担っている。
3　内閣法制局は，内閣府に置かれた行政機関であり，政府提出法案の審査や立案などの事務を行っている。
4　こども家庭庁は，内閣総理大臣の直属の機関として，こども基本法の施行と同時に，内閣府の外局として発足した。
5　内閣府の行政委員会の一つである国地方係争処理委員会は，国の関与に不満のある地方公共団体の審査を受け付けている。

No. 37　フランシス・フクヤマが論じた「歴史の終わり」に関する次の記述のうち，妥当なものはどれか。
1　革命によってプロレタリアートが権力を奪取することによって，階級対立の歴史は終わり，人類の新たな歴史が始まるとする主張である。
2　東西冷戦が自由主義陣営の勝利に終わったことで，もはや政治体制や経済体制のあり方に関して大きな対立は起きないとする主張である。
3　これからの安全保障論は，国家を侵略戦争から守ることだけではなく，個々の人間を生存の危機から守る視点が必要とする主張である。
4　国家が軍事力を誇示する時代は終わり，他国の人々の共感を得るような文化や国際貢献活動などが国家にとって重要になっているとする主張である。
5　現代の国際社会は，相互依存が進展したことによって国際社会が多層化され，「新しい中世」が到来しているとする主張である。

No. 38　東南アジア諸国連合（ASEAN）に関する次の記述のうち，妥当なものはどれか。

1　ASEAN は，アジア通貨危機があった後，東南アジアの経済安定の確保などのために発足した地域協力機構であり，2023年末の時点で10か国が参加している。

2　2015年，クアラルンプール宣言によって ASEAN 自由貿易地域（AFTA）が成立するとともに，ASEAN 経済共同体（AEU）の設立をめざすことになった。

3　ASEAN 地域フォーラム（ARF）は，政治・安全保障問題に関する対話と協力を通じて，アジア太平洋地域の安全保障環境を向上させることを目的としている。

4　地域的な包括的経済連携（RCEP）協定は，ASEAN＋3 とも呼ばれている，ASEAN と日本，中国，韓国の13か国による経済連携協定（EPA）である。

5　AUKUS は，アジア・欧州両地域諸国の対話促進のために発足した会議であり，アジア側からは ASEAN 加盟国も参加している。

No. 39　中東，アフリカ情勢に関する次の記述のうち，妥当なものはどれか。

1　1993年のパレスチナ暫定自治協定によって，ガザ地区とヨルダン川西岸のイェリコがパレスチナ暫定自治政府によって統治されることになった。

2　ルワンダは，現在では「アフリカの奇跡」と呼ばれる経済成長を遂げているが，1990年代には内戦が激化し，支配階級であるツチ族によるフツ族のジェノサイドが発生することもあった。

3　スーダンではアラブ系と非アラブ系の住民の対立からダルフール紛争が勃発したが，ダルフール地域が2011年に南スーダンとして独立することで，紛争は一応の終息をみた。

4　シリア内戦においては，中東諸国がアサド大統領を支援する一方で，アメリカやロシアはそれぞれ反政府勢力を支援しており，対立関係にある。

5　イエメンでは，2015年にイランが支援するスンニ派勢力とサウジアラビアなどが支援するシーア派勢力，それにアル・カーイダ系武装勢力による内戦が勃発している。

No. 40　国際機関に関する次の記述のうち，妥当なものはどれか。

1　国際通貨基金（IMF）は，ブレトン・ウッズ協定によって設立された国際機関であり，加盟国の為替政策の監視や国際収支が悪化した加盟国への融資を実施している。

2　経済協力開発機構（OECD）は，専門機関と呼ばれる，国連の経済社会理事会と特別な協定を結び，国連と協調して活動する国際機関の一つである。

3　国連環境計画（UNEP）は，国連環境開発会議（地球サミット）で採択されたアジェンダ21を実施するために設立された国際機関である。

4　世界貿易機関（WTO）は，自由貿易を推進するための国際機関として，ドーハ開発アジェンダによる合意に基づき，設立された。

5　国際刑事裁判所（ICC）は，戦争犯罪などを犯した個人の刑事裁判を行う国際機関であり，国際司法裁判所（ICJ）の特別の支部として設置されている。

**6**年度

# 地方上級・市役所
# 予想問題
# 正答と解説

予想問題の手応えは，どうだったろうか。
正誤の結果に一喜一憂せず，解けなかった問題は解説を
しっかり読んで復習し，本番に備えよう。
少し時間を置いて，何度か解き直すことで確かな実力が
つくはずだ。

# 地方上級 教養試験 正答と解説

## 正 答 表

| | | | | | | | |
|---|---|---|---|---|---|---|---|
| No. 1 | 5 | No.16 | 3 | No.31 | 4 | No.46 | 4 |
| No. 2 | 3 | No.17 | 3 | No.32 | 1 | No.47 | 4 |
| No. 3 | 3 | No.18 | 5 | No.33 | 2 | No.48 | 2 |
| No. 4 | 5 | No.19 | 2 | No.34 | 4 | No.49 | 3 |
| No. 5 | 3 | No.20 | 1 | No.35 | 3 | No.50 | 3 |
| | | | | | | | |
| No. 6 | 2 | No.21 | 1 | No.36 | 2 | | |
| No. 7 | 2 | No.22 | 1 | No.37 | 5 | | |
| No. 8 | 1 | No.23 | 2 | No.38 | 2 | | |
| No. 9 | 3 | No.24 | 3 | No.39 | 4 | | |
| No.10 | 2 | No.25 | 3 | No.40 | 3 | | |
| | | | | | | | |
| No.11 | 1 | No.26 | 1 | No.41 | 4 | | |
| No.12 | 5 | No.27 | 2 | No.42 | 4 | | |
| No.13 | 5 | No.28 | 1 | No.43 | 5 | | |
| No.14 | 3 | No.29 | 4 | No.44 | 4 | | |
| No.15 | 1 | No.30 | 4 | No.45 | 2 | | |

【政治】

## No. 1　各国の政治制度　　　正答　5

1．大統領が署名を拒否した法案であっても，連邦議会の各院が3分の2以上の多数の賛成で再可決すれば，大統領の署名なしに法案は成立する。

2．現在のイギリスの二大政党は保守党と労働党である。自由党は，かつて保守党とともに二大政党とされていたが，20世紀の労働党の躍進に伴い，凋落した。その後，労働党の分派が合流し，現在は自由民主党となっている。

3．ドイツ大統領は，連邦議会の議員と各州代表による連邦会議によって選出されている。また，ドイツは議院内閣制の国であり，大統領に実権はない。連邦議会が行えるのも，内閣不信任決議である。

4．ドイツなどに関する記述。フランスでは，政治的実権を持つ大統領と議会に責任を負う首相が率いる内閣が併存している。こうした政治体制を半大統領制という。半大統領制は，ロシアなどにも導入されている。

5．妥当である。中国では三権分立制は採用されておらず，憲法によって全国人民代表大会が最高国家権力機関とされている。

【法律】

## No. 2　法の下の平等　　　正答　3

1．明治憲法には，日本国憲法14条1項前段に相当する法の下の平等に関する一般的な規定は置かれていなかった。なお，公務就任権の平等についての規定は置かれていた（明治憲法19条）。

2．法の下の平等とは，法を執行し適用する行政権および司法権が国民を差別してはならないという法適用の平等のみを定めたものではなく，法そのものの内容も平等原則に従って定立されるべきであるという法内容の平等をも定めたものと解されている（法内容平等説または立法者拘束説）。

3．妥当である（最大判昭48・12・12〈三菱樹脂事件〉）。判例は，企業者は，経済活動の一環として契約締結の自由を有し，自己の営業のために労働者を雇用するに当たり，いかなる者を雇い入れるか，いかなる条件でこれを雇うかについて，法律その他による特別の制限がない限り，原則として自由にこれを決定することができることを理由として挙げる。

4．民法は夫婦が同一の氏を称することを定めている（民法750条）が，最高裁判所は，民法750条につき違憲としておらず，合憲としている（最大決

令3・6・23）。

5．判例は，憲法が各地方公共団体の条例制定権を認める以上，地域によって差別を生ずることは当然に予期されることであるから，かかる差別は憲法みずから容認するところであると解すべきであるとして，地方公共団体が同一の取締事項について各別に条例を制定した結果，その取扱いにおいて差別を生ずることがあっても，地域差のゆえをもって違憲ということはできないとする（最大判昭33・10・15）。

## No. 3　社会権　　　正答　3

1．すべて国民は，法律の定めるところにより，その能力に応じて，ひとしく教育を受ける権利を有する（憲法26条1項）。

2．すべて国民は，法律の定めるところにより，その保護する子女に普通教育を受けさせる義務を負う（憲法26条2項前段）。

3．妥当である（憲法28条）。

4．憲法25条1項は，すべての国民が健康で文化的な最低限度の生活を営みうるように国政を運営すべきことを国の責務として宣言したにとどまり，直接個々の国民に対して具体的権利を賦与したものではない（最大判昭42・5・24〈朝日訴訟〉）。

5．憲法26条2項後段の「義務教育は無償とする」との規定の無償は，授業料不徴収の意味と解され，授業料のほかに，教科書，学用品その他教育に必要な一切の費用まで無償としなければならないことを定めたものと解することはできない（最大判昭39・2・26）。

## No. 4　衆議院　　　正答　5

1．日数が逆である。すなわち，衆議院が解散されたときは，解散の日から40日以内に衆議院議員の総選挙を行い，その選挙の日から30日以内に国会を召集しなければならない（憲法54条1項）。

2．衆議院が解散されたときは，参議院は同時に閉会となる（憲法54条2項本文）とする点は正しい。しかし，参議院の緊急集会は内閣だけが求めることができ，参議院議員側からは求めることはできない（同条項ただし書）。この点で臨時会の召集とは異なる（同53条後段）。

3．憲法改正の発議の場面では衆議院の優越の制度は採用されておらず，衆議院と参議院は対等である（憲法96条1項参照）。それ以外は正しい（同59条2項・4項，60条2項，61条，67条2項）。

4．前半の予算については正しい（憲法60条1項）。しかし，条約の承認に関する衆議院の優越に関する同61条は，同60条の2項のみを準用し1項を準用していないため，条約の承認については衆議院の先議は要求されていないから，後半は誤り。

5．妥当である。衆議院が解散される場合についての憲法上の規定には，本肢の憲法69条による場合のほか，内閣の助言と承認により天皇が国事行為として衆議院を解散する場合が規定されている（憲法7条3号）。そこで，通説は，天皇は国政に関する権能を有しないから（同4条1項），衆議院の解散のような政治的な国事行為についての実質的な決定権は助言と承認を行う内閣が有し，内閣は，天皇の形式的解散権の行使（同7条3号）に対して「助言と承認」を与える際に，自らの判断で衆議院を解散することができるとする。

## 【経済】

1．本肢の事例は，外部不経済でなく，外部経済である。ある人や企業の経済活動が，他の人や企業に対して市場を介さずになんらかの影響を与えるとき，その効果のことを外部効果といい，その効果がマイナスである場合は外部不経済，プラスである場合は外部経済という。外部効果の事例は，本肢のほか，教育なども挙げられる。

2．後半の記述が誤り。寡占・独占を含む不完全競争市場における経済厚生は，完全競争市場の場合と比べて必ず小さくなる。

3．妥当である。ちなみに，最初の預金額10万円のことを本源的預金という。支払準備率を $k$ と置くと，信用乗数（預金総額と本源的預金〈最初の現金預金額〉の比率）は $1/k$ で表され，本肢の信用乗数は20となる。本源的預金が10万円であることから，預金総額の理論値は200万円となり，この場合，本源的預金を除く190万円が派生預金として新たに信用創造されたことになる。

4．中央銀行が買いオペレーションを実施すると，マネタリーベースが増加するため市場における貨幣量は増加する。反対に，売りオペレーションを実施すると，マネタリーベースが減少するため市場における貨幣量は減少する。

5．B国がA国に対し絶対優位にあるのは正しいが，貿易において絶対優位は重要な概念ではない。2財の比較生産費について見ると，小麦の比較生産費はB国のほうが低い一方，茶の比較生産費はA国のほうが低いことから，A国は茶に，B国は小麦に生産を特化して貿易を行うこととなる。

1．昭和24年に米国のGHQがドッジ=ラインと呼ばれる経済安定政策を実施したことで，インフレは収束したが，経済はデフレの様相を呈した。その後昭和25年に朝鮮戦争が勃発し，朝鮮特需と呼ばれる好況をもたらした。

2．妥当である。なお，池田内閣が「国民所得倍増計画」を表明した頃，我が国の経済は岩戸景気と呼ばれる好景気にあった。

3．昭和40年までは均衡財政であったが，昭和40年不況に直面したことで補正予算において歳入補填債という赤字国債を発行した。そして，翌昭和41年に建設国債を発行し，以降，建設国債の発行が常態となった。また，昭和50年には，特例国債が発行された。

4．我が国の変動相場制移行は昭和48年2月のことであり，第一次石油危機より前の出来事である。なお，第一次石油危機に関する記述は正しい。

5．昭和60年当時，過度なドル高の修正を望んでいたアメリカのレーガン政権が，国際金融市場に対して一定の支配力を持つ5か国（G5）に呼びかけ，蔵相，中央銀行総裁がニューヨークのプラザホテルでドル安誘導協調介入について協議した。そこで成立した合意がプラザ合意である。プラザ合意の結果，我が国は急激な円高に直面することとなった。なお，経常収支は1980年代以降黒字が定着していた。

1．実質GDPに関する記述が誤り。実質GDPについては，消費や設備投資デフレーターの上昇により下押しされたものの，緩やかな回復を続け，過去最大となっている。

2．妥当である。

3．持家着工は，2020年半ばから2021年末にかけて，感染症対策としての住宅ローン減税制度などの住宅取得支援策の効果に加え，郊外の住宅需要の高まりもあって持ち直したが，2022年は価格上昇によって取得能力が低下している中，減少傾向で推移している。一方，相対的に価格上昇が抑えられている分譲住宅は2022年も底堅く推移してきたが，2023年に入り弱い動きとなっている。

4．2022年度の企業の収益動向を製造業・非製造業

別に見ると，製造業については，売上高は増勢に
鈍化が見られ，営業利益，経常利益ともに年度後
半にかけて減少傾向となっている。非製造業につ
いては売上高が増加を続ける中，経常利益，営業
利益ともに特に年度後半にかけて増加している。

5．我が国の企業の借入金の状況を見ると，いずれ
の企業規模においても2020年度以降借入金の増加
が見られ，手元流動性を確保することで経済活動
正常化までの間の事業活動を守る動きが見られて
きた。特に，中小企業では，長期借入れは1998年
度以来の高水準となっている。

参考資料：『令和5年度　経済財政白書』

## 【社会】

| No. 8 | こども | 正答 | 1 |

ア：妥当である。出生数は，2016年に初めて100万
人を割り込んで以降，過去最少を更新し続け，
2022年には約77万人となった。一方，死者数は約
157万人で過去最多を更新した。

イ：日本で人口置換水準とされる合計特殊出生率は
2.07だが，沖縄県の合計特殊出生率は全国一であ
るものの，2.07には及ばない数値を推移しており，
2022年には1.70を記録した。ちなみに，全国最低
は東京都の1.04で，全国平均は過去最低の1.26だ
った（1.256であり，これまで過去最低とされた
2005年の1.261より低い）。

ウ：妥当である。2022年末に懲戒権に関する規定を
削除し，体罰などを禁止する民法の改正が行われ
た。また，児童虐待の相談対応件数は32年連続で
過去最多を更新し続けている。

エ：チャイルドグルーミングとは，大人が性的虐待
を目的として，子どもを手なづける行為のことを
いう。なお，2023年にはわいせつ目的で16歳未満
のこどもに面会を求める「わいせつ目的面会要求
罪」を新設するなどの刑法改正が実施されている。

オ：児童手当の多子加算については，こども3人以
上の世帯数の割合が特に減少し，経済的支援の必
要性も高いことなどから，第3子以降は3万円と
された。なお，児童手当の所得制限の撤廃や支給
期間の高校生年代への延長も打ち出された。

　以上より，妥当なものはアとウであるから，正答
は1である。

| No. 9 | 原子力発電 | 正答 | 3 |

1．2021年度の原子力発電のシェアは7%弱にすぎ
ない。ちなみに，2021年度にシェアが最も高かっ

たのは天然ガス火力発電（約34%）であり，次い
で石炭火力発電（約31%）。また，太陽光発電な
どの新エネルギーの割合は上昇傾向にあり，2021
年度に約13%に達した。

2．フランスではなく，ドイツに関する記述。ただ
し，フランスも福島第一原発事故以降，電源の多
様化を進めており，原子力発電のシェアは2011年
には約8割だったのが，2020年には約67%にまで
低下している。

3．妥当である。2023年からALPS処理水の海洋放
出が始まった。なお，トリチウムは三重水素と呼ば
れる水素の放射性同位体で，自然界にも存在する放
射性物質であり，放射線のエネルギーは極めて弱い。

4．世界初となる高レベル放射性廃棄物の最終処分
場の建設は，フィンランドで2016年に始まり，
2025年に稼働開始の予定である。日本では，最終
処分場の選定をめぐり，第一段階となる文献調査
が，一部の地方自治体で行われている段階にある。

5．原子力発電所の稼働期間については，福島第一
原発事故の翌年から，原則40年とし，最長でも60
年までとする「40年ルール」が導入されていた
が，2023年制定のGX脱炭素電源法により，60年
を超える稼働が可能となった。なお，GXとはグ
リーントランスフォーメーションの略で，脱炭素
型の経済，社会に移行することをいう。

| No. 10 | 性的少数者 | 正答 | 2 |

ア：妥当である。SOGIは，Sexual Orientation and
Gender Identityの略である。

イ：カミングアウトではなく，アウティングとい
う。現在では，アウティングを禁止する条例が制
定される例が見られる。カミングアウトとは，性
的少数者であることなど，自分がこれまで秘密に
していたことを打ち明けることをいう。

ウ：トランスジェンダーとは，身体的性と性自認が
一致していない人のことをいい，むしろ性別適合
手術を受けていない人のことを意味して用いられ
ている。それに，トランスジェンダーは必ずしも
身体的性と性自認の一致を望んでいるとは限らな
い。ちなみに，身体的性と性自認が一致している
人はシスジェンダーという。

エ：LGBT理解増進法のことだが，「性的指向及び
ジェンダーアイデンティティの多様性に関する国
民の理解の増進に関する法律」を正式名称として
制定された。「ジェンダーアイデンティティ」の
部分をめぐっては，「性自認」とする案と「性同

一性」とする案で対立があったが，最終的に「ジェンダーアイデンティティ」となった。それに，地方自治体による同性パートナーシップ制度の導入の取組みは，この法律の制定以前から見られるし，この法律は同性パートナーシップ制度の導入を義務づけるものでもない。

オ：妥当である。ただし，戸籍上の性別変更には変更後の性別の性器に似た外観を備えていなければならないとする要件については違憲としなかった。

以上より，妥当なものはアとオであるから，正答は2である。

1．妥当である。デリスキングとはリスク低減の意味で，経済安全保障においては，経済関係を維持しつつも過度な依存から脱却することをいう。2023年のG7広島サミットの首脳コミュニケでも，「経済的強靱性にはデリスキングおよび多様化が必要」とされた。

2．プーチン大統領は，G20ニューデリーサミットを欠席した。プーチン大統領には，国際刑事裁判所（ICC）から逮捕状が発行されており，逮捕のリスクがプーチン大統領の外遊の足かせになっていると見られている。ちなみに，中国の習近平主席もG20ニューデリーサミットを欠席した。

3．イスラエルと戦闘状態に陥ったのは，パレスチナ自治区のうち，ガザ地区を支配する軍事組織，イスラム原理主義組織であるハマス。それに，先制攻撃をしたのはハマスであり，安保理でイスラエルを制裁する決議が採択されたという事実もない。ちなみに，イスラエルは安保理の常任理事国であるアメリカと友好的な関係にある。

4．当初，トルコはフィンランドとスウェーデンのNATO加盟に否定的だったが，後に支持に転じ，両国のNATO加盟は実現する運びとなった。フィンランドは，2023年の4月にNATOに正式加盟するに至っている。

5．「グローバルサウスの声サミット」を主催したのは，インド。グローバルサウスとは，近年使われるようになっている言葉で，インド（北半球に属する）をはじめとする新興国や発展途上国の総称。G7広島サミットでも，グローバルサウスとの連携が議題となった。

1．ウィーン条約ではなく，ワシントン条約によっ

て規制されている。ウィーン条約とは，環境分野では，オゾン層の保護に関する条約の通称である。ウィーン条約に基づき，オゾン層の破壊物質であるフロンを規制するために，モントリオール議定書が締結されている。

2．GPSチップではなくマイクロチップの装着が義務づけられている。それに，装着が義務づけられているのは猫や犬を販売している業者であり，愛玩動物として飼育されているすべての猫や犬にマイクロチップが装着されているわけではない。なお，業者から猫や犬を購入した人は，マイクロチップの登録情報を変更する義務が生じる。

3．アメリカザリガニは，アカミミガメ（ミドリガメ）とともに，2023年に外来生物法に基づく「条件付特定外来生物」に指定され，これらの飼育は可能ではあるものの，野外に放出することは禁止された。なお，在来種とはその土地に古くから生息する生物のこと。

4．持続可能な開発目標（SDGs）ではなく，昆明・モントリオール生物多様性枠組に関する記述。昆明・モントリオール生物多様性枠組とは，2022年の生物多様性条約締約国会議（COP15）で採択に至った，生物多様性に関する新たな世界目標のことである。

5．妥当である。日本国内において，ヒグマの生息域は北海道だけだが，ツキノワグマの生息域は本州と四国であり，ツキノワグマによる人身被害のほうが多い。

【地理】

1．前半は正しいが，後半の扇央と扇端の説明が逆である。扇央は礫質の堆積物のため透水性が大きく，河川は伏流して水無川となる。水田には不向きで果樹園に利用される。扇端は伏流水が再度地表面に出る湧水帯となり，集落が発達しやすい。

2．「河川の運搬する土砂が河口付近に堆積して形成される低平な地形」は，沖積平野の三角州である。エスチュアリー（三角江）は，河口が沈水してラッパ状になった海岸である。それ以外の記述は正しい。

3．谷氷河がつくる氷食谷は谷底が広くU字谷ともいわれる。U字谷に海水が入るとフィヨルドになる。V字谷は流水による下方侵食によってつくられる横断面がV字形となる深い河谷。ドリーネはカルスト地形の一つである。

4. カルスト地形の地上の地形には，ドリーネ，ウバーレ，ポリエなどがある。メサ，ビュート，ケスタは構造平野に見られる地形である。それ以外は正しい。

5. 妥当である。フォッサマグナは大地溝帯，中央構造線はメジアンラインともいう。

1. ベトナム，ラオス，カンボジアだけでなく，タイ，ミャンマーも含め，インドシナ半島の国々はいずれも仏教である。ブルネイ，マレーシア，インドネシアはイスラム教，フィリピン，東ティモールはカトリックである。

2. ベトナム，ラオス，カンボジアの旧宗主国はフランスである。また，タイは英仏の緩衝地帯として独立を保った。

3. 妥当である。

4. ドイモイ政策は1980年代後半からベトナムで進められた市場経済の導入と対外経済開放を優先して行う大胆な経済改革で，ベトナムの経済を著しく発展させた。それ以外の記述は正しい。

5. 前半は正しいが，ミャンマー西部ラカイン州のイスラム教徒はロヒンギャである。モロはフィリピンのミンダナオ島のイスラム教徒である。

## 【日本史】

1. 妥当である。

2. 前半は正しい。しかし，盧溝橋事件の直後に第2次国共合作がなり，抗日民族統一戦線が結成された。日本軍は首都南京を陥落させたが，国民政府は重慶に遷都し，米英仏の援助を受けて抗戦したため，短期決戦を狙った日本の思惑は外れ，戦争は長期化し，広い国土に対し，日本軍は点と線の占領しかできなかった。和平工作も失敗し，近衛内閣は，「国民政府を対手とせず」という声明を出して，和平への道を閉ざした。

3. 前半は正しい。しかし，張鼓峰事件とノモンハン事件のいずれも日本軍が敗退し，特にノモンハン事件では，ソ連軍の機械化部隊に完敗して壊滅的打撃を受けた。この敗北により，対ソ戦に見込みがないことが判明し，日本は南方への進出にかじを切った。

4. 日中戦争勃発時の内閣は第1次近衛内閣で，東条内閣は太平洋戦争開始時の内閣である。また，国家総動員法は，すべての人的・物的資源を，議会の承認なしに無条件で動員できる権限を，政府に与える法律である。

5. 前半は正しい。援蔣ルートは英米が中国の蔣介石を支援するために軍需物資を輸送したルート，北部仏印とはフランス領インドシナ北部のことである。日本の南進はアメリカを刺激したが，米英は宣戦布告をしていない。日本が日米開戦を避けるための日米交渉を行いながら，さらに南部仏印に進駐すると，アメリカはイギリス・オランダとともに石油などの対日輸出を禁止し，米・英・蘭・中の諸国が共同で経済封鎖体制をとった（ABCD包囲陣）。そして日米交渉も決裂したために，日本海軍が真珠湾を奇襲攻撃して，太平洋戦争が勃発した。

1. 財閥解体については正しいが，農地改革の内容が第一次農地改革のものとなっている。GHQは第一次農地改革の内容を不十分として不満を表明したため，在村地主の小作地を1町歩に制限し，それ以外は政府が強制的に買い上げて小作人たちに廉価で売却する第二次農地改革が行われた。その結果，日本の寄生地主制は消滅し，農民の所得が増えて購買力を持つようになり，後の高度経済成長の要因の一つともなった。

2. 傾斜生産方式でスタートしたことは正しいが，重点を置いた産業は，石炭・鉄鋼・電力・肥料などの生産財部門の基幹産業であり，膨大な財政投融資を行ったため，インフレは一層進行した。

3. 妥当である。

4. 「赤字国債の発行によって歳入不足を補い」という部分が誤り。当時デトロイト銀行頭取だったドッジは，GHQの経済顧問として来日した。彼がとった一連の施策，いわゆるドッジ=ラインは赤字を許さない超緊縮・超デフレ予算を組む緊縮政策で，それによってようやく戦後インフレが収束した。

5. 朝鮮戦争勃発時の日本は，まだアメリカ軍の占領下にあり，大量の軍需品が日本に発注された。その結果，日本経済は特需景気に沸き，鉱工業生産は戦前の水準に回復した。

## 【世界史】

1. 王国は分裂した後，北のイスラエル王国は，アッシリアに征服され（前722年），南のユダ王国は新バビロニアに滅ぼされた。

2．パレスチナへ移住するユダヤ人たちは，ユダヤ系資本家からの資金援助でパレスチナの土地を購入し，「ユダヤ人のための郷土」の建設を進め，元から住んでいたアラブ人との間に対立が生まれた。

3．誤り。アラブ人にはフセイン（フサイン）=マクマホン協定，ユダヤ人にはバルフォア宣言でそれぞれの独立を約束した。さらに，英・仏・露によるサイクス=ピコ協定で，パレスチナの国際管理を定めた。

4．ホロコーストとはナチスによるユダヤ人大量虐殺のことである。第4次中東戦争の際，石油輸出国機構（OPEC）が石油戦略を発動し，第1次石油危機が引き起こされた。

5．パレスチナ暫定自治協定（オスロ合意）は，ノルウェーの仲介で秘密交渉が行われ，イスラエルのラビン首相とPLO（パレスチナ解放機構）のアラファト議長がクリントン米大統領の仲介で調印して成立し，ラビンとアラファトはノーベル平和賞を受賞した。しかしラビンが暗殺されると，双方とも武力対立路線に立ち戻ることとなった。

### No. 18 東西体制史　　　　正答　5

1．マーシャル=プランに対抗して，東側が共産党相互の情報連絡機関として発足させたのはコミンフォルム（共産党情報局）である。コミンテルンは，1919年に，革命干渉戦争の危機を打開しようと，ロシア共産党が各国の共産党などと結成した組織である。また，COMECON（経済相互援助会議）はマーシャル=プランに対抗して東側諸国が経済面で結束したもので，NATO（北大西洋条約機構）に対抗して結成された東側の集団防衛体制は，WTO（ワルシャワ条約機構）である。

2．前半は正しいが，2つの戦争の結果についての記述が誤り。どちらの戦争もアメリカの敗北で終わってはいない。朝鮮戦争では南北朝鮮の間で休戦協定が成立したが，両国の分断が固定化された。第1次インドシナ戦争は，独立を宣言したベトナムとそれを認めない旧宗主国フランスの対立で，フランスの敗北で終結したが，1954年のジュネーヴ休戦協定において，ベトナムを南北に分けて休戦した。2年後に統一選挙を行うことを約束したが，選挙は実施されず，フランスに代わってアメリカが進出し，第2次インドシナ戦争（ベトナム戦争）が起こった。ベトナム戦争は1973年の米軍の撤退により終結した。

3．1953年に死去したのはスターリンで，フルシチ

ョフはスターリン批判を行った。また，キャンプ=デーヴィット会談を行った相手はアイゼンハワー大統領である。十四か条の平和原則は，第一次世界大戦時にウィルソン米大統領が発表した講和のための原則であり，アジア=アフリカ会議が決議したのは平和十原則である。

4．キューバ危機ではケネディ大統領が海上封鎖を行ったが，ソ連のフルシチョフ首相が核ミサイルを撤去して危機は回避され，武力衝突は起きていない。また，ソ連が西ドイツから西ベルリンへの交通を遮断したのは1948年のベルリン封鎖で，61年のベルリン危機は東ドイツによるベルリンの壁の構築のことである。後半は正しい。

5．妥当である。

### 【数学】
### No. 19 二次関数　　　　正答　2

$C_1$は，
$$y = -2x^2 - 4x + 2020$$
$$= -2(x^2 + 2x) + 2020$$
$$= -2(x+1)^2 + 2022$$

と変形できる。すなわち，$C_1$の軸は$x=-1$，頂点は$(-1, 2022)$である。一方，$C_2$の軸は$x=0$である。

このとき，$x=0$に関して$x=-1$と対称な位置にある軸は$x=1$である。したがって，$C_1$を$x$軸方向に2だけ平行移動すれば，式は，
$$y = -2(x-1)^2 + 2022$$
となり，放物線が軸に関して線対称であることから，移動後の$C_1$の頂点が再び$C_2$の上に来ることがわかる。実際，移動後の$C_1$の頂点は$(1, 2022)$となるが，この点は確かに$C_2$上の点である。

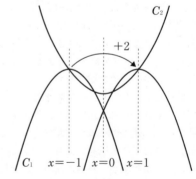

よって，正答は2である。

## 【物理】

### No. 20 放射線 　　　　　　正答 1

　α線はエネルギーの大きなヘリウムの原子核で，磁場の中では正電荷を持つ粒子のように進路が曲げられる。電離作用は最も大きいが，透過力は最も弱く，紙を通過することもできない。β線はエネルギーの大きな電子で，磁場の中で負電荷を持つ粒子のように進路が曲げられる。β線は紙を通過するが，木板は通過できない。γ線は波長の短い電磁波で，電荷を持たないため磁場の中を直進する。電離作用は最も弱いが，透過力は最も大きく，紙も木板も通過する。ただし，鉛板は通過できない。

　以上より，電離作用が大きい順に並べると α 線 ＞β 線＞γ 線となり（ア），物質に対する透過力が強い順に並べると γ 線＞β 線＞α 線となる（イ）。そして，電荷を持つ α 線と β 線は，磁場の中を運動するとローレンツ力を受けて運動する向きを曲げられるが（ウ），電荷を持たない γ 線は磁場からローレンツ力を受けないので直進する（エ）。

　よって，正答は1である。

## 【化学】

### No. 21 アンモニア 　　　　　　正答 1

　アンモニアは，空気より軽く，水に非常によく溶けるので，上方置換で捕集する（ア）。刺激臭を持つ無色の気体で（イ），その水溶液は弱い塩基性を示す（ウ）。中学校で行うアンモニアを使った噴水の実験は，アンモニアが水に非常によく溶ける性質と，アンモニア水がフェノールフタレイン溶液と反応して赤く色がつく性質とを利用している。アンモニアの工業的製法はハーバー・ボッシュ法と呼ばれる（エ）。オストワルト法は硝酸の工業的製法である。窒素 $N_2$ と水素 $H_2$ とを $1.5 \times 10^3$ mol ずつ用意すると，水素はすべて消費されるが，窒素は水素の3分の1しか消費されない。したがって，$0.5 \times 10^3$ mol の窒素と $1.5 \times 10^3$ mol の水素とが反応して，反応する窒素の2倍の物質量である $1.0 \times 10^3$ mol のアンモニアが生成する（オ）。

　よって，正答は1である。

### No. 22 金属の性質 　　　　　　正答 1

1．妥当である。
2．ジュラルミンは，アルミニウム Al，銅 Cu，マグネシウム Mg，マンガン Mn の合金で，主成分はアルミニウムである。軽さと丈夫さが要求される用途に適している。

3．銅は硝酸や熱濃硫酸には溶けるが，その際，水素 $H_2$ は発生せず，一酸化窒素 NO，二酸化窒素 $NO_2$，二酸化硫黄 $SO_2$ などが発生する。それ以外の記述は正しい。
4．水銀 Hg のイオン化傾向は水素よりも小さいので，塩酸や希硫酸には溶けない。しかし，酸化力のある硝酸や熱濃硫酸には溶ける。水銀は，種々の金属を溶かして合金を作り，これをアマルガムという。水銀の蒸気に関する記述は正しい。
5．石灰岩や大理石の主成分は炭酸カルシウム $CaCO_3$ であり，塩酸と反応して二酸化炭素 $CO_2$ を発生する。酸化カルシウム CaO は生石灰とも呼ばれ，水と反応して多量の熱を発生する。

## 【生物】

### No. 23 ヒトの脳 　　　　　　正答 2

1．大脳皮質には感覚，随意運動，精神活動などの中枢があり，脳の高次機能をつかさどる。深部は白質で大脳髄質といわれ，各部を連絡する有髄神経線維でできている。心臓拍動の中枢は，延髄にある。
2．妥当である。辺縁皮質は主に旧皮質と古皮質からなる。
3．自律神経の中枢は，間脳の視床ではなく視床下部にあり，体温，摂食，血圧，睡眠などを調節する。
4．中脳には，眼球の運動，瞳孔の調節，姿勢の保持などの中枢がある。排尿や排便の中枢は脊髄にある。間脳，中脳，脳の両半球を接合する橋，延髄を合わせて脳幹という。
5．小脳には，筋肉の緊張を保持し，からだの平衡を保つ中枢がある。眼球の運動や，瞳孔の大きさを調節する中枢は，4の解説のとおり，中脳にある。延髄に関する記述は正しい。

### No. 24 呼吸 　　　　　　正答 3

1．グルコースは無機物ではなく有機物。また，還元ではなく酸化である。呼吸の反応の段階に関する記述は正しい。
2．ATP は，塩基の一種であるアデニンと，糖の一種であるリボースが結合したアデノシンに，3つのリン酸が結合した化合物である。
3．妥当である。
4．ミトコンドリア内膜ではなくミトコンドリアのマトリックスである。
5．電子伝達系では，グルコース1分子当たり最大

で34分子の ATP が合成される。

## 【地学】
### No. 25 地震　　正答 3

東北地方太平洋沖地震は，日本海溝付近のプレート境界で発生したが，ここでは，太平洋プレートが北米プレートの下に潜り込んでいる（ア，イ）。

破壊した断層に圧縮力が加わっている場合は，逆断層型になる（ウ）。

津波が発生する条件として，地震規模が大きいこと，震源域が浅いことが挙げられる（エ）。

一般に津波は水深が浅くなると，速度は遅くなる（オ）。ただし，この運動エネルギーが減少したぶんだけ波高は大きくなる。なお，遅いといっても，時速数十km 程度はあるため，人間の足で逃げられる速さではない。あくまで外洋を時速数百 km 以上で伝播する場合と比べたときの表現である。

よって，正答は 3 である。

## 【文章理解（英文）】
### No. 26 要旨把握　　正答 1

全訳〈出版物で世論について読むとき（あれこれとたくさん読むものだが），特に印刷業者が大文字を使っていたりすると，このかなり宣伝された世論というものが単純にあなたや私やほかの人々の意見なのだと認識するということはいささか難しい。さて，どんな人でもわれわれすべての意見を把握するなんてことはできないので，半ダースくらいのサンプルで満足することが必要になる。しかし，その人はどこからそのサンプルを手に入れるのか。自分の所属するクラブからかもしれないが，おそらく自分と同じ政治的意見の人だけに限られるだろう。おおかた自分と同じ階級からということは確かである。この場合の世論は，その人個人の考えにほかならない。たとえ彼が外部の人間——昼食のとき彼に給仕するウェイター，タバコ屋，街頭の警察官——の意見をとり入れたとしても，それは特に彼個人のために用意されたものかもしれないし，機転や退屈しのぎ，ユーモアから得られたものであるかもしれない。たとえば，仮にその過程を逆にして，タバコ屋がストライキについてどう思うかと私に尋ねたなら，私はブツブツ不平を言って店を出るだろう。しかし，結果的に，「気難しく耐え難い態度」を国のせいにしたら，そのタバコ屋は誤っていることになるのだ〉
1．妥当である。
2．本文のテーマは出版物の影響力ではなく，世論

3．出版社の人間の社会的階級については述べられていない。
4．出版物に掲載されている世論なるものが「あなたや私やほかの人々の意見なのだと認識すること」は「難しい」と述べている。
5．人々が批判的見解を持っていることについては述べられていない。

### No. 27 要旨把握　　正答 2

全訳〈アメリカでは，その圧力はよりさりげないもので，政府の拡大はそれほど目立たなかったが，それにもかかわらず，アメリカの過去の基準から見れば大きなものだった。それは1930年代のフランクリン・デラノ・ローズベルト大統領が行った「ニューディール」による政府介入の例に刺激された民主党によって進められた。その後，1960年代には公民権運動と社会的に対をなすものとして新たに弾みがつき，その下でジョン・ケネディとリンドン・ジョンソンが導く連邦政府は，アメリカの黒人のために平等な市民権を与えることや，分離政策を終わらせることに抵抗する州政府を抑えようとした。ジョンソン大統領の「偉大な社会」計画は，黒人であれ白人であれ，貧しいアメリカ人に福祉を保障しようとした。これは一つには現実の問題を解決しようとしたものだった。つまり，黒人のための政治的配慮が法的権利を与えることに終わってしまうのではなく，生活水準にまで拡大することを示すことでもあり，また社会福祉に関する政府の配慮が人種差別をしないものであること，つまり，政府が貧しい黒人ばかりでなく貧しい白人についても同じように気を配っていることを示すものでもあった。動機がどうであれ，その結果は明らかだった。連邦政府にさらに多くの財政支出の権限が移り，そのため，もっと多くの増税の権限が移るようになった〉
1．「ニューディール」を進めたのは共和党でなく民主党である。また，要旨としてはジョンソン大統領の「偉大な社会」計画とそれに伴う財政支出についても触れる必要がある。
2．妥当である。
3．「偉大な社会」計画が女性解放運動にも影響を与えたとは述べられていない。1 同様，要旨としては，「ニューディール」や財政支出についても触れる必要がある。
4．ケネディ大統領が福祉政策と失業者対策に取り組んだことまでは記述されていない。

5．ジョンソン大統領が金融引締め政策に取り組んだことは述べられていない。

## No. 28　要旨把握　　　正答　1

出典：*My Humorous Japan*

全訳〈私は，その問題の一つには日本人が何ごとも完璧にやろうとするということがあると思う。「英語を完璧に話せないなら，絶対話したくない」というのは，たとえ間違った考えだとしても，よくあることであろう。そのような完璧主義者についてお話ししたい。彼をヒロと呼ぶことにしよう。彼はカリフォルニアの資産家の家族のもとで3週間ホームステイをするために飛行機で現地に向かっていた。彼は空港で完璧な言葉であいさつしたいと思っていた。そこで『Greetings（あいさつ）』というタイトルの本に書かれていることを一言一句正確に暗記していた。ついに晴れの瞬間がやってきて，空港で，裕福な銀行家のホストが彼の前に立っていた。彼は手を差し出してこう言った。「場合によって，ご主人か奥様にお目にかかれて大変うれしいです」。その銀行家は驚いた様子であった。日本人の客が，自分のことを男か女かわかっていないように思えたからである。実はヒロは本にあるすべての言葉を実際に自分で意味を考えずに覚えただけだったのである。当然「ご主人か奥様」という指示は言わないものである。

私は日本人の学生たちが「英語が話せない」というのを非常によく聞いてきた。本当は，彼らにはわかってないかもしれないが，それは事実ではない。彼らは，こういうべきなのだ。「英語を読めるし，書くこともできる。でも，英語を話す努力をしたことはない」と。そしてそれは思っているより易しいことなのである。学生たちはイギリスかアメリカに1か月でもいると，まったく楽に英語を話していて，自分でも驚くと話してくれる。

日本人にとって習得が最も難しい構文の一つは，否定疑問に答えることである。たとえば，「You do play golf, don't you（あなたはゴルフをなさいますよね）?」，「You don't play golf, do you（あなたはゴルフをなさらないんですよね）?」という2つの質問に答えるとき，日本人はしばしば肯定と否定をごちゃまぜに答えてしまう。「Yes, I don't.（はい，しません）」という奇妙な答えをしてしまうかもしれないが，それはなんの意味も表さず，おかしい。どちらの質問に対しても「Yes, I do.（はい／いいえ，します）」もしくは「No, I don't.（いいえ／はい，しません）」と答えねばならない。さて，私はこの話

をこう問いかけて終えよう。「You do love English, don't you（あなたは英語が好きですよね）?」〉

1．妥当である。
2．内容としては正しいが，要旨としては，日本人にとって英語習得が困難な理由について触れる必要がある。
3．これは筆者の学生たちについて述べられたことであり，ヒロがホームステイを終えた後のことについての記述はない。
4．学生たちは英語を話す努力をしたことがないとは述べられているが，「話す能力がほとんどない」とか，「引っ込み思案」であるとは明確には述べられていない。
5．「日米の文化の差異」については述べられていない。

## No. 29　要旨把握　　　正答　4

出典：Dorothy Law Nolte and Rachel Harris, *Teenagers Learn What They Live*

全訳〈ティーンエイジ（13〜19歳）は，探検と試行に向いた時期である。身近にいるティーンエイジャーたちは，さまざまな役割を担ったり，いろいろな活動を引き受けたりしていることだろう。その過程において，彼らはいやおうなく成功と失敗の両方を経験することになる。身近なティーンたちがどんな理由であれ失敗を経験するとき，私たちは彼らに，自分のことをあきらめてほしくないと思う。私たちは，彼らが自身のまだ損なわれていない未来へ向けて希望を持ち，自分が何者になりうるのか，また人生において何をなすことができるのかについての現実的な楽観主義を持って，その場を切り抜けてほしいと思う。

ティーンエイジャーは，あまりに多くの物事に失敗してばかりいると，やる気をなくして自分自身を信用できなくなってしまうかもしれない。そして，成功するために必要なものを自分は持っていないのだと考えるかもしれない。このように感じるティーンエイジャーは，自分があたかも生まれつきの欠陥人間であって，自分には何か必要不可欠な資質が欠けており，何をやろうが失敗する運命にあるのだという感情を抱えながら成長する危険性がある。

失敗しそうだという予感がいったん入り込むと，ティーンエイジャーは自信を失って挑戦をやめてしまうかもしれない。そして，これ以上挑戦して失敗し続けるのはとても耐えがたいことのように思えて，自分のことをあきらめてしまうこともあるだろう。

もちろんティーンたちが実際にそのような言葉で表現することはないだろうが，自分を失敗から守る唯一の方法は，挑戦をやめることだという結論に彼らは達したのだ。

このような否定的で自己充足的な予言が表面化し始めたら，それにきちんと気づいて，ティーンたちが他に代わりとなる人生への対処法を見つけられるよう助けてやるのは，親としての務めである。私たちは彼らがあきらめたくなったときに，彼らを助けて自分の失望感に真正面から向き合わせ，彼らを励まして辛抱させたり，または新たなよりよい方向を見つけさせたいと思う。

これを行うには，私たちは彼らの日常生活での浮き沈みに相当程度かかわりを持つ必要がある。思春期にありがちな失望や敗北感が積み重なって，子どもたちが失敗の感覚に圧倒され始める時期を知るためには，そうするしかないのだ。子どもによって，フラストレーションを許容できるレベルはさまざまであるから，自分の子どもが助けや励ましが必要な時期を知り，そうしたものを与えて寄り添うことが大事なのである〉

1．「最近の若者」とひとくくりにして否定的に評価するような記述はない。また，大人が積極的にかかわる必要性は述べられているが，「努力し続けることの大切さを教えるべき」とは述べられていない。

2．前半部分については正しいといえるが，大人が「なるべく欠点を指摘せず，長所を見つけて褒めてやるようにすべき」といった内容は述べられていない。

3．逆に，彼らの日常生活での浮き沈みを敏感に察知し，積極的にかかわることの必要性が述べられている。

4．妥当である。

5．「若者を非行へと走らせる原因になる」「犯罪の抑止にもつながる」といった内容は述べられていない。

**No. 30　内容把握**　　　　**正答　4**

出典：鳥飼慎一郎監修『英文スピードリーディング初級編』。

全訳〈多くの人にとって，健康的な食事をとることには，わからないことが多いものである。人々は健康になろうとして，おかしなことをすることもある。多くの人がしている不必要なことに栄養補助食品の摂取がある。栄養補助食品のマイナス面をいく

つかみてみよう。

初めに言うと，私はパーソナルトレーナーとしての資格を持っており，栄養について何年も研究している。自社製品に対して偽りの効能をうたっている会社があることに信じられない思いでいる。ある会社のセールスマンが自社の栄養補助食品がありもしない病気を治すとかつて宣伝していたのを覚えている。人々を怖がらせ必要のない製品を買わせることは，私に言わせれば犯罪行為である。

実際には，もしあなたがいろいろな食物を食べることができる国に住んでいて，通常の健康的な人であれば，栄養補助食品を摂取する必要はまったくない。良い評価を受けている栄養士であれば誰でも，それは，必要なすべてのミネラル成分をサプリメントのみでとることは不可能だからだ，というだろう。その一方で，サプリメントを売ろうとしている栄養士なら，あなたにはサプリメントが必要だと言うだろう。まったく，驚くようなことではないのだ。

ここに栄養補助食品会社が半分しか本当のことを言っていない典型的な例がある。ある会社は彼らのビタミン補助食品をとることで，エネルギー補給は改善されるという。これはうそである。ビタミンはカロリーを含まないので，身体にエネルギーを補給することはありえない。事実，ビタミンというものは，身体が適切に機能するために必要な栄養素を供給するだけである。身体のビタミンの不足は身体の不調をもたらす。正しい量のビタミンは身体を適切に動かす。しかし，余分にビタミンを摂取しても，適量のビタミンを摂取したときに比べて，身体の調子が良くなるということはない。実際，ビタミンAやDといった，いくつかの種類のビタミンを余分に摂取すると，それが脂肪細胞内に余分に蓄積するため，毒となり，身体に害をもたらす可能性があるのである〉

1．栄養補助食品の摂取は必要ないという指摘はあるが，「多くの人が摂取をやめている」という記述はない。

2．ありもしない病気に自社の栄養補助食品が効くと宣伝したのは「ある会社セールスマン」であり，筆者ではない。また，「後悔した」という記述もない。

3．「良い評価を受けている栄養士」なら「必要なすべてのミネラル成分をサプリメントのみでとることは不可能」と言うだろうとあり，栄養補助食品の必要性を説くのはそれを「売ろうとしている栄養士」である。

4．妥当である。

5．ビタミン補助食品の規制に関連する記述はない。

## 【文章理解（現代文）】

### No. 31　要旨把握　　　　　　　正答　4

出典：鈴木道彦『プルーストを読む』。

　各人は読書によって自らの精神生活への「うながし」を受けることしかできないというプルーストの見解を明らかにした文章。

　第1文の「読書」についての規定と，過大評価を戒めているという点を押さえ，本文全体で繰り返されていることをとらえて解く。

1．要旨としては，「うながし」を受けることだけではなく，自らその先へと進まなければいけないという点を入れる必要がある。また，「感動することがなければ」という部分も誤り。ディレッタント（芸術愛好家，好事家）のスワンも「感動して聴いた」とあり，感動は重要な要件ではない。

2．「芸術の独身者」についてのみ述べたものであり，読書の「うながし」に触れておらず，要旨として不足している。

3．「真の芸術活動」について論じたものではなく，優れた文学作品を読むことの効用について述べたものでもない。

4．妥当である。

5．読書は「うながし」にすぎず，テクスト全体の意味連関を読み取っても，自分自身の精神生活は作られないのであり，要点がとらえられていない。

### No. 32　要旨把握　　　　　　　正答　1

出典：松岡正剛『フラジャイル』。

　生物の複雑性の起源について論じた文章。

　第1文に「生命の誕生の謎とともにはじまっている」とあり，初期においてすでに複雑性が存在したという見方を示している。やや難解な文章だが，第7段落の「生物の複雑性は情報をくみあわせているうちに生じたものではないだろう」「きっと複雑さはその乗り物にあわせて生まれてきたはず」などの見解に注目し，筆者がDNAやRNA自体を「複雑な編集本部」と見ている点と考え合わせて，要旨をとらえたい。

1．妥当である。筆者は，「生物の複雑性は情報をくみあわせているうちに生じたものではないだろう」と述べ，複雑性は初期より存在したと想定しており，生物史における情報編集が単純なものから複雑なものへと向かうとする見方に異を唱えて

いるのである。

2．情報は生物が生まれる前から地球外にあったとしているが，要旨としては複雑性に触れる必要がある。

3．パンスペルミア説は，"原情報の種"が地球の外からやってきたとする説であり，この説自体は，生物的複雑性の起源を説明するものではない。

4．筆者は，「複雑さはそれを乗せる乗り物に合わせて生じた」と述べており，構造が徐々に複雑化していったのではない。

5．筆者は，DNAやRNA自体が，情報を編集していると考えており，単に情報が書き込まれた設計書とは見ていない。

### No. 33　空欄補充　　　　　　　正答　2

出典：竹沢尚一郎『社会とは何か』。

　「社会」についての認識の成立と発展を取り上げ，社会システム論に異議を唱える文章。

　「社会」という語の成立によって人々が能動的に働きかけることができるようになったことを重視し，社会を，人々が他者とともによりよく生きるための方途を考え働きかける空間としてとらえている。第4～5段落から「閉じた均質的なシステム」との対立点を考え，第3段落の内容と重ね合わせると，筆者の見方が明らかになる。

A：第3段落冒頭に，「社会とは，近代の人びとが作り出した認識の一形式」とあり，また空欄Aを作り出すことで人間が「能動的に働きかけることができるようになった」が，第5段落でも社会は「人間集団による働きかけを可能にするために作り出された」と述べられているため，「社会」が入る。「国家」という話の形成についてはなんら言及がないため不適切。

B：第3段落の最後の文で「国家の側からも，民衆の側からも，積極的な働きかけがおこなわれるようになった」とあることから，「個人と国家」が一番適している。「個人と個人」も文脈から誤りではない。人びとの相互行為に焦点が当てられているため，「国家と国家」は不適切。

C：筆者が第3段落で社会を多様な個人や集団のコミュニケーションが行われる空間ととらえているのに対し，十九世紀末になると「違った意味でとらえられるようになる」と述べているため，そうした空間とは反対の「閉じた均質的な」が入る。そうした均質的なシステムだから各部分が機能的に連関し合うとされている。

よって，正答は2である。

**【判断推理】**

## No. 34 命題　　　　　　　正答　4

ア～ウの結果を論理式で表すと，次のようになる。

ア：「野球 → $\overline{(サッカー \wedge テニス)}$」

イ：「卓球 → $(サッカー \vee テニス)$」

ウ：「$\overline{卓球}$ → バスケットボール」

このア～ウについて，それぞれの対偶を考えると，

エ：「$\overline{(サッカー \vee テニス)}$ → $\overline{野球}$」

オ：「$(サッカー \wedge テニス)$ → $\overline{卓球}$」

カ：「$\overline{バスケットボール}$ → 卓球」

となる（エ，オに関してはド・モルガンの法則）。ここから，各選択肢を検討していく。

1．ア，オ，ウより，「野球 → $\overline{(サッカー \wedge テニス)}$ → $\overline{卓球}$ → バスケットボール」である。

2．オの「$(サッカー \wedge テニス)$」の部分は分割することができないので，確実とはいえない。

3．アの逆であるが，ある命題が真であっても，その命題の逆が真であるか否かは不明である。

4．正しい。カ，イ，エより，「バスケットボール → $\overline{卓球}$ → $\overline{(サッカー \vee テニス)}$ → $\overline{野球}$」となるので，「バスケットボールが好きな者は，野球が好きでない」は，確実に推論することができる。

5．2と同様で，オの「$(サッカー \wedge テニス)$」の部分は分割することができないので，確実とはいえない。

以上より，正答は4である。

## No. 35 対応関係　　　　　　　正答　3

まず，ア～オの条件を表にまとめてみる（表Ⅰ）。

表Ⅰ

|  | 法学部 | 経済学部 | 理工学部 | 会長 | 副会長 | 会計 |
|---|---|---|---|---|---|---|
| A | × |  |  |  |  | × |
| B |  | × |  |  | × |  |
| C |  |  | × | × |  |  |
|  | 会長× | 副会長× |  | 法× | 経済× |  |

ここで，A，B，Cの学部および役職について，その可能性を考えてみる。

Aについては，

（1）A＝経済学部，会長

（2）A＝理工学部，会長

（3）A＝理工学部，副会長

Bについては，

（4）B＝法学部，会計

（5）B＝理工学部，会長

（6）B＝理工学部，会計

Cについては，

（7）C＝法学部，副会長

（8）C＝法学部，会計

（9）C＝経済学部，会計

という組合せの可能性がある。しかし，（1）～（3）より，Aは少なくとも理工学部または会長の一方に該当することになる（理工学部でもなくかつ会長でもない，ということはない）。そうすると，Bについて，（5）B＝理工学部，会長，という組合せはないことになり，Bは会計である。これにより，Cが会計である可能性はなくなり，（8），（9）は不適なので，（7）C＝法学部，副会長，と決まる。ここから，（6）B＝理工学部，会計，（1）A＝経済学部，会長，となり，すべてが決定する（表Ⅱ）。この表Ⅱより，正答は3である。

表Ⅱ

|  | 法学部 | 経済学部 | 理工学部 | 会長 | 副会長 | 会計 |
|---|---|---|---|---|---|---|
| A | × | ○ | × | ○ | × | × |
| B | × | × | ○ | × | × | ○ |
| C | ○ | × | × | × | ○ | × |
|  | 会長× | 副会長× |  | 法× | 経済× |  |

## No. 36 順序関係　　　　　　　正答　2

順位の変動を考える場合，1人を追い抜けば順位が1つ上がり，1人に追い抜かれれば順位が1つ下がるという法則に従えばよい。ただし，追い抜くまたは追い抜かれるという段階で何位にいるのかがわかっていなければ，何位になったのかを判断することができない。つまり，折り返し点を過ぎる前に3人に追い抜かれ4人を追い抜き，さらに1人を追い抜いたとしても，3人に追い抜かれる前に何位だったのかがわからないので，この段階では判断できない。

ところが，Aは折り返すまでの間に11人とすれ違っているので，Aより前に折り返した者が11人いることになる。折り返しのある場合には，自分が折り返す前にすれ違うのは自分より順位が上の者，折り返した後にすれ違うのは自分より順位が下の者だからである。Aの前に11人が折り返したのだから，Aは12位で折り返したことになる。これで，この時点でのAの順位が判明する。その後は2人を追い抜いて3人に追い抜かれ，最後に2人を追い抜いたのだから，順位は1つだけ上がったことになる。つまり，Aがゴールしたときの順位は11位である。

よって，正答は**2**である。

**No. 37** 位置・順序関係　　　　**正答　5**

　まず，条件イからC，D，F，Hの座席配置を考えると図Ⅰのようになる。次に，条件ウの最初に到着した者と最後に到着した者，およびAの席を考えてみる。最後に到着した者はAの席の正面なのでFではない（C，D，Hも最後ではない）。また，最初に到着した者の席の左隣が最後に到着した者の席だから，最初に到着したのはCでもDでもない（F，HはC，Dより後なので最初ではない）。ここから，最初に到着した者の席として可能性があるのはHの左隣（図Ⅱ），およびFの左隣（図Ⅲ）の2通りである。

図Ⅰ

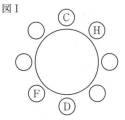

図Ⅱ　　　　　　　図Ⅲ

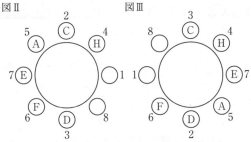

　最初に到着した者の席により，最後に到着した者の席およびA（5番目）の席が決まり，最後に残るのがE（7番目）の席となる。このとき，図ⅡではCが2番目，図ⅢではDが2番目に到着したことになる。図Ⅱにおいて，3番目，4番目，6番目の順を考えると，HはDより後でFより前に到着しているから，Dが3番目，Hが4番目，Fが6番目である。図Ⅲの場合は，Hが4番目，Fが6番目というのは図Ⅱと同様だが，Cが3番目となる。図Ⅱ，図Ⅲとも判明するのはここまでで，BとGのどちらが最初でどちらが最後かは決定できない。この図Ⅱ，図Ⅲより，確実にいえるのは「Fは6番目に到着した」だけである。

　よって，正答は**5**である。

**No. 38** 数量条件からの推理　　　　**正答　2**

　当選確実となる最少得票は，最も激戦となる場合を考えればよい。つまり，定員3人の場合，4人が同数で並ぶと，当選は決定しない。100÷4＝25より，4人が25票ずつ獲得すると，当選は決定できない。しかし，26票獲得すれば，ほかに3人が26票以上となることはないので，当選確実となる。したがって，30票獲得しているBの当選は決定している。そうすると，現在までの5人の合計が79票なので，残りの21票に関して，A，D，Eの3人で争うことを考えればよい。Aが4票，Dが7票獲得して，3人が17票で並んだとすると，残りは10票である。10÷3＝3.33…より，3票だとA，D，Eの得票が同数となってしまい，Aの当選は決定しない可能性がある。しかし，4票獲得すれば，D，Eの2人がAと同数となることはなく，Aの当選は決定する。したがって，残り21票のうち，4＋4＝8より，8票獲得すればよい。

　よって，正答は**2**である。

**No. 39** 操作の手順　　　　**正答　4**

　16個の品物の重さがすべて異なるので，1度に2個以上の品物を天びんの片側に載せて計量することはできない。つまり，1回ずつ2個の品物の重さを比べていかなければならないことになり，いわゆるトーナメント戦と同じ要領になる（天びんを1回使用するごとに，最も重い品物の候補が1個ずつ減っていく）。したがって，下のようなトーナメント表によって計量すると，最も重い品物1個を選び出すのに15回かかる。

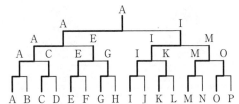

　次に，上のトーナメント表のような結果で，1番重い品物がAであったときに，2番目に重い品物が直ちにIであると決定することはできない。この場合，Aと直接重さを比べたB，C，E，Iについては，その中でいずれが最も重い品物か決まらないからである。これ以外の，たとえばDはCより，F，G，HはEより軽いことは決定している。そこで，2番目に重い品物を選び出すためには，B，C，E，Iについて再びトーナメント方式で重さを比べなければならず，これに3回必要である。以上から，最も重い品物と2番目に重い品物を選び出すために，天びんの使用回数は最少で18回必要になる。

地方上級 教養試験 正答と解説

よって，正答は**4**である。

なお，トーナメント表の形式は一様ではないが，この表のように偏りが最も少ない形式にすることにより，2番目に重い品物を決定する手順を少なくすることができる。

## No. 40　平面構成　　　正答　3

図1において，面積1の正三角形は最上段に1個，上から2段目までに4(=2² 面積4)個，上から3段目までに9(=3² 面積9)個，上から4段目までに16(=4² 面積16)個……，のように並んでいる。そして，図2における太線の正三角形の面積は，

1番目＝2段目までの面積から，面積1の三角形3
　　　　個分を除く，
2番目＝3段目までの面積から，面積2の三角形
　　　　(面積1の正三角形と比較すると，底辺が
　　　　等しく，高さは2倍)3個分を除く，
3番目＝4段目までの面積から，面積3の三角形3
　　　　個分を除く，
4番目＝5段目までの面積から，面積4の三角形3
　　　　個分を除く，

というようになっている。つまり，$n$番目に当たる太線の正三角形の面積は，$(n+1)^2-3n$，となる。したがって，$(n+1)^2-3n=91$，$n^2+2n+1-3n=91$，$n^2-n-90=0$，$(n-10)(n+9)=0$，$n=10$，$-9$，$n>0$，より，$n=10$となる。

よって，正答は**3**である。

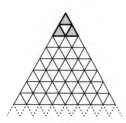
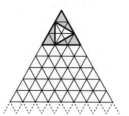
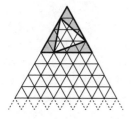

## No. 41　軌跡　　　正答　4

円P，および円Qの中心が移動する距離を考える。円Oの半径は8，円P，Qの半径は2だから，円Pの中心は半径8+2=10の円周上を，円Qの中心は半径8-2=6の円周上を回転して1周する。円Pが1周する間に移動する距離は，$10×2×\pi=20\pi$，円Qが1周する間に移動する距離は，$6×2×\pi=12\pi$である。円P，円Qの円周は，$2×2×\pi=4\pi$だから，円Pが$20\pi$の距離を移動する間に，$20\pi÷4\pi=5$より，5回転する。円Qが$12\pi$の距離を移動する間に，$12\pi÷4\pi=3$より，3回転するので，回転数の比は，P：Q=5：3である。

よって，正答は**4**である。

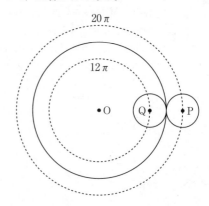

## No. 42　立体の切断　　　正答　4

点Pを通って平面ADEと平行な平面で切断すると，切断面の図形は六角形PQRSTUとなる。ここで，PQ∥DE∥BCより，△APQは正三角形で，PQ＝APである。また，QR∥ADより，△CQRも正三角形で，QR＝CQである。したがって，PQ＋QR＝AC＝16となる。同様に，RS＋ST＝DS＋SF＝DF＝16，TU＋UP＝EU＋UB＝BE＝16である。したがって，切断面の図形である六角形PQRSTUの周囲の長さは，16×3=48であり，正答は**4**である。

この場合，隣り合う2辺の長さの和は16となり(QR＋RS＝CD＝16)，PQ＝RS＝TU，QR＝ST＝UPである。また，点Pが辺ABの中点であるとき，六角形PQRSTUは正六角形である。

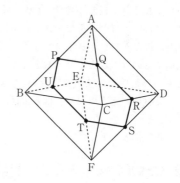

## No. 43 立体の切断　　　　　正答　5

　正六面体の各辺の中点を頂点とする立体Aは図Iのようになり，これは，正六面体の各頂点部分から，三角錐を取り除いたものである。正六面体の頂点は8個あるので，立体Aには正三角形が8面，元の正六面体の各面に正方形 $\left(面積\frac{1}{2}\right)$ が残るので，正方形が6面あることになる（図II）。この立体Aの各辺の中点を頂点とする立体Bを作ると，立体Aにおける正三角形の面には正三角形 $\left(面積\frac{1}{4}\right)$ の面，正方形の面には正方形 $\left(面積\frac{1}{2}\right)$ の面が残る。さらに，立体Aの頂点部分に長方形の面が現れる（図III）。立体Bにおける正三角形の面は8面，正方形の面は6面で，これは立体Aと異ならない。立体Aの頂点は，元の正六面体の各辺の中点なので，12個ある（正六面体の辺は12本）。立体Bではここに長方形が現れるので，長方形の面は12面あることになる。以上より，立体Bは正三角形の面が8面，正方形の面が6面，長方形の面が12面あるので，正答は5である。

図I

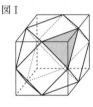

図II

図III

## 【数的推理】
## No. 44 剰余　　　　　　　　正答　4

　$n$ を5で割った余りは，0〜4のいずれかである。そうすると，$n^2$ を5で割った余りは，0，1，4のいずれかであり（下表），2ケタの整数 $n$ のうち，5で割った余りが1または4であるものの個数を求めればよいことになる。$k$ を整数として，
$n=5k+1$，のとき，$10\leqq5k+1\leqq99$ より，$2\leqq k\leqq19$，
$n=5k+4$，のとき，$10\leqq5k+4\leqq99$ より，$2\leqq k\leqq19$，
と表せる。したがって，それぞれに18個ずつあることになるので，合計で36個である。

よって，正答は4である。

| | 5で割った余り | | | | |
|---|---|---|---|---|---|
| $n$ | 0 | 1 | 2 | 3 | 4 |
| $n^2$ | 0 | 1 | 4 | 4 | 1 |

## No. 45 魔方陣　　　　　　　正答　2

　1直線に並んだ4数の和は，全部で6組あり，各数はいずれも2回ずつ使われることになる。1〜12の和は，$(12+1)\times12\div2=78$ より78で，すべてが2回ずつ使われると，その総数は，$78\times2=156$ である。これが4数の和6組の合計なので，$156\div6=26$ より，1直線に並んだ4数の和は，いずれも26でなければならない。図Iのように，C〜Hとすると，$11+G+H+7=26$，$G+H=8$ である。異なる2数の和が8となるのは，(1，7)，(2，6)，(3，5)，であるが，3，7はすでに使われているので，(G，H)＝(2，6)，(6，2) のいずれかである。ここで，G＝2とすると，$3+E+2+B=26$，$B+E=21$ であるが，11，12がすでに使われているので，$B+E=21$ を満たす2数はない。したがって，G＝6，H＝2である。次に，$3+C+D+12=26$，$C+D=11$ より，(C，D)＝(1，10)，(10，1)，(2，9)，(3，8)，(4，7)，(5，6)，であるが，3，7，6はすでに使われているので，(C，D)＝(1，10)，(10，1)，(2，9)，(9，2) のいずれかである。ところが，$3+E+6+B=26$，より，$B+E=17$，(B，E)＝(5，12)，(6，11)，(7，10)，(8，9) であるが，7，11，12はすでに使われているので，(B，E)＝(8，9) となるので，(C，D)＝(1，10)，(10，1) のいずれかである。C＝10とすると，$A+E=5$ となるが，Eには8または9が入るので，C＝1，D＝10でなければならない。ここで，E＝8とすると，A＝6となってしまい，条件を満たせないので，E＝9，B＝8，A＝5と決まり，F＝4となる。したがって，$A\times B=5\times8=40$ であり，正答は2である。

図I　　　　　　　図II

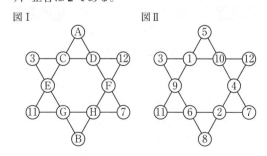

## No. 46 旅人算　　　　　　　　正答　4

　AはBとすれ違った6分後にCとすれ違っている。この6分間に，Aは840m（＝140×6），Cは660m（＝110×6）進んでいるので，AがBとすれ違ったとき，CはBより1,500m（＝840＋660）後方にいたことになる。Bは毎分160m進み，Cは毎分110m進むので，1分間に50m（＝160－110）の差が生じる。1,500÷50＝30より，1,500mの差が生じるには30分かかる。つまり，AとBは出発して30分後にすれ違っていることになる。AとBが30分間に進んだ距離の和が，P，Q 2地点間の距離である。したがって，140×30＋160×30＝（140＋160）×30＝300×30＝9,000より，P，Q 2地点間の距離は9,000mとなる。

　よって，正答は4である。

## No. 47 仕事算　　　　　　　　正答　4

　途中でAだけが1時間休憩すると，終了まで6時間かかるので，A，B 2人で仕事を行うのは5時間，B 1人で仕事を行うのが1時間である。途中でBだけが1時間30分休憩すると，終了まで6時間30分かかるので，A，B 2人で仕事を行うのは5時間，A 1人で仕事を行うのが1時間30分である。どちらの場合も，2人で仕事を行うのは5時間で同一なので，Bが1時間に行う仕事量と，Aが1時間30分に行う仕事量は等しいことになる。Aが1時間30分で行う仕事量を，Bは1時間で行うので，2人が1時間に行う仕事量の比は，A：B＝2：3である。Aが1時間に行う仕事量を2，Bが1時間に行う仕事量を3とすると，仕事量全体は，（2＋3）×5＋3＝28より28となる。A，B 2人で1時間に行う仕事量は，2＋3＝5より5だから，2人とも休憩することなくこの仕事を行えば，28÷5＝5.6より，5.6時間＝5時間36分かかることになる。

　よって，正答は4である。

## No. 48 平面図形　　　　　　　　正答　2

　六角形ABCDEFは内角の大きさがすべて等しいので，各内角は120°である（六角形の内角の和は720°）。辺AB，辺CD，辺EFを両方向に延長し，その交点をそれぞれP，Q，Rとする。△PAFは，∠PAF＝∠PFA＝60°なので，正三角形である。同様に，△QBC，△RDEも正三角形となるので，△PQRは正三角形である。これにより，CQ＝CB＝2，DR＝DE＝3となるので，PQ＝QR＝2＋2＋3＝7，AB＝PQ－PA－QB＝7－1－2＝4である。

　よって，正答は2である。

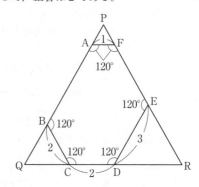

## No. 49 場合の数　　　　　　　　正答　3

　積が30となる2数は，（1，30），（2，15），（3，10），（5，6）の4組である。しかし，2個のサイコロの目の和は2～12なので，（1，30），（2，15）は不適である。ここで，「サイコロA，Bの目の和」をP，「サイコロC，Dの目の和」をQとする。（P，Q）＝（3，10）のとき，P[A，B]＝[1，2]，[2，1]，Q[C，D]＝[4，6]，[5，5]，[6，4]となり，Aについて2通り，Bについて3通りだから，2×3＝6より，6通りである。（P，Q）＝（5，6）のとき，P[A，B]＝[1，4]，[2，3]，[3，2]，[4，1]，Q[C，D]＝[1，5]，[2，4]，[3，3]，[4，2]，[5，1]となり，Aについて4通り，Bについて5通りだから，4×5＝20より，20通りである。（P，Q）＝（10，3）のとき6通り，（P，Q）＝（6，5）のとき20通りであるから，（6＋20）×2＝52より，全部で52通りある。

　よって，正答は3である。

## No. 50 グラフ・実数　　　　　　正答　3

1. 食料費は，2022年が77,474円，2017年が72,866円だから，1年当たりの平均増加額は，（77474－72866）÷5＞900であり，900円を超えている。
2. 2020年の場合，24285×3＜75000＜76440，であり，3倍を超えている。
3. 正しい。
4. 21535×1.2＞25000＞24522であり，指数120を下回っている。
5. 2022年における教養娯楽費は，2017年より1,300円以上減少している。2017年に対する2022年の光熱・水道費の増加額は3,000円未満なので，教養娯楽費と光熱・水道費の合計での増加額は，2,000円未満である。

　よって，正答は3である。

## 正 答 表

| No. 1 | 2 | No.11 | 5 | No.21 | 3 | No.31 | 3 |
|-------|---|-------|---|-------|---|-------|---|
| No. 2 | 4 | No.12 | 3 | No.22 | 4 | No.32 | 4 |
| No. 3 | 1 | No.13 | 2 | No.23 | 5 | No.33 | 3 |
| No. 4 | 4 | No.14 | 3 | No.24 | 2 | No.34 | 4 |
| No. 5 | 1 | No.15 | 4 | No.25 | 4 | No.35 | 3 |
| No. 6 | 3 | No.16 | 3 | No.26 | 4 | No.36 | 5 |
| No. 7 | 4 | No.17 | 3 | No.27 | 5 | No.37 | 3 |
| No. 8 | 4 | No.18 | 1 | No.28 | 4 | No.38 | 3 |
| No. 9 | 3 | No.19 | 4 | No.29 | 2 | No.39 | 4 |
| No.10 | 4 | No.20 | 3 | No.30 | 4 | No.40 | 4 |

市役所 教養試験 正答と解説

## 【社会】

### No. 1　デジタル技術　　　　正答　2

1．デジタルプラットフォーマーではなく，検索エンジンに関する記述。デジタルプラットフォーマーとは，グーグルなどのような，インターネットを通じてサービスを提供する IT 企業のこと。

2．妥当である。「叡（英語表記は"A"）」は，2023年3月に稼働を開始した。量子コンピューターの実現により，計算速度は飛躍的に向上する。

3．USB ではなく，NFT（非代替的トークン）に関する記述。暗号資産に用いられるブロックチェーン（分散型台帳技術）により，NFT は可能となっている。なお，USB とは，ユニバーサル・シリアル・バスの略で，コンピューターに周辺機器を接続するための規格の一つ。USB コネクターに接続して用いる記憶装置のことを，USB メモリーという。

4．テザリングではなく，ストリーミングに関する記述。ストリーミングは，YouTube などに採用されている技術である。なお，テザリングとは，携帯電話などのモバイル端末のデータ通信機能を利用して，パソコンなどをインターネットに接続することをいう。

5．クライアントとは，インターネットを通じてサービスやデータなどを受け取るコンピューターのことであり，サーバーとは，クライアントの要求や指示を受けてサービスやデータなどを提供するコンピューターのことである。

### No. 2　女性の賃金　　　　正答　4

ア：労働市場における女性の成果の研究に関する功績でノーベル経済学賞を受賞したのは，クラウディア・ゴールディン氏。カリコ氏は，mRNA を使った新型コロナウイルスワクチン開発に寄与した功績により，ドリュー・ワイスマン氏とともにノーベル生理学・医学賞を受賞した。

イ：妥当である。男女間賃金格差は縮小傾向にあり，2022年には2年連続で過去最小を更新しているものの，男性の一般労働者の賃金を100とした場合における女性の一般労働者の賃金は，75.7にとどまっている。

ウ：女性の年齢階級別正規雇用比率は25〜29歳をピークに低下するL字型となっている。女性の年齢階級別労働力率は，出産，子育ての時期にあたる30歳代でいったん低下し，40歳代から再び上昇するM字型だったが，近年はほぼ解消されている。

つまり，結婚や出産を経ても働き続けてはいるものの，パートやアルバイトなど，非正規雇用に転じる女性が多いということである。

エ：妥当である。改正女性活躍推進法に基づき，2022年から301人以上の労働者を常用雇用する企業を対象として，男女間の賃金の差異を公表することが義務づけられている。差異の算出にあたっては，正規雇用者だけでなく，非正規雇用者の賃金も対象となる。

以上より，妥当なものはイとエであるから，正答は4である。

### No. 3　エネルギー　　　　正答　1

1．妥当である。天然ガスの主成分であるメタン（$CH_4$）は，二酸化炭素（$CO_2$）と水素（$H_2$）を合成して製造することができる。

2．メタンハイドレートではなく，シェールガスに関する技術。シェール層（頁岩層）から採掘されることから，このように呼ばれる。シェール層から採掘される石油は，シェールオイルという。メタンハイドレートとは，メタンと水が氷状となった「燃える氷」であり，日本近海の海底には大量のメタンハイドレートが埋蔵されていることが確認されている。

3．日本もロシアから天然ガスや石油を輸入した実績はある。特に天然ガスについては，2021年度にはオーストラリア，マレーシアに次いで，ロシアは3位の輸入相手国だった。

4．2023年の時点で，水素・アンモニアを燃料として用いる火力発電は，実験中の段階にあり，実用化には至っていない。なお，水素・アンモニアは化石燃料に混ぜる形で利用される。

5．2021年度に太陽光発電などの新エネルギーの割合は約13％に達しているし，水力発電（7.5％）を合わせると，再生可能エネルギーの割合は約20％に達している。また，所定の規模の建築物の新築やリフォームの際における再生可能エネルギー発電設備などの設置に関しては，東京都で義務づける条例が制定されたが，国レベルでは義務づけられていない。

### No. 4　企業活動　　　　正答　4

ア：2021年の障害者差別解消法の改正により，2024年度から民間企業にも，合理的配慮の提供が義務づけられることになった。これまでは，行政機関などには合理的配慮の提供が義務づけられていた

が，民間企業には合理的配慮の提供は努力義務とされるにとどまっていた。

イ：妥当である。また，日本政府は「『ビジネスと人権』に関する行動計画（2020−2025）」も策定している。

ウ：妥当である。消費税の納税においては，仕入れの際に支払った消費税の分を控除することができる。だが，インボイス制度の導入により，この控除を行うには，インボイス（適格請求書）と呼ばれる，所定の要件を満たした請求書を仕入先から得て，保管することが必要となった。また，事業者がインボイスを発行するには税務署に登録を受ける必要があり，インボイスには税務署から発行された登録番号が記されなければならないことになっている。

エ：公益通報者保護法により，通報先に優先順位はなく，内部通報（企業内部での公益通報）を行うか外部通報（行政機関や報道機関などへの公益通報）を行うかは，通報者の判断に委ねられている。ちなみに，常時雇用する労働者数が300人超の事業者には，内部公益通報対応体制の整備が義務づけられている（それ以下の事業者には努力義務とされている）。

以上より，妥当なものはイとウであるから，正答は4である。

### No. 5 人口問題 正答 1

1．妥当である。国連人口基金によると，世界人口は2022年に80億人を突破したとされ，今後も増加が続くと見込まれているが，人口増加率は低下傾向にあり，2020年には0.9％となった。

2．東京都の出生数も死亡数を下回っている。東京都は長らく人口が増加傾向にあるが，これは他地域からの流入によるものである。なお，2022年には沖縄県が1972年の本土復帰以来初めて死亡数が出生数を上回り，全都道府県で死亡数が出生数を上回った。

3．日本の2022年における15〜64歳の人口は約7,400万人，65歳以上の人口は約3,600万人であり，およそ2対1の比となっている。ちなみに，65〜74歳人口は約1,700万人，後期高齢者と呼ばれる75歳以上の人口は約1,900万人となっている。

4．中国で急速に高齢化が進んでいるのは事実だが，2022年における中国の総人口に占める65歳以上の高齢者の割合（高齢化率）は，約14％であり，日本の約29％には及ばない。対して，2022年

の中国の合計特殊出生率は1.09と，日本の1.26を下回る水準で推移している。

5．国連人口基金は，2023年にインドが人口で中国を上回り，世界一の人口大国になったとする推計を発表した。なお，2023年の段階ではインド，中国の人口はいずれも14億人台である。

【政治】
### No. 6 地方自治 正答 3

1．東京都も普通地方公共団体である。地方公共団体は普通地方公共団体と特別地方公共団体に分類されるが，普通地方公共団体とは都道府県と市町村，特別地方公共団体とは東京都の特別区と財産区，地方公共団体による組合（広域連合と一部事務組合）のことをいう。なお，東京都を首都と定める法律は存在しない。

2．法定受託事務に関しては，国から自治事務よりも強い関与を受けるものの，国の包括的指揮監督権は否定されており，条例の制定も認められている。かつての機関委任事務は，国の包括的指揮監督権の下で執行され，条例を制定することもできなかったが，1999年の地方分権一括法の制定によって廃止され，地方公共団体の事務は法定受託事務と自治事務に再編された。

3．妥当である。一部事務組合は単に同一事務を共同処理するために設置されるのに対し，広域連合は都道府県と市町村とで異なる事務を持ち寄って処理することや，国や都道府県から権限委譲の受け皿になることもできる。

4．公正取引委員会は，独占禁止法を実施するために設置されている，内閣府の外局である。公正取引委員会は合議制の行政委員会と呼ばれる行政機関の一つだが，地方公共団体にも教育委員会や都道府県公安委員会などの行政委員会が執行機関として設置されている。

5．長による解散もある。首長には，議会が長を不信任とする議決を行った後，10日以内に限り，議会を解散する権限が認められている。ちなみに，国政であれば，内閣は衆議院による内閣不信任決議の有無に関係なく，衆議院を解散できる。

【法律】
### No. 7 国会 正答 4

1．通説は，憲法41条の国権の「最高機関」とは，本肢のような法的な意味ではなく，国民を代表し，国政の中心に位置する重要な機関であるとい

う点に着目して国会に付した政治的美称であると
解している。

2．国会の常会について，憲法は，毎年1回召集す
ることを規定している（憲法52条）が，召集の時
期については国会法が1月中に召集するのを「常
例」としている（国会法2条）。また，常会の会
期は会期中に議員の任期の満了に達する場合を除
いて150日と規定しており（同10条），常会の会期
の延長は1回に限り認められる（同12条2項）。

3．国会の各議院には常任委員会が設けられている
（国会法41条1項）が，国会の実質的な審議は，
議案の内容により常任委員会あるいは特別委員会
（同45条1項）で行われ，最終的な議決は本会議
で行われる。

4．妥当である（憲法56条）。

5．法律案の衆議院による再可決は，総議員ではな
く出席議員を基準とする3分の2以上の多数で行
われる（憲法59条2項）。

## 【経済】

### No. 8　日本の経常収支動向　　正答　4

　1980年代以降，我が国は経常黒字が定着した。そ
の中で，経常黒字の内容には変遷が見られる。1990
年代までは経常黒字の中心は貿易黒字によるもので
あったが，2000年代後半以降，貿易黒字は縮小し，
特に，東日本大震災以降は貿易赤字の年が頻繁に見
られるようになった。一方で，第一次所得収支が近
年の日本の経常黒字を支えている。これは，アジア
を中心とした生産ネットワークの構築，直接投資の
拡大を反映したものでもあり，高成長を続けるアジ
アの成長を日本が取り込み，貿易立国から投資立国
への変化を示すものといえる。また，インバウンド
需要の高まりによる旅行収支の黒字転換に伴い，赤
字続きのサービス収支は急速に改善し，2019年には
黒字転換した。

　以上より，A：第二次所得収支，B：第一次所得
収支，C：サービス収支，D：貿易収支が当てはま
る。

　よって，正答は4である。

## 【地理】

### No. 9　西アジア・中央アジア　　正答　3

1．キリスト教・イスラム教・ユダヤ教の三大一神
教は西アジアで生まれているが，仏教は北インド
が発祥の地である。

2．牛を食べることを禁忌とするのはヒンドゥー教

である。イスラム教の禁忌は豚肉を食べること，
酒を飲むこと，外出の際に女性が肌や頭部を見せ
ることなどである。

3．妥当である。

4．産油国の政府は1960年に石油輸出国機構
（OPEC）を結成し，1970年代以降は石油収入が
飛躍的に増大している。

5．中央アジア諸国は鉱山資源に恵まれ，カザフス
タンの石油，トルクメニスタンの天然ガス，タジ
キスタンのアルミニウム，ウズベキスタンの金な
ど，多くの国で単一の鉱山資源の輸出に頼る経済
状況となっている。

### No. 10　日本の資源や鉱工業　　正答　4

1．石油依存度の低減が，天然ガス・原子力・石炭
の利用拡大により一定の効果を上げてきたのに対
し，輸入先の分散化は進んでおらず，2022年の原
油の中東依存度は94.1％である。18.6％（2021年）
という数字は，天然ガスの輸入先の中東依存度で
ある。

2．後半の「政府は」以降はドイツの状況である。
日本で2018年に公表された第5次エネルギー基本
計画は，再生可能エネルギーを主力電源化すると
述べるとともに，原子力も引き続き重要なベース
ロード電源とした。そして，2030年に実現をめざ
すエネルギーミックス水準は，従来と変わらず，
再生可能エネルギー22～24％，原子力発電20～22
％とした。また，菅首相は，2020年の所信表明演
説において，「2050年に温室効果ガスを実質ゼロ」
とする目標を示した。しかし，そこに至る道筋な
どはまだ示されていない。

3．日本はレアメタル，レアアースの生産量も非常
に少ない。レアメタルの産地は中国，ロシア，ア
フリカなどに偏在している。レアアースの生産は
中国が60.3％（2021年）を占めていて，一国に大
きく依存するリスクを負う状態である。

4．妥当である。

5．国内のある産業が安い労働力等を求めて海外に
生産拠点を移すことで，その国内産業が衰退する
現象は「産業の空洞化」という。

## 【日本史】

### No. 11　日清・日露戦争前後の日本　　正答　5

1．ロシアはフランスとドイツを誘って三国干渉を
行った。それ以外の記述は正しい。

2．1894年に日英通商航海条約の締結に成功したの

は外相の陸奥宗光で，これにより治外法権が撤廃された。1911年には小村寿太郎が関税自主権の完全回復に成功し，これによって条約改正は完全に成功した。
3．平民社を組織し反戦運動を展開したのは，幸徳秋水・堺利彦ら。与謝野晶子・与謝野鉄幹はロマン主義文学運動の中心となった歌人。晶子は，長詩『君死にたまふこと勿れ』を発表して日露戦争を批判した。平和論を説いて開戦に反対したキリスト教徒は内村鑑三。新島襄は同志社英学校を創立した宗教家，教育者。
4．日露戦争後は重工業部門も成長し，第一次世界大戦期の日本の工業発展の土台を形成した。しかし，重化学工業化が急速に進展するのは第二次世界大戦後の高度経済成長期においてであり，高度経済成長期に入る前は，繊維品がなお輸出の中心であった。
5．妥当である。

### No. 12 20世紀後半の日本　　　正答 3
1．55年体制は反自民の8党派連立による細川内閣の成立（1993年）で崩壊した。その後1996年に自民党政権が復活し，2009年の民主党による政権交代があり，2012年には再び自民党政権が復活して第二次安倍内閣が成立した。
2．国際連合加盟と日ソ共同宣言の順番が逆である。まず，1956年10月に日ソ共同宣言が調印され，それによってソ連が日本の国連加盟支持を表明し，同年末には日本が国際連合に加盟して国際社会に完全に復帰することとなった。
3．妥当である。
4．第一次石油危機は，1973年に中東戦争により引き起こされ，これにより戦後日本の高度経済成長期が終了した。バブル経済は，政府の金融引締め政策への転換や土地取引きの規制強化などにより崩壊し，日本経済は1991年から長期不況（平成不況）に入った。
5．PKO協力法は，1992年に宮澤喜一内閣の下で制定され，国連と国連暫定カンボジア行政機構（UNTAC）の要請を受けて，紛争で疲弊したカンボジアに自衛隊が派遣された。小泉内閣の下で制定されたのは，米軍のアフガニスタン攻撃を受けてのテロ対策特別措置法（2001年）と，イラク戦争の際のイラク復興支援特別措置法（2003年）で，テロ対策特別措置法によって自衛隊がインド洋に，イラク復興支援特別措置法によってイラク

へ派遣された。

### 【世界史】
### No. 13 ロシアの歴史　　　正答 2
1．前半は正しい。ソヴィエト政府は「平和に関する布告」を出し，ブレスト・リトフスク条約でドイツと単独講和を結んだためパリ講和会議には参加できなかった。パリ講和会議の原則とされたのは，米大統領ウィルソンが提出した「十四か条の平和原則」である
2．妥当である。
3．ペレストロイカを行い冷戦終結を宣言したのはゴルバチョフであり，また，ともに冷戦終結宣言を行ったアメリカ合衆国大統領はブッシュ（父）である。
4．ウクライナは旧ソ連邦内の共和国だったが，ポーランド，ルーマニアは東欧社会主義圏の独立国だった。東欧社会主義圏でも，ゴルバチョフの登場でペレストロイカが進められてソ連の締め付けがなくなった結果，議会制民主主義や市場経済に移行し，東欧社会主義圏は解体した（東欧革命）。
5．ウクライナではなく，ロシア連邦内のチェチェン共和国との紛争についての記述である。ウクライナはロシア連邦内の共和国ではなく，旧ソ連邦内の共和国であったが，ソ連解体の際にソ連邦から離脱してCIS（独立国家共同体）に参加している（2014年脱退）。ウクライナには2022年にロシアが侵攻を開始し，戦争状態となった。

### No. 14 明王朝　　　正答 3
1．元末の民衆反乱は紅巾の乱で，その首領の一人で明を建国したのは朱元璋である。李自成は明末の農民反乱軍の指導者で，明を滅ぼした人物である。
2．洪武帝は元をモンゴル高原に駆逐し，漢人による皇帝支配体制の再建，漢・唐王朝への復帰を掲げて，宋以来の皇帝独裁の中央集権体制の確立を図った。世襲の軍戸の兵士による衛所制という独自の軍制を組織して軍事力を強化した。八旗はヌルハチが創始した満州人の軍事・行政組織。
3．妥当である。
4．永楽帝は宦官の鄭和を7回にわたり南海の各地に遠征させ，多くの国々に朝貢させた。張騫の西域への遠征は漢の武帝の時代である。
5．北虜南倭による財政難による増税が民衆の反発を招いたことは正しい。各地に農民反乱が起こ

り，農民反乱軍の指導者李自成が有力となって明
を滅ぼした。黄巣の乱は唐末の反乱で，朱全忠は
唐を滅ぼした人物である。

## 【数学】
### No. 15　三角比　　　　　　　　　正答　4

図1において，$\tan\theta=\dfrac{a}{b}$である。よって，アには
$\tan\theta$が入る。

また，グラフの傾きは$\dfrac{y\text{の増加量}}{x\text{の増加量}}$で表されるので，

図2にあてはめると，傾きは$\dfrac{a'}{b'}=\tan15°$となる。

図2

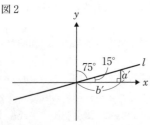

よって，直線$l$の式は，$y=\tan15°\times x$となり，イ
には$\tan15°$が入る。

よって，正答は**4**である。

## 【物理】
### No. 16　力のつりあい　　　　　　正答　3

次の図のように糸Bと天井とがなす角を$\theta$とし
て，9cm：12cm：15cm＝3：4：5であることに注
意すると，2本の糸と天井とは直角三角形をなして
いて，

$$\sin\theta=\frac{3}{5},\quad \cos\theta=\frac{4}{5}\text{ を得る。}$$

水平方向の力のつりあいから，

$S\cos\theta-T\sin\theta=0$

鉛直方向の力のつりあいから，

$S\sin\theta+T\cos\theta-W=0$

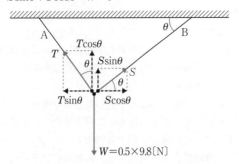

したがって，

$\dfrac{4}{5}S-\dfrac{3}{5}T=0 \Leftrightarrow \dfrac{12}{5}S-\dfrac{9}{5}T=0\cdots①$

$\dfrac{3}{5}S+\dfrac{4}{5}T-0.5\times9.8=0$

$\Leftrightarrow \dfrac{12}{5}S+\dfrac{16}{5}T-19.6=0\cdots②$

②－①より$5T=19.6$から，$T=3.92$，$S=2.94$を得
るので，$S+T=6.86〔\text{N}〕≒6.9〔\text{N}〕$

よって，正答は**3**である。

## 【化学】
### No. 17　完全燃焼　　　　　　　　正答　3

メタノールの分子量は$12+1\times4+16=32$である
から，48.0gのモル数は，$48.0÷32.0=1.5〔\text{mol}〕$と
なる。一方，メタノールが完全燃焼するときの反応
式は，$2CH_3OH+3O_2 \rightarrow 2CO_2+4H_2O$となるので，
メタノールの2molに対して酸素は3mol必要であ
る。すなわち，1.5molのメタノールに対して酸素は

$1.5\times\dfrac{3}{2}=2.25〔\text{mol}〕$必要となる。標準状態におけ

る1.0molの気体が占める体積は，気体の種類によ
らず22.4Lであるので，酸素2.25molの占める体積
は$22.4\times2.25=50.4〔\text{L}〕$となる。

よって，正答は**3**である。

## 【生物】
### No. 18　植物群落　　　　　　　　正答　1

1. 妥当である。二次遷移では，すでに土壌が形成
されており，根や種子が残っていることもあるた
め，一次遷移よりも速い速度で遷移が進む。な
お，二次遷移で成立する林を二次林という。
2. 乾性遷移は完全な裸地から始まる遷移である
が，次第に岩石の風化が進んで地衣類やコケ植物
が侵入し，有機物が蓄積して土壌が形成される
と，草本類や木本類も侵入するようになる。
3. 湿性遷移が進んで湖沼が陸地化して草原となっ
た後は，乾性遷移と同様の経過をたどるので，最
終的な到達点は草原ではない。
4. 陰樹林では下草があまり育たず，それをエサと
する動物は限られているが，生物の種類数が少な
いわけではない。
5. 熱帯雨林では，有機物の分解速度が速く，栄養
分のもとになる落葉や落枝を昆虫が運び去ってし
まうので，土壌は層が薄く非常に痩せている。

## No. 19　ヒトの体液　　　正答　4

A：誤り。ヘモグロビンは，酸素濃度が高いほど酸素と結合し，酸素濃度が低いほど酸素を遊離する傾向が大きい。

B：誤り。血しょうにはアルブミンやグロブリンなどのタンパク質が含まれている。

C：誤り。静脈が，血液の逆流を防ぐ弁を備えている。

D：正しい。

E：誤り。毛細血管からしみ出た血しょうが組織液であるが，組織液の大部分は再び毛細血管に戻り，静脈を通って心臓に戻る。

以上より，正答は 4 である。

## 【地学】
## No. 20　高気圧・低気圧　　　正答　3

1．北半球では，低気圧の中心に向かって反時計回りに風が吹き込み，中心付近では上昇気流が生じる。

2．南半球では，高気圧の中心から反時計回りに風が吹き出し，中心付近では下降気流が生じる。

3．妥当である。この西寄りの風を偏西風という。偏西風は対流圏と成層圏の境界付近で特に強くなっており，これをジェット気流と呼ぶ。

4．広範囲に長い時間雨が降るのは，温暖前線が通過するときである。

5．シベリア高気圧からの風は乾燥・寒冷であるが，日本海上で多くの水蒸気を吸収し，積雲を作って日本海側に雪をもたらす。

## 【文章理解（英文）】
## No. 21　要旨把握　　　正答　3

出典：ジョン・ギレスピー『日本人がグローバルビジネスで成功するためのヒント』

全訳〈アメリカで働く日本人にとって，アメリカの価値観を理解することは重要である。その価値観の多くはアメリカ特有である。しかし，とても広い意味でとらえると，欧米文化には（完全に同じではないにせよ）類似する価値観がある。

そのような価値観の1つに個人主義がある。個人主義は欧米文化における基本的な価値観である。それはまた，欧米ビジネス文化における基本的な価値でもある。

ビジネス界における個人主義には，どのような意味があるのだろうか？

次のような状況について考えてみよう。あなたは会議に出席していて，自分が考えていることを言い，それもはっきりと言う。回りくどく言うことはないのだ！

言い換えれば，あなた個人としての考えがとても重要なのである。日本では，もちろん，いつでもこの通りにはいかないかもしれない。当然，日本人も自分の考えは持っているのだけれども，一般的に集団のコンセンサスをより重要だと考えるのである。このために多くの日本人は会議で発言することをためらうのである。日本人は，本当に思っていることを口にするのをためらいがちである。しかし，日本を出ると，自分の考えを言うことが重要になる。実際，グローバルな経験をしている企業の重役たちは，それぞれが自分の考えを共有する責任があるという前提のもとに働いている。そうして初めて，集団は最善の解決策や行動指針に達することができるのである。〉

1．「欧米文化には類似する価値観がある」とあるので，欧米文化において「異質」であるとはいえない。

2．内容としては適切だが，要旨としては，それを踏まえて日本人にどのような対応が求められるかという点を述べる必要がある。

3．妥当である。

4．欧米社会では，それぞれには「自分の考えを共有する責任」があり，それにより，「集団全体の最善の解決策や行動方針」に達するとあるので，「個人主義を貫くことは難しい」とはいえない。

5．個人主義は個の意見に責任をもち，それを共有することで集団の合意形成へと向かうので，「個より集団に配慮」するものではない。

## No. 22　内容把握　　　正答　4

全訳〈4月12日の朝，前方の水平線に平たくて光の明暗が対照を織り成すセイロン島の輪郭の一部が見えた。コロンボの港に着くまで，イルカの群れがたびたび現れては船べりを跳ねていた。現地の人のカヌーが揺れて波間に見え隠れしている。3人のこぎ手がぐいぐいとオールをこぐが，一向に進んでいる気配もなかった。

波止場では，光沢のある白い服を着た人や，きらきらした原色のシャツを着て腰巻きをひざの上までまくり上げた男たちがおおぜい寄ってきた。兵士たちはカーキ色のズボンにヘルメット姿であった。私が見たインド人にはシンガポールで見た崇高な顔立ちのインド人ほど印象深い容貌の者はいなかったが，

もちろんインドは実にたくさんの民族から成り立っている。

パリ，ミラノ，それに私たちが立ち寄った港のほとんどで美しい女性をたくさん見かけた。しかし，一番印象に残っているのはシンガポールにいたインド人の少女だった。その子は私が行ったデパートで働いていて，私が入っていくと，この世のものとも思えないほどすばらしい，大きな潤んだ瞳で私を見たのだった。〉

1．イルカに歓迎されたことが一番の思い出になったのではなく，立ち寄った港で見かけた女性の中でシンガポールにいたインド人の少女が「一番印象に残っている」と述べている。

2．1と同様でインドの街が一番思い出に残ったのではない。

3．兵士の姿は見えたが，物々しく警備していたという記述はない。

4．妥当である。

5．コロンボに行くことを勧められたという記述はない。

## No. 23 要旨把握　　　　正答　5

全訳〈あなたは1日にどのくらいごみを出しているだろうか？

ごみを出さない生活を提唱するビー・ジョンソンさんのトークショーに参加してから，このことについて考え始めた。

彼女の4人の家族（彼女自身，彼女の夫，そして2人の息子）が年間に出す家庭ごみはとても少なく，ガラスの瓶に入りきるくらいしかない。彼らはいくつかの方法でこれを達成している。まず，パッケージに入った品物を買わず，食べ物を自分のガラス瓶やバッグに入れる。持ち物を最小限の必需品に減らすこともしており，そして，同じものを幾通りにも使い回す。

たとえば，ジョンソンさんは酢と重曹を掃除に使う。それからワードローブにはわずか15点の衣類しかない。

「ごみを出さない生活は，あなたから何かを奪うことではない」と彼女は言う。「それは，あなたの時間と資源を大事なことに集中させることであり，時間とお金の節約になり，健康にもよいことがわかるだろう」

ジョンソンさんはフランス生まれのカリフォルニア在住で，彼女の著書「ゼロ・ウェイスト・ホーム」の中で，このことすべてとほかのことも説明し

ているが，この本はごみを減らし，暮らしをシンプルにするためのガイドである。私はこの本を数年前に読み，彼女の5R；Refuse（断る），Reduce（減らす），Reuse（再利用する），Recycle（リサイクルする），Rot（腐らせる）に（この順で）従ってみた。

しかし，私のやる気と自制心は続かなかった。数週間すると，パッケージに入った品物を買う昔からの習慣に陥っていた。ポテトチップスや文房具を買うのを我慢するのは特に難しかった。また，家族や友人からの善意の贈り物を断るのも難しかった。

どうにかできていることはビニール袋を断ることと，外食するときに使い捨てではなく，自分の食器を使うことだった。しかし，私が出すごみの量は理想よりはるかに多い。

しかし，ジョンソンさんのトークショーの後で，ごみを出さない生活をもう一度試してみることにした。ジョンソンさんがごみを減らしているのと同じくらいうまくいくかわからないが，きっと今度はもっとごみを減らせるだろう。〉

1．改めてごみを減らす決意をしたのは，ジョンソンさん著作を読んだからではなく，トークショーに参加したからである。

2．1日のごみの量ではなく，1年のごみの量である。

3．数年前にトークショーに参加したのではなく，著書を読んだのである。

4．内容は正しいが，要旨としてはこれからもっとごみを減らしたいという筆者の意志を述べる必要がある。

5．妥当である。最終文で「きっと今度はもっとごみを減らせるだろう」とあり，再チャレンジの意志を示している。

## 【文章理解（現代文）】

## No. 24 要旨把握　　　　正答　2

出典：山口昌男『人類学的思考』。書籍の普及により，単語が独立の切り離された単位として扱われるようになった過程について説明した文章。

1．文字の使用により「時間の流れ」は断ち切られ，「言葉の置き換えのみちが開け」たが，現実の「細部の相互の関係および我々の住む世界全体の中での細部の位置および意味」は教えられなくなったとあるので，人間世界を「秩序を持ったものに変えてしまう」とするのは誤り。

2．妥当である。

3．活字文化の礼賛については文中に現れておらず，「百科辞典は活字文化のカリカチュア（戯画）」という表現を考えるなら，「百科辞典の世界だけが信じられ真実になる」という記述も本文の内容に合致しない。

4．「百科辞典は現実を分断して細かいスペースに押し込むことを我々に教え」たが，その作業で「言葉は全体性から切り離されてい」るので，百科辞典に依拠して語られる「世界」はその制約の内にあるという点を明示しなければ要旨として妥当とはいえない。

5．「必要以上に世界の細部を描」くという場合の「必要」が，誰にとってのどんな「必要」なのかという説明がなく，本文で強調されている「言葉を有機的な現実から切り離し，寸断し，無機的に再構成する」作業との関連も曖昧であるため誤り。

### No. 25 要旨把握　　　　正答　4

出典：村上陽一郎『知るを学ぶ　あらためて学問のすすめ』。人間は言語を通して共同体のノモスを内からのカオスという容器に受け入れることで，それを身につけるが，ノモスとカオスは絶えず拮抗し，その均衡点は常に揺動しているという文章。

1．人間は「ノモスから」学ぶのではなく，認識の枠組みや共同体の掟や習慣である「ノモスを」学ぶのである。また，要旨としては，「カオス」について触れる必要がある。

2．ノモスを受け入れるための「カオス」は「Aのノモスを受け入ればAに，Bのノモスを受け入ればBに向かうことができるような，可能性を秘めたエネルギー」とあるので，「固定化された容器」とはいえない。

3．「絶えざる拮抗作用」とあるが，互いに張り合い，揺れているだけで，「背反（相容れないという意）」しているわけではない。また，「可能性を秘めたエネルギーのように揺動する」はノモスではなくカオスの説明である。

4．妥当である。

5．「成熟すると安定的な均衡点に落ち着く」という記述はない。

### No. 26 要旨把握　　　　正答　4

出典：尼ヶ﨑彬『いきと風流──日本人の生き方と生活の美学』。自然や芸術を対象とする専門用語の「美学」と違い，世間一般では，物の作り方において，経済性や合理性ではなく「美しさ」を基準にした態度を「美学」と称して評価するようになっていて，世間で流通する「美学」は独自の意味をもっているという内容。

1．内容としては正しい記述だが，要旨としては専門用語の「美学」との違いに触れる必要がある。

2．「世間に正しく理解されていない」のは，専門用語としての「美学」である。

3．前半は正しい記述だが，専門用語の「美学」と世間の「美学」を区別して議論する必要性についての言及はない。

4．妥当である。

5．「どうやら世間は『美学』を誤解したのではない」とある。

### 【判断推理】
#### No. 27 集合・要素の個数　　　　正答　5

風邪薬と胃腸薬の両方とも携帯している人が最も少ないのは，風邪薬を携帯していない25人が全員胃腸薬を携帯し，胃腸薬を携帯していない20人が全員風邪薬を携帯している場合である。この状況を示すと図Ⅰのようになる。つまり，風邪薬と胃腸薬の両方とも携帯している人は，最も少なくて55人である。風邪薬と胃腸薬の両方とも携帯している人が最も多い場合は，風邪薬を携帯している75人全員が胃腸薬も携帯している場合であるから（図Ⅱ），風邪薬と胃腸薬の両方とも携帯している人は，55人以上75人以下である。風邪薬と胃腸薬の両方とも携帯していない人が最も少ないのは，図Ⅰの場合で0人，最も多いのは図Ⅱの場合で20人であるから，風邪薬と胃腸薬の両方とも携帯していない人は，0人以上20人以下である。以上から，正答は5である。

図Ⅰ

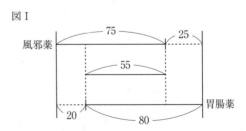

図Ⅱ

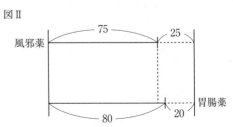

## No. 28 対応関係　　正答 4

まず，条件のとおりに表を作成すると表Ⅰのようになる。ここで，△，▲にはそれぞれ同じ順番が入るが，Bの見学順序と地学ゾーンを見学した順序から考えると，△も▲も1番目と3番目はあり得ず，一方が2番目，他方が4番目となる。したがって，Bが海洋ゾーンを見学したのは1番目，Dが地学ゾーンを見学したのは3番目である（表Ⅱ）。次に，(△，▲)＝(2，4) の順を考える。△が2番目，▲が4番目だとすると，Dが地学ゾーンを見学したのは3番目，生物ゾーンを見学したのは1番目となり，Dが宇宙ゾーンを見学したのは2番目ということになる。しかし，Bが宇宙ゾーンを見学したのが2番目なので，矛盾が生じる（表Ⅲ）。▲が2番目，△が4番目とすると表Ⅳのようになり，ここから，全員の見学順序が表Ⅴのように確定する。

以上から，表Ⅴより，正しい記述は「Dが宇宙ゾーンを見学しているとき，Aは生物ゾーンを見学していた。」であり，正答は4である。

表Ⅰ

|  | 宇宙 | 地学 | 海洋 | 生物 |
|---|---|---|---|---|
| A |  | △ |  |  |
| B | △ | ▲ |  | 3 |
| C |  | 1 |  |  |
| D |  |  | ▲ | 2× |

表Ⅱ

|  | 宇宙 | 地学 | 海洋 | 生物 |
|---|---|---|---|---|
| A |  | △ |  |  |
| B | △ | ▲ | 1 | 3 |
| C |  | 1 |  |  |
| D |  | 3 | ▲ | 2× |

表Ⅲ

|  | 宇宙 | 地学 | 海洋 | 生物 |
|---|---|---|---|---|
| A |  | 2 |  |  |
| B | 2 | 4 | 1 | 3 |
| C |  | 1 |  |  |
| D | 2 | 3 | 4 | 1 |

表Ⅳ

|  | 宇宙 | 地学 | 海洋 | 生物 |
|---|---|---|---|---|
| A |  | 4 |  |  |
| B | 4 | 2 | 1 | 3 |
| C |  | 1 |  |  |
| D |  | 3 | 2 | 2× |

表Ⅴ

|  | 宇宙 | 地学 | 海洋 | 生物 |
|---|---|---|---|---|
| A | 2 | 4 | 3 | 1 |
| B | 4 | 2 | 1 | 3 |
| C | 3 | 1 | 4 | 2 |
| D | 1 | 3 | 2 | 4 |

## No. 29 試合の勝敗　　正答 2

条件イ，エより，DはB，E，Fの3人に勝っているので，優勝している。そして，Bは1回戦で敗れているので（ア），Dは1回戦でBに勝ち，2回戦でFに，3回戦（決勝戦）でEに勝っていることになる。次に，条件エ，オより，Hは1回戦でAに勝ち，2回戦でEに敗れている。そして，Eは1回戦でGに勝ち，Fは1回戦でCに勝っていることになり，トーナメント表が確定する。この表より，正答は2である。

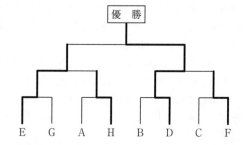

## No. 30 不定方程式型　　正答 4

Aの箱に入っているりんごの個数を$m$個，みかんの個数を$n$個とし，Bの箱に入っているりんごの個数を$p$個，みかんの個数を$q$個とする。

条件より，$m+n=25$…①，$p+q=23$…②，$m+p=26$…③である。また，$m+n+p+q=25+23=48$より，$n+q=(m+n+p+q)-(m+p)=48-26=22$…④となる。ここで，①−③から，$(m+n)-(m+p)=n-p=25-26=-1$となり，Aの箱に入っているみかんの個数は，Bの箱に入っているりんごの個数より1個少ないことがわかる（3は誤り）。また，①−④より，$(m+n)-(n+q)=m-q=25-22=3$

だから，Aの箱に入っているりんごの個数は，Bの箱に入っているみかんの個数より3個多い。与えられた条件からはこれ以上個数を特定することは不可能で，1，2，5については判断できない。

以上から，正答は4である。

### No. 31 軌跡・面積　　正答 3

　正方形 ABCD を，頂点 C を中心として矢印の方向に90°回転させたとき，△ ADO が通過する領域は，図の灰色部分である。この領域は，「扇形 CAA′−扇形 COO′＋△ A′D′O′」となる。CA=16，CO=8だから，$(16^2-8^2)\pi\times\dfrac{1}{4}+8^2\times\dfrac{1}{2}=48\pi+32$であり，正答は3である。

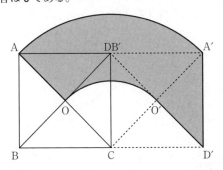

### No. 32 平面構成　　正答 4

　4番目の図形で考えてみると，図形の周囲の長さでは，図Ⅰにおいて，灰色の正方形は3，斜線の正方形は2となっている。灰色の正方形は，2番目以降の図形では常に4枚である。そこで，116−1×4=112とすると，外側にあるすべての正方形1枚につき，長さが2となる。つまり，112÷2=56より，外側にある正方形の枚数は56枚である。そこで，図Ⅱのように太線で示した正方形を考えると，その枚数の4倍が外側にある正方形の枚数（4番目の場合は12枚）となっている。56÷4=14より，図Ⅱの太線部分に該当する正方形の枚数は14枚である。2番目では1枚，3番目では2枚，4番目では3枚，……，となるので，14枚の場合は15番目となる。

　以上より，15番目で56枚となるので，正答は4である。

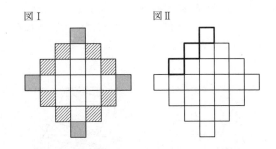

図Ⅰ　　　　図Ⅱ

### No. 33 円錐側面最短距離分割面積　　正答 3

　最短距離を考える場合は，展開した平面図上で直線を引けばよい。問題図の円錐を展開した場合，側面は扇形となる。この扇形の中心角は，底面半径を $r$，母線の長さを $l$ とすれば，$360\times\dfrac{r}{l}$ で求められる。したがって，$360\times\dfrac{5}{12}=150$より，150°である。そして，図における△PAA′が求める面積となる部分である。ここで，辺 PA を P 方向に延長し，これに頂点 A′から垂線 A′H を引く。△ PA′H は「30°，60°，90°」型の直角三角形で，PA′=12であるから，A′H=6である。これにより，△ PAA′は，底辺 PA=12，高さ A′H=6となるので，その面積は，$12\times6\times\dfrac{1}{2}=36$であり，正答は3である。

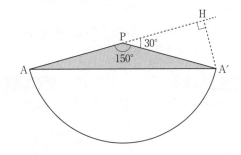

### No. 34 断面図　　正答 4

　立体を平面で切断する場合，その切断面については，①同一平面上の2点は直線で結ぶ，②平行な平面には平行な切断線が存在する，という2点から考えるのが基本である。そこで，まず，同一平面上にある2点 A，B を直線で結ぶ。立体の上面と底面は平行なので，点 C を通り直線 AB と平行な直線を引くと，2点 D，E を通ることになる。また，点 A と点 C，点 A と点 D，点 B と点 C，点 B と点 E も，それぞれ同一平面上にあるので，立体の表面に切断線を引く。ここまでが図Ⅰである。点 F と点 G，点 H と点 I もそれぞれ同一平面上にあるので，こ

れらも直線で結ぶ（図Ⅱ）。この図Ⅱより，立体を，3点A，B，Cを通る平面で切断したとき，現れる切断面は図Ⅲのようになり，正答は4である。

図Ⅰ　　　　図Ⅱ

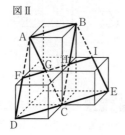

図Ⅲ

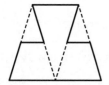

**【数的推理】**

No. 35　最大公約数・最小公倍数　　正答　3

2つの自然数P，Qの最大公約数は12なので，P＝12$p$，Q＝12$q$とすると（$p$，$q$は互いに素），12$pq$＝420，$pq$＝35である。P，Qはどちらも2桁の数なので，条件を満たす$p$，$q$は，（$p$，$q$）＝(5，7)である。

したがって，P＋Q＝5×12＋7×12＝60＋84＝144となり，正答は3である。

No. 36　流水算　　正答　5

いわゆる流水算においては，船速を$a$，流速を$b$，とすると，

　　下りの速さ＝($a$＋$b$)
　　上りの速さ＝($a$－$b$)

である。したがって，この船が上流のB地点から下流のA地点までこの川を下るときの速さは，24＋2.4＝26.4より，時速26.4km，下流のA地点から上流のB地点まで上るときの速さは，24－2.4＝21.6より，時速21.6kmである。この速さの比は，（下りの速さ）:（上りの速さ）＝26.4:21.6＝11:9となる。等しい距離を進む場合に，速さの比とかかる時間の比は逆比の関係となるので，4時間35分＝275分より，（下りにかかる時間）:（上りにかかる時間）＝9:11＝$x$:275，11$x$＝2,475，$x$＝225となり，上流のB地点から下流のA地点までこの川を下るときにかかる時間は225分＝3時間45分である。

以上から，正答は5である。

No. 37　三角形・拡大面積　　正答　3

図のように，頂点Aから辺BC上に垂線AHを引き，頂点Dから辺CFの延長線上に垂線DKを引く。このとき，△ACH∽△DCK（∵2角相等）なので，AH:DK＝CA:CD＝1:3である。ここで，△ABCと△CDFの面積は，底辺がBC:CF＝1:(3-1)＝1:2，高さがAH:DK＝1:3であるから，△ABC:△CDF＝(1×1):(2×3)＝1:6より，△CDF＝20×6＝120である。同様にして，△ADE，△BEFの面積も，△ABCの6倍で，それぞれ120となる。

したがって，△DEFの面積は，20＋120×3＝380となり，正答は3である。

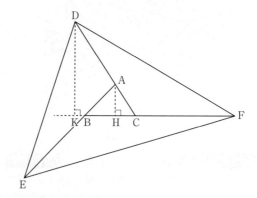

No. 38　場合の数　　正答　3

4個の球を3個の箱に入れ，どの箱にも少なくとも1個入れるのだから，A，B，Cいずれかの箱に球を2個入れることになる。どの箱に球を2個入れるかは3通りある。Aの箱に球を2個入れる場合，Bの箱に入れる球の選び方が4通り，Cの箱に入れる球の選び方が3通りで，残った2個の球をAの箱に入れればよい。したがって，4×3＝12より，12通りである。Bの箱に球を2個入れる場合，Cの箱に球を2個入れる場合も同様であるから，12×3＝36より，全部で36通りあり，正答は3である。

**【資料解釈】**

No. 39　数表実数値　　正答　4

1．オーストラリアの場合，2016年のリチウム生産量に対して，2021年のリチウム生産量は4倍未満である。これに対し，ブラジルの場合は6倍を超えており，増加率はブラジルのほうが大きい。

2. 2016年の場合, $522,181×0.1≒52,200<72,606$で
あり, 10%を超えている。

3. 2020年の場合, オーストラリアのリチウム生産
量は前年より減少しているが, ブラジルのリチウ
ム生産量は前年より増加している。

4. 正しい。2016〜2018年は, チリ, ポルトガルの
どちらも生産量が10万t未満であり, 差が10万t
を超えることはない。2019年の場合, その差は約
4万t, 2020, 2021年の差は, いずれも約9万t
であり, チリのリチウム生産量とポルトガルのリ
チウム生産量との差が, 10万tを超えた年はない。

5. 2016年の場合, チリ, 中国, ブラジル, ポルト
ガルのリチウム生産量は, 合計で約133,000tであ
る。オーストラリアのリチウム生産量は522,181t
であるため, $522,181:133,000≒520,000:130,000$
$=52:13=4:1$である。したがって, 2016年に
おいて, 表中の5か国のリチウム生産量の合計に
占めるオーストラリアのリチウム生産量の割合
は, 約80%である。

**No. 40** 図表実数値   正答 **4**

1. 2018年の場合, ガソリン消費量は50,000千kL
を超えているが, ジェット燃料消費量は5,000千
kL未満であるから, 10%未満である。

2. $22,000×0.8=17,600$であるから, 指数80を超え
ている。

3. 2019年の場合, $14,000×1.5=21,000>18,365$であ
るから, 1.5倍未満である。

4. 正しい。2017年から2019年までのいずれの年に
おいても, 石油製品消費量の合計は200,000千kL
未満であり, ナフサの消費量は40,000千kLを超
えている。したがって, 石油製品消費量に占める
ナフサの割合は, 20%を超えている。

5. 6年間での消費量累計が360,000千kLを超えて
いるならば, 1年当たりの平均が60,000千kLを
超えていなければならない。2017年から2022年ま
で, ガソリン消費量が60,000千kLを超えた年は
ないから, 6年間の消費量累計は360,000千kL未
満である。

## 正　答　表

| No. 1 | 3 | No.11 | 1 | No.21 | 3 | No.31 | 5 |
|---|---|---|---|---|---|---|---|
| No. 2 | 4 | No.12 | 2 | No.22 | 3 | No.32 | 4 |
| No. 3 | 3 | No.13 | 5 | No.23 | 1 | No.33 | 3 |
| No. 4 | 5 | No.14 | 5 | No.24 | 2 | No.34 | 1 |
| No. 5 | 5 | No.15 | 4 | No.25 | 4 | No.35 | 2 |
| | | | | | | | |
| No. 6 | 5 | No.16 | 1 | No.26 | 1 | No.36 | 2 |
| No. 7 | 5 | No.17 | 4 | No.27 | 2 | No.37 | 4 |
| No. 8 | 3 | No.18 | 3 | No.28 | 4 | No.38 | 4 |
| No. 9 | 1 | No.19 | 4 | No.29 | 4 | No.39 | 3 |
| No.10 | 3 | No.20 | 2 | No.30 | 1 | No.40 | 2 |

## 【政治学】

### No. 1　フィオリナの投票理論　　正答　3

1. ラザースフェルドら，コロンビア大学の研究グループの説。オハイオ州エリー郡での実態調査（エリー調査）をもとに唱えた。また，マスメディアの報道は身近にいるオピニオンリーダーを介して人々に間接的に伝えられるとする「コミュニケーションの二段階の流れ」仮説を唱え，マスメディアが投票行動に及ぼす影響は限定的とした。

2. デュヴェルジェの説。デュヴェルジェは，このような投票者の心理的要因や，政党は当選の見込みのない選挙区には候補者を擁立しないという機械的要因により，小選挙区制は二大政党制をもたらすとした。これを「デュヴェルジェの法則」という。なお，死票とは落選者に投じられた票のこと。

3. 妥当である。フィオリナは業績投票モデルを提示した。

4. ダウンズの説。ダウンズは，投票者は高い効用を得られる政策を掲げる候補者（政党）に投票する一方，二大政党は支持を最大化しようとして，極端な「右」でも「左」でもない，中位投票者の支持を集めるために，似通った政策を掲げるようになるとした。

5. ミシガン学派の説。ミシガン大学の研究グループは，政治的争点よりも，投票者の心理的要因が投票に大きな影響を及ぼすとし，特に長期的な要因である政党帰属意識を重視した。

### No. 2　議会制度　　正答　4

1. イギリス議会はアリーナ型，アメリカ議会は変換型である。

2. 日本の参議院には相応の権限があり，儀礼的な存在とはいいがたい。特に参議院で与党が少数派となる「ねじれ国会」となると，法律案が参議院で可決されずに成立しないなど，政治は膠着しやすくなる。また，アメリカでは立法において上院と下院は対等だし，条約締結の同意権や，高級官吏・連邦最高裁判所判事らの任命同意権などは上院にのみ認められている権限である。

3. 小選挙区制や二大政党制，単独政権などは多数決型（ウェストミンスター型）の特徴。合意形成型（コンセンサス型）では比例代表制や多党制，連立政権などが特徴とされる。

4. 妥当である。明治憲法下における我が国の帝国議会も本会議中心主義だった。

5. 命令委任と自由委任についての説明は正しいが，バークは，議会と議員のあり方について，自由委任に基づくべきであるとした。

## 【行政学】

### No. 3　行政統制　　正答　3

1. 後半が誤り。日本で初めて市民オンブズマン条例を制定したのは神奈川県川崎市で，1990年の出来事である。山形県金山町が1982年に全国で初めて制定したのは，情報公開条例である。

2. 情報公開法において，知る権利は明文化されていない。また，非開示請求に対する不服申立てと訴えの提起については，任意に選択できる。

3. 妥当である。フリードリッヒが行政国家化の現実を踏まえ，行政官には民衆の期待に応える責任（政治的責任）と技術的問題に関する専門家集団のチェックに応える責任（機能的責任）があるとした。このように，フリードリッヒが新しい行政責任論を展開したのに対し，ファイナーは，議会による旧来的な行政統制を重視し，フリードリッヒの主張を行政官の道徳心に期待するだけの内在的責任論にすぎないと批判した。

4. 書面検査だけでなく，実地検査も実施している。ちなみに，会計検査院は正確性や合規性だけでなく，経済性や効率性，有効性の観点による検査（3E検査）も行っている。

5. パブリックコメント（意見公募手続）制度に関する記述だが，そもそも行政手続法は地方公共団体を対象とした法律ではなく，パブリックコメントの実施などにつき，地方公共団体は必要な措置を講じるよう努めなければならないとしているにとどまる。

### No. 4　地方公共団体の首長　　正答　5

1. 女性首長は，全体の3％弱にすぎず，都道府県知事は東京都と山形県の2人だけである。

2. 議会の解散請求は，首長や議員の解職請求と同様，選挙管理委員会が請求先であり，その後住民投票でその可否が決する。なお，首長が請求先となるのは，副知事・副市長ら，地方役員の解職請求である。請求後，議会に議員の3分の2以上が出席し，その4分の3以上が解職に賛成すれば，地方役員は解職される。

3. 都道府県労働委員会の委員は，議会の同意ではなく，使用者団体や労働組合の推薦，同意に基づいて，首長によって任命されている。また，選挙

管理委員は議会の選挙によって選ばれている。

4．専決処分とは，議会が機能しない場合などに，議会の議決を要する事項につき，首長が自ら処分することである。緊急事態における専決処分には議会の承認を要するが，議会による委任に基づく専決処分には承認を要さない。それに，不承認とされた専決処分も，無効とはならない。

5．妥当である。拒否権と呼ばれているが，首長には議会の議決に異議がある場合や違法性がある場合に，これを再議に付す権限がある。

## 【憲法】

### No. 5　信教の自由　　　　　正答　5

ア：判例は，市が，本件敷地の使用料の全額を免除した行為は，市と宗教とのかかわり合いが，我が国の社会的，文化的諸条件に照らし，信教の自由の保障の確保という制度の根本目的との関係で相当とされる限度を超えるものであって，憲法20条3項の禁止する宗教的活動に該当するとする（最大判令3・2・24〈那覇孔子廟事件〉）。

イ：判例は，市が，戦没者遺族会所有の忠魂碑を公費で公有地に移設，再建し，その敷地を同会に無償貸与した行為は，忠魂碑が，元来，戦没者記念碑的性格のもので，忠魂碑と特定の宗教とのかかわりは希薄であり，同会は宗教的活動を本来の目的とする団体ではなく，市の目的は移設後の敷地を学校用地として利用することを主眼とするものであるから，特定の宗教を援助，助長，促進するとは認めらず，憲法20条3項および89条に違反しないとする（最判平5・2・16〈箕面忠魂碑・慰霊碑訴訟〉）。

ウ：妥当である（最判平14・7・11）。

エ：判例は，宗教法人法81条の宗教法人の解散命令の制度は，もっぱら宗教法人の世俗的側面を対象とし，かつ，もっぱら世俗的目的によるものであって，宗教団体や信者の精神的・宗教的側面に容かいする意図によるものではなく，その制度の目的も合理的であるということができるとして，同法に基づく解散命令は憲法20条1項に違背しないとする（最大判平8・1・30〈宗教法人オウム真理教解散命令事件〉）。

オ：妥当である（最大判平9・4・2〈愛媛玉串料訴訟〉）。

以上より，妥当なものはウとオであるから，正答は5である。

### No. 6　職業選択の自由　　　　　正答　5

ア：判例は，憲法22条1項は，国民の基本的人権の一つとして，職業選択の自由を保障しており，そこで職業選択の自由を保障するという中には，広く一般に，いわゆる営業の自由を保障する趣旨を包含しているものと解すべきであるとする（最大判昭47・11・22〈小売市場距離制限事件〉）。

イ：判例は，本記述の許可規制を積極目的の規制と認定し，その目的には一応の合理性が認められ，また，その規制の手段・態様も著しく不合理であることが明白であるとは認められないから，同22条1項に違反しないとする（最大判昭47・11・22〈小売市場距離制限事件〉）。

ウ：妥当である（最大判昭50・4・30〈薬局距離制限事件〉）。

エ：妥当である（最判平4・12・15）。

オ：判例は，公衆浴場の適正配置規制を，公衆浴場業者の廃転業を防止し，健全で安定した経営を行えるようにして国民の保健福祉を維持しようとする積極的・社会経済政策的な目的と認定し，立法府のとった手段が著しく不合理であることが明白でない以上，同22条1項に違反しないとする（最判平元・1・20）。

以上より，妥当なものはウとエであるから，正答は5である。

### No. 7　国会（議事と議決）　　　　　正答　5

1．憲法56条1項は，「両議院は，各々その総議員の3分の1以上の出席がなければ，議事を開き議決することができない。」と規定しているから，その総議員の3分の1以上の出席がなければ，議事を開くこともできない。

2．臨時会および特別会の会期は，両議院一致の議決で定めるとされている（国会法11条）が，両議院の議決が一致しないとき，または参議院が議決しないときは，衆議院の議決したところによるとされている（同13条）。

3．両議院の会議については正しい（憲法57条1項本文）。しかし，国会法52条1項は「委員会は，議員の外傍聴を許さない。但し，報道の任務にあたる者その他の者で委員長の許可を得たものについては，この限りでない。」と規定しているから，委員会は公開が原則とされているとする部分は誤りである。

4．両議院の議事は，この憲法に特別の定めのある場合を除いては，出席議員の過半数でこれを決す

る（憲法56条2項）とされ，この憲法に特別の定めのある場合として，議院が懲罰によって議員を除名する場合（同58条2項ただし書），衆議院が法律案を再可決する場合（同59条2項）については，出席議員の3分の2以上の多数による議決が必要であるとする部分までは正しい。しかし，憲法改正の発議のために両議院が改正に賛成する場合は，出席議員ではなく総議員の3分の2の賛成が必要である（同96条1項前段）から，最後の部分は誤り。

5．妥当である。後半は憲法56条2項のとおり。議長はこの権能（裁決権）を保持するため，議事の表決に加わらないことが先例として確立している。

### No. 8　裁判所　　　正答　3

1．すべて司法権は，最高裁判所および法律の定めるところにより設置する下級裁判所に属する（憲法76条1項）。特別裁判所は，これを設置することができない。行政機関は，「終審」として裁判を行うことができない（同条2項）。前審として裁判を行うことはできる。

2．最高裁判所は，訴訟に関する手続，弁護士，裁判所の内部規律および司法事務処理に関する事項について，規則を定める権限を有する（憲法77条1項）。最高裁判所は，下級裁判所に関する規則を定める権限を，下級裁判所に「委任することができる」（同条3項）。

3．妥当である（憲法79条2項）。

4．裁判所が，裁判官の全員一致で，公の秩序または善良の風俗を害するおそれがあると決した場合には，「対審」は，公開しないでこれを行うことができる（憲法82条2項本文）。判決は絶対的に公開される（同条1項）。

5．判例は，国外に居住しており，国内の市町村の区域内に住所を有していない日本国民である在外国民に，最高裁判所裁判官の任命に関する国民審査に係る審査権の行使が認められていないのは，憲法15条1項，79条2項・3項に違反するとする（最大判令4・5・25〈在外国民審査権訴訟〉）。

### 【行政法】
### No. 9　機関相互の関係　　　正答　1

1．妥当である（最判昭54・7・20）。行政法上の委任では，委任機関から受任機関に移譲された権限は受任機関のものとなり，委任機関は当該権限を失うことになる。

2．権限の委任は，法律により定められた処分権者を変更するものであるから，法律の根拠が必要であり，政令等の法律よりも下位の法形式で行うことはできない。

3．権限の代理は，被代理機関の権限を被代理機関の名において行使するものであり，権限の所在に移動は生じない。したがって，本肢の代理機関が自己の権限として行使するとする部分が誤りである。

4．専決は，行政庁の権限を補助機関が行使することを内部的に認め，補助機関が行政庁の名において権限を行使することであるから，本肢の補助機関がその補助機関の名において権限を行使することであるとする部分が誤りである。

5．専決は，対外的には法律により権限を与えられた行政庁が権限を行使しており，補助機関は単に補助執行をしているにすぎないと考えられているため，法律による明文の根拠は不要と解されている。

### No. 10　各種義務　　　正答　3

1．行政庁は，行政上特別の支障があるときを除き，法令により申請の提出先とされている機関の事務所における備付けその他の適当な方法により審査基準を「公にしておかなければならない」（行政手続法5条3項）。審査基準の公表は，努力義務ではない。

2．行政庁は，申請がその事務所に到達してから当該申請に対する処分をするまでに通常要すべき標準的な期間を「定めるよう努める」とともに，これを定めたときは，これらの当該申請の提出先とされている機関の事務所における備付けその他の適当な方法により公にしておかなければならない（行政手続法6条）。標準処理期間の設定は，努力義務である。

3．妥当である（行政手続法10条）。

4．前半が誤り。行政庁は，処分基準を定め，かつ，これを公にしておくよう「努めなければならない」（行政手続法12条1項）。処分基準の設定・公表は，努力義務である。なお，後半は正しい（同条2項）。

5．同一の行政目的を実現するため一定の条件に該当する複数の者に対し行政指導をしようとするときは，行政機関は，あらかじめ，事案に応じ，行政指導指針を定め，かつ，行政上特別の支障がな

い限り，これを「公表しなければならない」（行政手続法36条）。行政指導指針を定め公表することは，努力義務ではない。

1．妥当である（最大判平20・9・10）。
2．関税定率法による通知等は，その法律上の性質において，判断の結果の表明，すなわち観念の通知であるとはいうものの，もともと法律の規定に準拠してされたものであり，かつ，これにより申告にかかる貨物を適法に輸入することができなくなるという法律上の効果を及ぼすものというべきであるから，行政事件訴訟法3条2項にいう「行政庁の処分その他公権力の行使に当たる行為」に該当する（最判昭54・12・25）。
3．都市計画事業の事業地の周辺に居住する住民のうち当該事業が実施されることにより騒音，振動等による健康または生活環境に係る著しい被害を直接的に受けるおそれのある者は，当該事業の認可の取消しを求めるにつき法律上の利益を有する者として，その取消訴訟における原告適格を有する（最大判平17・12・7）。
4．公衆浴場法が許可制を採用したのは，主として国民保健および環境衛生という公共の福祉の見地から出たものであることはむろんであるが，他面，同時に，無用の競争により経営が不合理化することのないように濫立を防止することが公共の福祉のため必要であるとの見地から，被許可者を濫立による経営の不合理化から守ろうとする意図をも有するものであることは否定しえないところであって，適正な許可制度の運用によって保護せらるべき業者の営業上の利益は，単なる事実上の反射的利益というにとどまらず公衆浴場法によって保護せられる法的利益と解する（最判昭37・1・19）。
5．建築確認は，それを受けなければ工事をすることができないという法的効果を付与されているにすぎないものというべきであるから，当該工事が完了した場合においては，建築確認の取消しを求める訴えの利益は失われる（最判昭59・10・26）。

1．判例は，行政処分が違法であることを理由として国家賠償の請求をするについては，あらかじめ当該行政処分につき取消または無効確認の判決を得る必要はないとする（最判昭36・4・21）。

2．妥当である（最判昭62・2・6）。
3．判例は，本肢のような追跡行為が違法となるためには，追跡が当該職務目的を遂行するうえで不必要であるか，または逃走車両の逃走の態様および道路交通状況等から予測される被害発生の具体的危険性の有無および内容に照らし，追跡の開始・継続もしくは追跡の方法が不相当であることを要するとする（最判昭61・2・27）。よって，違法となることがある。
4．判例は，加害行為が自己の利益を図る目的で行われた場合でも，客観的に職務執行の外形を備える行為をして，これによって他人に損害を加えた場合には，国または公共団体は損害賠償責任を負うことがあるとする（最判昭31・11・30）。
5．判例は，国または公共団体以外の者の被用者が第三者に損害を加えた場合であっても，当該被用者の行為が国または公共団体の公権力の行使に当たるとして国または公共団体が国家賠償法1条1項に基づく損害賠償責任を負うときは，使用者は民法715条に基づく損害賠償責任を負わないとする（最判平19・1・25）。

1．選挙権を有する者は，政令の定めるところにより，その総数の50分の1以上の者の連署をもって，その代表者から，普通地方公共団体の長に対し，条例の制定または改廃の請求をすることができるが，地方税の賦課徴収ならびに分担金，使用料および手数料の徴収に関する条例については除外されている（地方自治法74条1項）。
2．事務の監査請求は，選挙権を有する者の総数の50分の1以上の者の連署をもって，その代表者から，行われる（地方自治法75条1項）。なお，住民監査請求は1人ででも行える（同242条1項）。
3．解散の請求（地方自治法76条1項）があったときは，選挙管理委員会は，これを選挙人の投票に付さなければならない（同条3項）とされており，議会が当然に解散されるのではない。
4．住民訴訟を提起するためには住民監査請求を前置しなければならない（地方自治法242条の2第1項）。
5．妥当である（地方自治法242条1項，242条の2第1項）。

【民法】

1．前半は正しい（民法100条本文）。しかし，相手方が，代理人が本人のためにすることを知り，または知ることができたときは，代理行為の効果と同様に本人に対して直接に効力を生ずることになる（同条ただし書）から，後半は誤りである。

2．代理人が自己または第三者の利益を図るため権限内の行為をしたとき（代理人の権限濫用の場合）でも，代理人は代理権は有するので無権代理ではない。ただし，代理人の権限濫用について，相手方がその目的を知り，または知ることができたときは，その行為は代理権を有しない者がした行為とみなす（民法107条）。

3．無権代理の相手方からの追認の催告に対して，本人が催告で示された期間内に確答をしないときは，追認を拒絶したものとみなされる（民法114条）。

4．判例は，民法761条は夫婦相互の日常家事に関する代理権を認めたものであるとするが，夫婦の財産的独立（同762条参照）を保護する必要性から同110条の直接適用による表見代理の成立を認めてはいない。もっとも，取引きの相手方において当該行為が当該夫婦の日常家事の範囲内に属すると信じるにつき正当の理由があるときに限って，同110条の趣旨を類推適用して，その第三者の保護を図れば足りるものと解するのが相当であるとする（最判昭44・12・18）。

5．妥当である（最判平5・1・21）。

No. 15　所有権　　　　正答　4

1．土地の所有者は，境界またはその付近において建物を築造するなど必要な範囲内で，隣地の使用を請求することができる（民法209条1項本文）が，隣人の承諾がなければ，その住家に立ち入ることはできない（同条同項ただし書）。

2．前半は正しい（民法210条1項）。しかし，この通行権を有する者は，必要があるときは，通路を開設することができる（同211条2項）から，後半は誤り。

3．前半は正しい（民法213条1項前段）。しかし，この場合においては，償金を支払うことを要しない（同条同項後段）から，後半は誤り。なお，同210条の規定による通行権を有する者は，その通行する他の土地の損害に対して償金を支払わなければならないとされる（同212条本文）。

4．妥当である（民法213条1項前段，最判平2・11・20）。判例は，共有物の分割によって公路に

通じない土地（「袋地」）を生じた場合には，袋地の所有者は，民法213条に基づき，これを囲繞する土地のうち，他の分割者の所有地または土地の一部の譲渡人もしくは譲受人の所有地（「残余地」）についてのみ通行権を有するが，同条の規定する囲繞地通行権は，残余地について特定承継が生じた場合にも消滅するものではなく，袋地所有者は，同210条に基づき残余地以外の囲繞地を通行しうるものではないとする。

5．前半は正しい（民法214条）。しかし，水流が天災その他避けることのできない事変により低地において閉塞したときは，高地の所有者は，自己の費用で，水流の障害を除去するため必要な工事をすることができる（同215条）だけであるから，後半は誤り。

No. 16　債権者代位権　　　　正答　1

ア：妥当である（最判昭28・12・14）。

イ：判例は，遺留分侵害額請求権は，遺留分権利者が，これを第三者に譲渡するなど権利行使の確定的意思を有することを外部に表明したと認められる特段の事情がある場合を除いて，債権者代位権の目的とすることはできないとする（最判平13・11・22）。よって，そのような特段の事情があれば債権者代位権の目的とすることができる。

ウ：債権者は，被代位権利を行使する場合において，被代位権利の目的が可分であるときは，自己の債権の額の限度においてのみ，被代位権利を行使することができる（民法423条の2）。

エ：妥当である（民法423条の7）。

オ：判例は，建物の賃借人が，賃貸人たる建物所有者に代位して，建物の不法占拠者に対しその明渡しを請求する場合には，直接自己に対して明渡しをすべきことを請求することができるとする（最判昭29・9・24）。

以上より，妥当なものはアとエであるから，正答は1である。

No. 17　不法行為　　　　正答　4

1．精神上の障害により自己の行為の責任を弁識する能力を欠く状態にある間に他人に損害を加えた者は，その賠償の責任を負わないのが原則であるが，故意または過失によって一時的にその状態を招いたときは，責任を負う（民法713条）。

2．責任無能力者がその責任を負わない場合において，その責任無能力者を監督する法定の義務を負

地方上級 専門試験 正答と解説

う者は，その責任無能力者が第三者に加えた損害を賠償する責任を負うが，監督義務者がその義務を怠らなかったとき，またはその義務を怠らなくても損害が生ずべきであったときは，責任を負わない（民法714条）。

3．ある事業のために他人を使用する者は，被用者がその事業の執行について第三者に加えた損害を賠償する責任を負うが，使用者が被用者の選任およびその事業の監督について相当の注意をしたとき，または相当の注意をしても損害が生ずべきであったときは，責任を負わない（民法715条1項）。

4．妥当である。土地の工作物の占有者と所有者の責任である（民法717条1項）。

5．人の生命または身体を害する不法行為による損害賠償の請求権は，被害者またはその法定代理人が損害および加害者を知った時から「5年間」行使しない場合には，時効によって消滅する（民法724条1号，724条の2）。

## 【刑法】

### No. 18　正当防衛　　　正答　3

1．判例は，国家的・公共的法益のための正当防衛も，国家公共の機関の有効な公的活動を期待しえない極めて緊迫した場合には，例外的に許されるとしている（最判昭24・8・18）。

2．判例は，正当防衛における防衛行為は，防衛の意思を持ってなされることが必要であり，防衛行為に名を借りた侵害者に対する積極的加害行為は防衛の意思を欠くため，正当防衛のための行為とは認めることはできないが，防衛の意思と攻撃の意思とが併存している場合の行為は，防衛の意思を欠くものではなく正当防衛が成立しうるとする（最判昭50・11・28）。

3．妥当である（最判昭32・1・22）。その例として，素手で殴り合っているときに，突然，一方がナイフを取り出して攻撃してきたため，棒で反撃した場合などが挙げられる。

4．判例は，反撃行為が防衛手段として相当性を有するものであれば，反撃行為から生じた結果がたまたま侵害されようとした法益より大きい場合であっても，その反撃行為が正当防衛行為でなくなるものではないとする（最判昭44・12・4）。

5．判例は，共同正犯が成立する場合における過剰防衛の成否は，共同正犯者の各人につきそれぞれの要件を検討して決するべきであるとして，本肢

における他の共同正犯者については，侵害の急迫性が否定され，過剰防衛は成立しないとする（最決平4・6・5）。

### No. 19　賄賂罪　　　正答　4

1．判例は，賄賂罪が成立するためには，賄賂は，職務行為に対するものであれば足り，個々の職務行為との間に対価関係のあることを必要としないとする（最決昭33・9・30）。

2．判例は，教育指導が，教諭としての職務に基づく公的な面を離れ，生徒に対する私的な人間的愛情と教育に対する格別な熱情の発露の結果であるとも認められるような極めて特殊な場合には，教諭の当然の職務行為であると速断することはできないとする（最判昭50・4・24）。よって，常に収賄罪が成立するとはいえない。

3．判例は，警視庁A警察署地域課に勤務する警察官が，自らは関与していない同庁B警察署刑事課で捜査中の事件に関して告発状を提出していた者から現金の供与を受けた行為は，職務に関し賄賂を収受したものとして，収賄罪が成立するとする（最決平17・3・11）。この判例は，警視庁警察官の犯罪捜査に関する職務権限は，同庁の管轄区域である東京都の全域に及ぶと解されることなどをその理由として挙げている。

4．妥当である（最決昭58・3・25）。

5．判例は，本肢のような事案については，事前収賄罪（刑法197条2項）ではなく，受託収賄罪（同197条1項後段）が成立するとする（最決昭61・6・27）。

## 【労働法】

### No. 20　労働時間　　　正答　2

1．前半は正しい（労働基準法32条1項）が，使用者は，1週間の各日については，労働者に，休憩時間を除き1日について8時間を超えて，労働させてはならない（同条2項）から，後半は誤り。

2．妥当である（最判平12・3・9〈三菱重工長崎造船所事件〉）。

3．判例は，実作業に従事していない仮眠時間において，労働者が実作業に従事していないというだけでは，使用者の指揮命令下から離脱しているということができず，当該時間に労働者が労働から離れることを保障されていて初めて，労働者が使用者の指揮命令下に置かれていないということができるとして，実作業に従事していない仮眠時間

であっても，労働からの解放が保障されていない本肢のような場合には，労働基準法上の労働時間に当たるとする（最判平14・2・28〈大星ビル管理事件〉）。

4．判例は，違法な時間外労働についても，使用者には割増賃金を支払う義務があるとする（最判昭35・7・14〈小島撚糸事件〉）。なお，この使用者が労働基準法違反として処罰されることがあるとする部分は正しい（労働基準法119条1号，32条）。

5．前半は正しい（労働基準法41条2号）。しかし，判例は，労働基準法41条2号の管理監督者が時間外手当支給対象外とされるのは，その者が，経営者と一体的な立場において，労働時間，休憩および休日等に関する規制の枠を超えて活動することを要請されてもやむをえないものといえるような重要な職務と権限を付与され，また，それゆえに賃金等の待遇およびその勤務態様において，他の一般労働者に比べて優遇措置が講じられている限り，厳格な労働時間等の規制をしなくてもその保護に欠けるところがないという趣旨に出たものと解されるとし，この管理監督者に該当するといえるためには，その役職の名称だけでなく，実質的に上記のように法の趣旨が充足されるような立場にあると認められるものでなければならないとする（東京高判平17・3・30〈神代学園ミューズ音楽院事件〉）。よって，判例は，本肢のようにその役職の名称により形式的に判断されるとはしていないから，後半は誤り。

## No. 21 争議行為 　　　　正答 3

1．判例は，使用者に対する経済的地位の向上の要請とは直接関係のない政治的目的のための争議行為を行うことは，憲法28条の保障とは無関係なものであるとする（最大判昭48・4・25〈全農林警職法事件〉）から，正当な争議行為として法的保護を受けることはできない。

2．労働組合法には争議行為の予告を義務づける規定は存在しない。もっとも，労働協約により予告が義務づけられている場合はある。なお，労働関係調整法37条1項には，公益事業における争議行為については，その争議行為をしようとする日の少なくとも10日前までに，労働委員会および厚生労働大臣または都道府県知事にその旨を通知しなければならないと規定されている。

3．妥当である（最判平4・10・2〈御国ハイヤー

事件〉）。

4．判例は，憲法は勤労者の団体行動権を保障しているが，労働者の争議権の無制限な行使を認めているのではないから，労働者側が企業者側の私有財産の基幹をゆるがすような争議行為をすることは許されず，本肢にあるような企業経営の権能を権利者の意思を排除して非権利者が行ういわゆる生産管理については，違法性は阻却されず窃盗罪を構成するとする（最大判昭25・11・15〈山田鋼業事件〉）。

5．判例は，ロックアウトは，本肢のように具体的諸事情に照らし衡平の見地から見て労働者側の争議行為に対する対抗防衛手段として相当と認められる場合には，使用者の争議行為として正当性を有するとする（最判昭50・4・25〈丸島水門事件〉）から，使用者から先制する攻撃的手段としてのロックアウトは，正当性を有しない。

## 【経済原論】

## No. 22 補償変分 　　　　正答 3

財の価格が変化したとき，「価格変化前と同じ効用を維持するために必要な所得と当初所得の差の大きさ」とは，補償変分 $CV$ のことである。

当初，X財価格，Y価格がともに2であるときの最適消費条件は，加重限界効用均等法則より，

$$\frac{y}{2}=\frac{x}{2} \quad \Leftrightarrow \quad x=y$$

これを予算制約式に代入すると，

$$2x+2y=200$$
$$4x=200$$
$$\therefore x=50, \quad y=50$$

このときの効用水準は，

$$u=xy=50\times50=2500$$

次に，Y財価格が0.5へ低下したときの最適消費条件は，

$$\frac{y}{2}=\frac{x}{0.5} \quad \Leftrightarrow \quad y=4x \quad \cdots\cdots (1)$$

となる。また，効用水準 $u=2500$ を維持するための所得を $M$ とすると，予算制約式は(1)より，

$$M=2x+0.5y=4x \quad \cdots\cdots (2)$$

となる。効用関数と(1)より，

$$u=2500=xy=4x^2$$
$$\therefore x=25$$

これを(2)に代入して，

$$M=100$$

当初所得が200であることから，補償変分 $CV$ は，

$$CV = 200 - 100 = 100$$

よって，正答は **3** である。

[別解]

効用関数がコブ＝ダグラス型なので，指数に応じて分配する解き方もある。

---

### No. 23　異時点間の最適消費　　正答　1

この消費者の2期間の予算制約式より，

$$C_1 + \frac{1}{1+0.05}C_2 = 180 + \frac{210}{1+0.05}$$

$$\therefore C_1 + \frac{1}{1.05}C_2 = 380 \quad \cdots\cdots (1)$$

が成立する。

また，異時点間消費の効用最大化条件より，

$$MRS = 1 + r$$

$$\frac{C_2}{C_1} = 1.05$$

$$\therefore C_2 = 1.05C_1 \quad \cdots\cdots (2)$$

が成立する。(2)を(1)に代入すると，

$$\therefore C_1 + \frac{1}{1.05} \times 1.05C_1 = 380$$

$$\therefore C_1 = 190$$

今期の所得は180なので，

180 − 190 = −10 （10借り入れ）

よって，正答は **1** である。

---

### No. 24　不確実性下における利潤最大化　　正答　2

本問の場合，農家は期待価格の計算結果に基づき行動する。ゆえに，期待価格さえ求められれば，あとは利潤最大化条件に従い計算すればよい。問題文の条件より，農家の生産物の期待価格 $EP$ は，

$$EP = \frac{1}{4} \times 25 + \frac{1}{4} \times 15 + \frac{1}{2} \times 0 = 10$$

一方，農家の限界費用 $MC$ は，総費用関数より，

$$MC = 2x$$

となる。ゆえに，利潤最大化条件 $EP = MC$ より，

$$10 = 2x$$

$$\therefore x = 5$$

よって，正答は **2** である。

---

### No. 25　ゲーム理論　　正答　4

1．支配戦略均衡は存在しない。なお，（戦略 a，戦略 c）がパレート効率的であるのは正しい。

2．ナッシュ均衡は（戦略 a，戦略 c）および（戦略 b，戦略 d）の2つ存在する。

3．後半部分が誤り。もし，（戦略 b，戦略 d）か

ら（戦略 a，戦略 c）へ変更することができればパレート改善される。

4．妥当である。

5．このゲームにおいて支配戦略均衡が存在しないことから，囚人のジレンマも存在しない。

---

### No. 26　自由貿易協定の効果　　正答　1

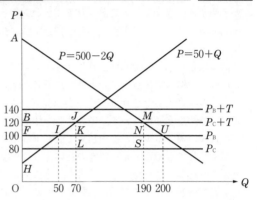

当初，40の関税をかけているとき，B国からの輸入価格は140，C国からの輸入価格は120であることから，A国は財をC国から輸入することになる。輸入価格120のもとでは，国内生産量が70，国内消費量が190であるから，120だけ輸入が行われる。このとき，消費者余剰は $AMB$，生産者余剰は $BJH$，関税収入が $JLSM$，総余剰が $AMSLJH$ となる。

ここで，A国がB国と自由貿易協定を締結して関税を撤廃すると，B国からの輸入価格は100になる。よって，A国はC国ではなくB国から財を輸入するようになる。輸入価格100のもとでは，国内生産量が50，国内消費量が200であるから，150だけ輸入が行われる。このとき，消費者余剰は $AUF$，生産者余剰は $FIH$，総余剰が $AUIH$ となる。C国と貿易を行っていたときと比べて，$\triangle IJK + \triangle UMN - \square KNSL$ だけ総余剰は変化する。このうち，$\triangle IJK + \triangle UMN$ はB国との貿易によって新たに創出（貿易創出効果）された総余剰の増加分である。また，−$\square KNSL$ は，限界費用の低いC国から高いB国へ輸入120だけ転換（貿易転換効果）されたことによる総余剰の減少分である。それぞれ計算して求めると，$\triangle IJK + \triangle UMN = 300$，$\square KNSL = 2400$ である。

よって，正答は **1** である。

---

### No. 27　物価指数　　正答　2

財の数を $n$ とした場合の物価指数は，大きく次の2つに分けられる。基準年の生産量を用いて計算した物価指数をラスパイレス指数，比較年の生産量

を用いて計算した物価指数をパーシェ指数という。

$$\text{ラスパイレス指数}=\frac{P_t^1 Q_0^1+P_t^2 Q_0^2+\cdots+P_t^n Q_0^n}{P_0^1 Q_0^1+P_0^2 Q_0^2+\cdots+P_0^n Q_0^n}\times 100$$

$$\text{パーシェ指数}=\frac{P_t^1 Q_t^1+P_t^2 Q_t^2+\cdots+P_t^n Q_t^n}{P_0^1 Q_t^1+P_0^2 Q_t^2+\cdots+P_0^n Q_t^n}\times 100$$

ただし，$P_t^i$：$t$年の第 i 財の価格，$Q_t^i$：$t$年の第 i 財の生産量，$P_0^i$：基準年の第 i 財の価格，$Q_0^i$：基準年の第 i 財の生産量を表す（i＝1，2，…，$n$）。

本問で問われている消費者物価指数はラスパイレス指数であることから，2017年の消費者物価指数 $P_L$ は，

$$P_L=\frac{110\times10+90\times10}{100\times10+100\times10}\times100=100$$

よって，正答は **2** である。

ちなみに，2017年のパーシェ物価指数 $P_P$ は，

$$P_P=\frac{110\times9+90\times11}{100\times9+100\times11}\times100=99$$

である。

### No. 28 消費関数　　　正答 4

1．恒常所得仮説によると，減税等が一時的なものであれば，可処分所得の増加は変動所得の増加とみなされ，その多くが貯蓄に回り，消費はほとんど変化しない。

2．本問の場合，長期的にも貯蓄率は正の値をとる。ライフサイクル仮説では，人々は自らの寿命を正確に予測し遺産を残さず経済成長率も一定で各世代の人口が同数かつ各期の人口構成も不変であるとした場合，社会全体の長期的な貯蓄率はゼロになるとしている。

3．相対所得仮説によると，人々の消費は現在だけでなく過去の最高所得水準にも依存することから，所得が上昇傾向にある場合にはクズネッツ型消費関数に従い，所得に比例して消費も増加するが，不景気で一時的に所得が減少する場合には，ケインズ型消費関数に従い，消費は所得の落ち込みほどには減少しない歯止め効果（ラチェット効果）が生じる。ゆえに，短期の限界消費性向は長期の限界消費性向よりも小さな値をとる。

4．妥当である。

5．トービンは，アメリカの統計において，長期的にマーシャルの $k$ が上昇していたことに着目し，長期的には平均消費性向が一定に維持されると主張した。

### No. 29 日本銀行の金融政策　　　正答 4

1．前半が誤り。日本銀行は，憲法ではなく，日本銀行法によりそのあり方が定められている。その目的とは日本の中央銀行として，①銀行券を発行するとともに，通貨および金融の調節を行うこと，②銀行その他の金融機関の間で行われる資金決済の円滑の確保を図り，もって信用秩序の維持に資すること，③物価の安定を図ることを通じて国民経済の健全な発展に資すること，とされている。

2．日本は2001年3月に量的緩和政策という，世界に先駆けた非伝統的金融政策を導入した。また，日本銀行は，2016年1月に「マイナス金利付き量的・質的金融緩和」，同年9月に「長短金利操作付き量的・質的金融緩和」を導入し，大規模な金融緩和の取組みを続けている。

3．実質長期金利が低水準で推移する中，新規貸出の増加を伴って設備投資は拡大した。また，金融機関の資産構成も貸出債権が増加するとともに株式などのリスク性資産が増加している。

4．妥当である。資金供給は共通担保オペ，国債，CP，社債，ETF・J-REIT買入，CP等買現先オペや国債買現先オペなどが実施されている。また資金吸収は手形売出オペを中心として，国債売現先オペなどが実施されている。

5．準備預金制度に関する前半部分の記述は正しい。しかし，預金準備率の変更は十分過剰準備を保有する近年の金融機関の状況において，金融機関の与信態度にあまり影響しないと考えられるため，1991年10月を最後に変更されていない。

### No. 30 新古典派経済成長論　　　正答 1

新古典派の経済成長理論では，黄金律第2条件より，1人当たり消費が最大化されるとき，貯蓄率は資本分配率に等しくなる。コブ＝ダグラス型の生産関数の $K_t$ の指数の値が資本分配率なので，

資本分配率＝貯蓄率＝0.2

となる。また1人当たり消費が最大化される状況の下では，資本蓄積率（資本増加率）＝資本利潤率という関係も成立することになる。

よって，正答は **1** である。

ちなみに，黄金律第2条件が出てこない場合，本問は次のように解くことになる。問題の第2式より，本問では資本減耗率がゼロであることから，定常状態の条件より，

$$
\begin{bmatrix} n：労働人口成長率 & y：1人当たり所得 \\ k：1人当たり資本 & \end{bmatrix}
$$

$$sy=nk$$

$$s=n\cdot\frac{k}{y}$$

黄金律第1条件より，1人当たり消費が最大化されるとき，労働人口成長率＝実質利子率なので，

$$s=n\cdot\frac{k}{y}=\frac{r}{p}\cdot\frac{k}{y}$$

上式の分母分子を $L$ 倍すると，右辺は資本分配率 $\left(\dfrac{rk}{py}\right)$ となる。コブ＝ダグラス型の生産関数の $K_t$ の指数の値が資本分配率であることから，$s=0.2$ となる。

## 【財政学】

### No. 31　日本の予算制度 　　　正答　5

1．予算案に関して，両院協議会で意見が一致しなかった場合，衆議院の議決が優先される。後半の記述は正しい。

2．移用と流用の説明が逆である。また，移用は，あらかじめ国会の議決を経た場合に限り，財務大臣の承認を経たうえで認められるのに対し，流用は，財務大臣の承認を経たうえで認められる。

3．1文目は，政府関係機関予算の定義である。特別会計予算とは，「国が特定の事業を行う場合，特定の資金を保有してその運用を行う場合，その他特定の歳入を以て特定の歳出に充て一般の歳入歳出と区分して経理する必要がある場合に限り，法律を以て」設けることが認められているものである。特別会計の数は，「簡素で効率的な政府を実現するための行政改革の推進に関する法律」（平成18年）および「特別会計に関する法律」（平成19年）により，平成23年度までに17会計に縮減され，その後も統廃合が進み，令和5年度現在，特別会計の数は13となっている。

4．継続費の説明である。国庫債務負担行為とは，事業，工事等の発注契約の締結は当該初年度にする必要があるが，支出については，事業等の進捗度合いに応じて全部または一部が翌年度以降になされるような場合に用いられるもので，事項ごとにその必要な理由と債務負担の限度額などを明らかにして国会の議決を経ることとしている。

5．妥当である。

### No. 32　国債 　　　正答　4

1．財投債の償還や利払いは財政融資による独立行政法人などへの貸付回収金により行われるため，将来の税財源を償還財源とする普通国債とは区別され，国および地方の長期債務残高にも含まれない。また，令和5年度の国債発行総額（当初）の金額はその通りだが，過去最大の規模は令和2年度である。

2．令和5年度の国債発行総額は205.8兆円と，令和4年度当初に比べて9.3兆円の減少となっているものの，依然として極めて高い水準になっている。なお，借換債が国債発行総額の大半を占めているという記述は正しい。また，令和5年度の財投債の発行額は，前年度当初比13.0兆円減の12.0兆円となっている。

3．後半の記述が誤り。国債の償還については，一般会計の決算上の剰余金の繰入れを行うことは認められている。また，令和5年度の国債発行総額（当初）のうち，借換債は100兆円を大きく超える規模にあり，本肢にある約36兆円は前年度の新規国債（建設・特例国債）の発行額である。

4．妥当である。

5．普通国債には復興債も含まれる。また，令和5年度末（見込み）の普通国債残高は約1,068兆円であり，本肢にある約1,280兆円は，国と地方の長期債務残高である。

### No. 33　租税理論 　　　正答　3

1．転嫁のうち，生産，流通，消費の流れに沿って，取引上の売手から買手に税負担が移転することを前方転嫁（前転）といい，仕入れ値を値引きするなどの方法で，買手から売手に課税の負担が移転することを後方転嫁（後転）という。

2．価格弾力性が大きいとは，それだけ価格変化に対して消費者あるいは生産者が敏感に反応することを意味することから，価格弾力性が大きい経済主体ほど，課税の負担割合は小さくなる。

3．妥当である。

4．政府が生産者に対し租税を賦課した場合，消費者と生産者の税の負担割合は，供給の価格弾力性が大きくなるにつれて消費者の負担割合が大きくなる。供給の価格弾力性が無限大のとき，租税のすべてを消費者が負担することとなる。

5．逆弾力性の命題（ラムゼー・ルール）とは，資源配分の効率性の観点からみると，需要の価格弾力性が小さい財に多く課税するほうが望ましいと

するものである。需要の価格弾力性が小さいとは，需要曲線の傾きが大きいことを意味し，このとき課税による取引量の減少が小さいことから，余剰分析において死荷重は小さくなる。しかし，需要の価格弾力性が小さい財は生活必需品に多いことから，租税負担において逆進性の問題が発生する。このように，一般に，効率性と（垂直的）公平性は両立しない（効率と公平のトレード・オフ）。

## 【経営学】

### No. 34 経営戦略　　　　　　　正答　1

1. 妥当である。チャンドラーは，『経営戦略と組織』（1962年）で，19世紀末から20世紀初頭の米国大企業の成長過程を分析し，これらの大企業が事業の多角化に伴って，組織編成を事業部制組織に変革する過程を跡づけ，「組織は戦略に従う」という命題を示した。また，『経営者の時代』（1977年）では，19世紀以降の米国経済の変遷を分析し，市場の「見えざる手」による調整機能よりも，大企業のマネジメント（経営管理）による「見える手」が生産と流通を統合し，各産業において重要な役割を果たすようになったと指摘した。

2. アンゾフが示したシナジー効果の説明である。成長ベクトルは企業の成長方向を意味し，製品の新旧と市場の新旧の組み合わせによって，市場浸透（既存製品・既存市場），市場開発または市場開拓（既存製品・新市場），製品開発（新製品・既存市場），多角化（新製品・新市場）に分類される。

3. 「生産量の増加に伴って，製品1単位当たりの平均生産コストが低下する現象」は，規模の経済である。経験効果は製品ライフサイクルとともに，BCGが考案したPPMの理論的基盤である。具体的には，ある製品の累積生産量が倍加するごとに，トータル・コスト（生産コストだけでなく物流，販売，管理などに要するコストも含む）が一定の予測可能な範囲（約10〜30％）で低下する現象である。

4. 「資源ベース戦略論の代表的な学説」が誤り。ポーターの競争戦略論は，ポジショニング戦略論（Positioning View）の代表的な学説であり，他社よりも優位な地位（ポジション）を獲得するために競争市場を分析し，適切な戦略を選択することを重視する。これに対して，資源ベース戦略論

（Resource-based View）は，持続的な競争優位を保つために，他社には容易に模倣されない経営資源や技術，知識，経験などの組織能力を重視する立場であり，バーニーが唱えたVRIOフレームワークやC. K. プラハラードとG. ハメルが唱えたコア・コンピタンスが代表的な学説である。

5. SWOT分析の説明である。VRIOフレームワークは，企業の経営資源や組織能力が，どのように競争優位を生み出すかを分析する理論枠組みである。具体的には，ある経営資源が持続的な競争優位をもたらすか否かは，経済価値（Value），希少性（Rareness, Rarity），模倣困難性（Imitability，模倣可能性とも表記される），これらの経営資源を活用する組織（Organization）によって決まるとした。

### No. 35 マーケティング　　　　　正答　2

1. マーケティング・ミックスの定義は正しいが，後半はR. F. ローターボーン（ラウターボーン）が唱えた4Cの内容である。E. J. マッカーシーは，マーケティング・ミックスの中核となる要素を，企業側の視点からProduct（製品），Price（価格），Place（立地，流通チャネル，物流），Promotion（販売促進）の4Pとした。これに対して，ローターボーンは，顧客側の視点からCustomer Value（顧客価値），Cost（対価，コスト），Convenience（利便性），Communication（コミュニケーション）の4Cに集約した。

2. 妥当である。上層吸収価格戦略（上澄み吸収価格戦略）は，高所得層を対象として製品の投入時に高い価格設定を行い，短期的に利益の極大化を図る戦略である。これに対して，浸透価格戦略は，製品の投入時に低い価格設定を行うことで，一気に市場シェアの拡大を図る戦略である。

3. 製品差別化戦略と市場細分化戦略は，ともに製品ライフサイクルの成熟期に適切な戦略である。また，製品差別化の対象に価格は含まれない。なお，市場細分化戦略は，年齢，性別，地域，所得，顧客の嗜好などに応じて市場を分類し，個々の市場に適した戦略案を実施する。

4. 「生産規模に応じて」が誤り。また，後半の内容はニッチャーではなくフォロワーの説明である。コトラーは，市場における競争上の地位に応じて，企業をリーダー，チャレンジャー，フォロワー，ニッチャーに分類した。リーダーは最大の市場シェアを占める企業であり，その地位を維

持・拡大するためにあらゆる戦略を導入する。チャレンジャーはリーダーの座を狙う「二番手」企業であり，シェア首位の座を獲得するためにリーダーに対して徹底した差別化を行う。ニッチャーは他社には容易に模倣されない研究開発能力や流通・販売網などを基盤として，大企業が参入しないすき間市場で独自の地位を確立するタイプの企業である。

5．製品や技術はやがて陳腐化するため，レヴィットは，市場の基本的なニーズに関連させて，より長期的な視点からドメインを定義することが望ましいとした。既存の製品や技術にこだわるあまり，新たな事業の機会を見逃してしまうドメインの失敗例を，レヴィットは「マーケティング近視眼」と呼んだ。

## 【社会政策】

**No. 36　非正規雇用労働者**　　　**正答　2**

ア：妥当である。非正規雇用労働者は増加しているが，2015年から正規雇用労働者も増加しているため，その割合は37%前後を推移している。

イ：45歳以上の人が非正規雇用労働者の約6割を占めている。高齢者や労働参加が進んでおり，近年は非正規雇用労働者に占める65歳以上の割合が高まっている。

ウ：有期派遣契約でも，違う部署であれば，同一の企業に3年を超えて働くことは可能である。なお，派遣契約には無期派遣契約もある。

エ：非正規雇用労働者も，正規雇用労働者と同等に労災保険給付を受けることができる。ちなみに，ダブルワークを行う人の増加を背景に，2020年に労災保険法が改正され，同年9月から，労災保険の保険給付額は，雇用されているすべての企業の賃金を合算した額を基準として算定されることになった。

オ：妥当である。2018年に働き方改革関連法の一環でパートタイム・有期雇用労働法の制定や労働者派遣法の改正などが行われ，2020年度から大企業を対象に同一労働同一賃金の原則が導入された。また，2021年度からは中小企業も対象となった。

以上より，妥当なものはアとオであるから，正答は2である。

**No. 37　公的医療保険**　　　**正答　4**

1．保険者とは保険の運営者のことだが，国民健康保険の保険者は市町村と都道府県である。かつて
は市町村だけだったが，現在は都道府県も国民健康保険の「財政運営の責任主体」として，保険者となっている。

2．国家・地方公務員や私立学校の教職員は，各々の共済組合に加入する。健康保険組合は大企業の従業員が加入対象となっている。このほか，被用者保険には中小企業の従業員らが加入する全国健康保険協会管掌健康保険（協会けんぽ）と船員保険がある。

3．後期高齢者医療制度の財源構成比は，公費が5割，現役世代による支援金が4割，加入者の保険料が1割となっており（実情はやや異なる），後期高齢者医療制度の加入者も保険料を支払っている。

4．妥当である。例えば1,000点とされる医療行為の保険診療費は10,000円で，自己負担分が3割ならば3,000円を患者が支払い，残額の7,000円が保険者から医療機関に支払われる。

5．高額療養費制度は廃止されていないし，この制度は1か月間に医療機関に支払った医療費の自己負担分のうち，限度額を超えた分は，後に保険者に申請すれば払い戻しを受けることができるというものであって，医療機関に対して請求できる医療費に上限を課す制度ではない。ちなみに，この限度額は加入者の所得や年齢によって異なる。

**No. 38　年金**　　　**正答　4**

1．厚生年金の負担割合は事業主と被保険者が1：1の割合で負担することになっている。なお，保険料は標準報酬月額と標準賞与額に保険料率をかけて計算される。これに対し，国民年金の保険料は定額である。

2．国民年金の第3号被保険者は，厚生年金の被保険者（国民年金の第2号被保険者）の配偶者であり，かつ扶養されていない人のこと。つまり，扶養されていないならば，第3号被保険者とはならない。なお，国民年金の第3号被保険者には，保険料の納付義務がない。

3．GPIFは，外国債券や外国株式にも投資して，公的年金の積立金の運用を行っている。現在では，日本債券，日本株式，外国債券，外国株式を各々25%の比率で運用している。

4．妥当である。厚生年金や健康保険では，産前産後や育児休業期間中の保険料は免除される。また，2019年からは国民年金にも，産前産後期間の保険料の免除が行われている。

5．国民年金基金は私的年金（任意加入の年金）の一つだが，加入対象者は国民年金の第1号被保険者（自営業者など）であり，厚生年金の被保険者は対象外である。また，国民年金基金の加入者数は2003年末をピークに減少傾向が続いている。

## 【国際関係】

**No. 39　国際社会**　　　　　正答　3

1．現在の主権国家体制の原型は，欧州全体を巻き込んだ三十年戦争の講和条約であるウェストファリア条約（1648年締結）によって成立した。ナポレオンがフランス皇帝となったのは19世紀の出来事であり，ウィーン会議によって大国の勢力均衡を原則とするウィーン体制が成立した。

2．「平和十原則」の部分が誤りで，正しくは「14か条の平和原則」。ただし，米国は上院の反対により，国際連盟には加盟しなかった。なお，平和十原則とは，1955年のアジア・アフリカ会議（バンドン会議）で採択された原則である。

3．妥当である。トルーマン・ドクトリンとは，米国大統領のトルーマンによる，共産主義勢力の封じ込めを旨とする外交方針のこと。

4．「ルワンダ」の部分が誤りで，正しくは「ソマリア」。1993年に第2次国際連合ソマリア活動として，平和強制部隊がソマリアに投入されたが，作戦は失敗に終わり，1995年に撤収した。

5．ウクライナのEU（欧州連合）加盟に向けた動きが見られるものの，2023年末の時点で，ウクライナはEUにもNATO（北大西洋条約機構）にも加盟していない。ちなみに，2014年はロシアがウクライナのクリミア半島を「併合」した年である。

**No. 40　軍縮条約**　　　　　正答　2

1．第二次戦略兵器削減条約（START Ⅱ）の部分が誤りで，正しくは新戦略兵器削減条約（新START）である。第二次戦略兵器削減条約は1993年に調印されたが，米国が批准せず，発効しなかった。ちなみに，新戦略兵器削減条約は，2021年に2026年までの延長が決まっていたが，2023年にロシアが履行の停止を表明した。

2．妥当である。対人地雷全面禁止条約の締結においては，地雷禁止国際キャンペーン（ICBL）がその貢献を評価され，ノーベル平和賞を受賞した。日本は締約国であるが，米国，中国，ロシアは締約国でない。

3．さまざまなものから離脱したトランプ政権時のアメリカだが，生物兵器禁止条約からは離脱していないし，その表明もしていない。なお，ロシアとの二国間条約である中距離核戦力全廃条約（INF条約）は，ロシアの条約違反を理由に米国が破棄したため，2019年に失効した。

4．「宇宙空間」の部分が誤りで，正しくは「地下」。なお，包括的核実験禁止条約（CTBT）でも，爆発を伴わない核実験は禁止されていない。また，2023年末現在，発効要件となる米中などの批准が実現しておらず，未発効の状態にある。

5．アイルランドはNATO加盟国ではない。オランダを含む，すべてのNATO加盟国は，核兵器禁止条約に参加していない。なお，核兵器禁止条約は2020年に批准国数が発効要件を満たし，翌年に発効した。

# 市役所 専門試験　正答と解説

## 正 答 表

| | | | | | | | |
|---|---|---|---|---|---|---|---|
| No. 1 | 4 | No.11 | 4 | No.21 | 5 | No.31 | 3 |
| No. 2 | 3 | No.12 | 3 | No.22 | 3 | No.32 | 2 |
| No. 3 | 2 | No.13 | 5 | No.23 | 5 | No.33 | 5 |
| No. 4 | 1 | No.14 | 5 | No.24 | 1 | No.34 | 2 |
| No. 5 | 4 | No.15 | 2 | No.25 | 2 | No.35 | 5 |
| No. 6 | 2 | No.16 | 2 | No.26 | 2 | No.36 | 4 |
| No. 7 | 4 | No.17 | 5 | No.27 | 1 | No.37 | 2 |
| No. 8 | 4 | No.18 | 2 | No.28 | 3 | No.38 | 3 |
| No. 9 | 2 | No.19 | 1 | No.29 | 4 | No.39 | 1 |
| No.10 | 5 | No.20 | 3 | No.30 | 1 | No.40 | 1 |

## 【憲法】

### No. 1　信教の自由　　　　正答　4

ア：判例は，本件利用提供行為は，市と神社とのかかわり合いが，我が国の社会的，文化的諸条件に照らし，信教の自由の保障の確保という制度の根本目的との関係で相当とされる限度を超えるものであり，憲法89条の禁止する公の財産の利用提供に当たり，20条1項の禁止する宗教団体に対する特権の付与にも当たるとする（最大判平22・1・20）。

イ：妥当である（最大判令3・2・24〈那覇孔子廟事件〉）。

ウ：妥当である（最判平5・2・16〈箕面忠魂碑・慰霊碑訴訟〉）。

エ：判例は，県知事が，神社が挙行する例大祭に対し玉串料を県の公金から支出する行為は，その目的が宗教的意義を持つことを免れず，その効果が特定の宗教に対する援助，助長，促進になると認めるべきであり，これによってもたらされる県と神社等とのかかわり合いが我が国の社会的・文化的諸条件に照らし相当とされる限度を超えるものであって，憲法20条3項の禁止する宗教的活動に当たるとする（最大判平9・4・2〈愛媛県玉串料訴訟〉）。

オ：判例は，信仰上の真摯な理由から剣道実技に参加することができない学生に対し，代替措置として，他の体育実技の履修，レポートの提出等を求めたうえで，その成果に応じた評価をすることが，その目的において宗教的意義を有し，特定の宗教を援助，助長，促進する効果を有するものということはできず，他の宗教者または無宗教者に圧迫，干渉を加える効果があるともいえないのであって，およそ代替措置をとることが，その方法，態様のいかんを問わず，憲法20条3項に違反するということができないとする（最判平8・3・8〈神戸高専事件〉）。

以上より，妥当なものはイとウであるから，正答は4である。

### No. 2　教育を受ける権利　　　　正答　3

ア：判例は，憲法26条2項後段の義務教育を無償とする旨の規定は，授業料不徴収の意味と解するのが相当であり，授業料のほかに，教科書，学用品その他教育に必要な一切の費用まで無償とすべきことを定めたものではないとする（最大判昭39・2・26）。

イ：妥当である（最大判昭51・5・21〈旭川学テ事

件〉）。

ウ：妥当である（最大判昭51・5・21〈旭川学テ事件〉）。

エ：判例は，学問の自由は，学問研究の自由ばかりでなくその結果を教授する自由も含むが，大学教育の場合と異なり，普通教育においては教師に完全な教授の自由を認めることは許されないとする（最大判昭51・5・21〈旭川学テ事件〉）。

オ：妥当である（最判平5・3・16）。

以上より，妥当なものはイとウとオであるから，正答は3である。

### No. 3　内閣　　　　正答　2

1．憲法65条は「行政権は，内閣に属する」と規定しているが，公正取引委員会や国家公安委員会などの内閣から独立して職務を遂行する（独立）行政委員会の存在は合憲と考えられており，内閣から独立した機関が行政権を行使することは認められる。

2．妥当である（憲法67条1項前段，6条1項，68条1項，66条2項）。

3．内閣総理大臣が行う行政各部の指揮監督は，閣議にかけて決定した方針に基づいて行わなければならない（内閣法6条）とする点は正しい。しかし，判例は，閣議にかけて決定した方針が存在しない事案についても，内閣の明示の意思に反しない限り，内閣総理大臣は，行政各部に対し指示を与える権限を有するとする（最大判平7・2・22）から，後半は誤りである。

4．前半は正しい（憲法66条3項）。しかし，個々の国務大臣が，いずれかの議院から個別に責任を問われることはありうる。もっとも，この責任が問われても，衆議院による内閣不信任決議（同69条）のような法的効力はない。

5．参議院議員通常選挙の後に初めて国会の召集があった場合には，内閣は総辞職しなければならないとはされていない。なお，それ以外は正しい（憲法69条，70条）。

### No. 4　裁判所の司法審査の対象　　　　正答　1

1．妥当である。最高裁判所は，昭和35年（1960年）の判例を60年ぶりに変更して，出席停止の懲罰は，議員の権利行使の一時的制限にすぎないものとして，その適否がもっぱら議会の自主的，自律的な解決に委ねられるべきということはできないので，普通地方公共団体の議会の議員に対する

出席停止の懲罰の適否は，司法審査の対象となるとした（最大判令2・11・25）。

2．裁判所の司法審査の対象とならない（最大判昭37・3・7〈警察法改正無効事件〉）。

3．裁判所の司法審査の対象とならない（最大判昭35・6・8〈苫米地事件〉）。

4．裁判所の司法審査の対象とならない（最判昭41・2・8）。

5．裁判所の司法審査の対象とならない（最判昭56・4・7〈板まんだら事件〉）。

| No. 5　財政 | 正答　4 |
| --- | --- |

ア：判例は，法律上は課税できるが長い期間課税されなかった物品について，通達によって課税の対象とした場合，課税がたまたま通達を機縁として行われたものであっても，通達の内容が法の正しい解釈に合致するものであれば違憲ではないとする（最判昭33・3・28）。

イ：妥当である（最大判平18・3・1〈旭川市国民健康保険条例違憲訴訟〉）。なお，同判決は，本記述の判断に続けて，他方において，保険料の使途は，国民健康保険事業に要する費用に限定されているのであって，国民健康保険法の委任に基づき条例において賦課要件がどの程度明確に定められるべきかは，賦課徴収の強制の度合いのほか，社会保険としての国民健康保険の目的，特質等をも総合考慮して判断する必要があるものとする。

ウ：予算と法律が矛盾するという問題が排除されることになるのは，予算の法的性格について，予算は法律それ自体であるとする説（予算法律説）である（「後法は前法を破る」という後法優先の原則のため）。予算法形式説（予算国法形式説）の立場によれば，予算と法律が矛盾する問題が生じうる。

エ：前半は正しい（憲法87条1項・2項）。しかし，国会の事後承諾が得られなくても，すでに支出された予備費については影響はなく，支出を決定した内閣の政治責任の問題が生ずるにとどまると解されているから後半は誤り。

オ：妥当である（憲法90条1項）。国会による決算の承認を得られない場合でも，本記述のように解されている。

以上より，妥当なものはイとオであるから，正答は4である。

**【行政法】**

| No. 6　行政行為の取消しと撤回 | 正答　2 |
| --- | --- |

1．前半は正しいが，後半が誤り。行政庁が行う職権取消しの対象としては，違法な行政行為はもとより，不当な行政行為も当然に含まれる。

2．妥当である（最判昭63・6・17〈菊田医師赤ちゃん斡旋事件〉）。

3．前半は正しい（取消自由の原則）が，後半が誤り。争訟裁断手続を経て行われた行政行為については，例外的に不可変更力が生じることから，処分行政庁自身がこれを取り消すことは許されない。

4．行政行為を行った行政庁を指揮監督する上級行政庁は，その行政行為を職権により取り消すことはできるが，その行政行為の撤回はそれを行った処分庁のみがすることができ，処分庁を指揮監督する上級行政庁であっても撤回することはできないと解されている。

5．行政財産である土地につき期間の定めなくなされた使用許可が，当該行政財産本来の用途または目的上の必要に基づき撤回されたときは，特別の事情がない限り，土地使用権喪失についての補償は不要であるとするのが判例である（最判昭49・2・5〈東京都中央卸売市場拡張事件〉）。

| No. 7　行政手続法 | 正答　4 |
| --- | --- |

1．この法律は，「処分，行政指導及び届出に関する手続並びに命令等を定める手続」に関し，共通する事項を定めることによって，行政運営における公正の確保と透明性の向上を図り，もって国民の権利利益の保護に資することを目的とする（行政手続法1条1項）。

2．申請とは，法令に基づき，行政庁の許可，認可，免許その他の自己に対しなんらかの利益を付与する処分を求める行為であって，当該行為に対して「行政庁が諾否の応答をすべきこととされているもの」をいう（行政手続法2条3号）。

3．行政指導とは，行政機関がその任務または所掌事務の範囲内において一定の行政目的を実現するため特定の者に一定の作為または不作為を求める指導，勧告，助言その他の行為であって「処分に該当しないもの」をいう（行政手続法2条6号）。

4．妥当である（行政手続法2条4号ロ）。

5．審査基準，処分基準，行政指導指針は「命令等」に含まれる（行政手続法2条8号ロ，ハ，ニ）。

## No. 8 情報公開法　　　正答　4

1．情報公開法は，国民主権の理念にのっとり，政府の諸活動を国民に説明する責務（アカウンタビリティ）が全うされるようにするとともに，国民の理解と批判の下に公正で民主的な行政の推進に資することを目的としている（「行政機関の保有する情報の公開に関する法律」〈以下，「情報公開法」とする〉1条）。「知る権利」の法律への明記はされておらず，今後の検討課題とされていることに注意が必要である。

2．前半は正しい（情報公開法3条）が，後半が誤り。外国に居住する外国人も，等しく情報の開示を請求することができるものと解されている。

3．行政機関の保有する本人の情報の開示は，「行政機関の保有する個人情報の保護に関する法律」が規定しており（同12条），問題文にあるように情報公開法によって規律されているわけではない。

4．妥当である。前半については情報公開法19条を参照。後半については，審査会は行政機関である以上，適法性・妥当性の両面で審査できると解されている。

5．前半は正しい（情報公開法21条）が，後半が誤り。情報公開・個人情報保護審査会の調査審議の場合とは異なり（情報公開・個人情報保護審査会設置法9条1項），判例は，不開示決定取消訴訟においては，裁判所によるいわゆる「インカメラ審理」を行うことは許されないとする（最決平21・1・15）。

## No. 9 行政事件訴訟　　　正答　2

1．行政事件訴訟法2条は，「この法律において『行政事件訴訟』とは，抗告訴訟，当事者訴訟，民衆訴訟及び機関訴訟をいう」と規定している。争点訴訟とは，「私法上の法律関係に関する訴訟において，処分もしくは裁決の存否またはその効力の有無が争われている場合」（同45条1項）であり，行政事件訴訟ではなく民事訴訟である。

2．妥当である（行政事件訴訟法10条2項）。

3．不作為の違法確認訴訟において，行政庁が処分をしないことについて違法であるとの判決が確定した場合には，当該行政庁はその判決に拘束されるが（行政事件訴訟法38条1項，33条1項），当該行政庁は申請に対してなんらかの行政処分を行う義務が課せられるにとどまり，当該申請を認めるべき義務を負わされるわけではない。

4．差止めの訴えは，行政庁が一定の処分または裁決をしてはならない旨を命ずることを求めるにつき法律上の利益を有する者に限り，提起することができる（行政事件訴訟法37条の4第3項）。

5．前者は形式的当事者訴訟（行政事件訴訟法4条前段），後者は実質的当事者訴訟（同条後段）と呼ばれる。

## No. 10 国家賠償法　　　正答　5

ア：判例は，取消または無効確認の判決を得る必要はなく，国家賠償請求訴訟で直接に行政行為の違法を主張できるとする（最判昭36・4・21）。

イ：判例は，加害行為が自己の利益を図る目的で行われた場合でも，客観的に職務執行の外形を備える行為をして，これによって他人に損害を加えた場合には，国または公共団体は損害賠償責任を負うことがあるとする（最判昭31・11・30）。

ウ：判例は，再審で無罪の判決が確定した場合においても，公訴提起をした検察官の行為は，公訴提起および追行時における各種の証拠資料を総合勘案して合理的な判断過程により有罪と認められる嫌疑があったときは，国家賠償法上違法ではないとする（最判平2・7・20）。

エ：妥当である（最大判平17・9・14）。

オ：妥当である（最判昭50・11・28）。

以上より，妥当なものはエとオであるから，正答は5である。

## No. 11 条例と規則　　　正答　4

1．普通地方公共団体は，法令に違反しない限りにおいて地方自治法2条2項の事務に関し，条例を制定することができ（地方自治法14条1項），地方自治法2条2項の事務とは自治事務（同2条8項）と法定受託事務（同条9項）であるから，普通地方公共団体は自治事務だけでなく，法定受託事務に関しても，条例を制定することができる。

2．普通地方公共団体は，義務を課し，または権利を制限するには，法令に特別の定めがある場合を除くほか，条例によらなければならない（地方自治法14条2項）から，法令に特別の定めがない限り，義務を課し，または権利を制限するのに，普通地方公共団体の長による規則によることはできない。

3．普通地方公共団体の長は，法令に特別の定めがあるものを除くほか，普通地方公共団体の規則中に，規則に違反した者に対し，5万円以下の過料を科する旨の規定を設けることができる（地方自

治法15条2項）。一方で，条例に違反した者に対する場合のように，罰金などの刑を科する旨の規定を設けること（同14条3項参照）は認められていない。

4．妥当である（地方自治法176条1項～3項）。

5．普通地方公共団体の長は，原則として，条例の送付を受けた日から20日以内に当該条例を公布しなければならず（地方自治法16条2項本文），当該条例は，条例に特別の定めがあるものを除くほか，公布の日から起算して10日を経過した日から，これを施行することになる（同条3項）。

## 【民法】

### No. 12　意思表示　　　　　　　　　　正答　3

1．BがAの真意を知っていればA・B間の売買契約は無効である（民法93条1項ただし書）が，Aはこの無効を善意のCに主張することはできない（同条2項）。

2．判例は民法94条2項の適用につき第三者は善意で足りるとする（大判昭12・8・10）。したがって，Cが善意であれば過失の有無を問わず，Aは契約の無効を主張できない。

3．妥当である。Aに重大な過失があった場合には，Aは取消しを主張することができない。しかし，Aに重大な過失があることをBが知っていたときには，Bを保護する必要がないので，Aは錯誤による取消しを主張することができる（民法95条3項1号）。

4．判例は，民法96条3項の「第三者」とは，取消し前に利害関係を有するに至った第三者をいい，取消し後の第三者との関係は，同条項によるのではなく，同177条により対抗関係となるとしている（大判昭17・9・30）。したがって，Aは，当該不動産について先に登記を具備すれば，Cが善意・無過失である場合であっても，A・B間の契約の取消しを主張することができる。

5．強迫の場合，取消しの効果は善意・無過失の第三者に対しても主張できる（民法96条3項の反対解釈）。

### No. 13　質権　　　　　　　　　　　　正答　5

1．占有改定（民法183条）の方法による質権設定は認められない（同345条）。しかし，民法345条の趣旨は，質権の本質である留置的効力を発揮させるためであるから，留置的効力を発揮できる指図による占有移転（同184条）の方法による質権

設定は認められている（大判昭9・6・2）。

2．民法は，質権設定者の承諾を得なくても，質権者自身の責任で質物を転質とすることを認めている（民法348条前段）。もっとも，この場合，質権者は，地震による質物の滅失など不可抗力による損失についても責任を負わなければならない（同条後段）。

3．質権の行使は被担保債権の消滅時効の進行を妨げない（民法350条，300条）。よって，質権者は質権の行使とは別に時効更新措置（同147条）をとらなければ，被担保債権の消滅時効は更新しない。

4．動産質の対抗要件は，継続して質物を占有することである（民法352条）から，動産質権者が質物の占有を奪われたときは，動産質権を対抗できなくなるため，質権に基づく返還請求は認められず，占有回収の訴えによってのみ，その質物の占有を回復することができる（同353条）。

5．妥当である（民法364条，366条1項）。

### No. 14　債権者代位権　　　　　　　　正答　5

ア：判例は，債務者が自ら権利を行使している場合には，その行使の方法・結果の良否にかかわらず，債権者は債権者代位権を行使できないとする（最判昭28・12・14）。

イ：債権者は，被代位権利を行使する場合において，被代位権利の目的が可分であるときは，自己の債権の額の限度においてのみ，被代位権利を行使することができる（民法423条の2）。

ウ：妥当である（最判昭58・10・6）。判例は，本記述のような場合には，一身専属性を認めるべき理由を失うとする。

エ：判例は，本記述のような場合には，抵当権者は，不動産所有者の不法占有者に対する妨害排除請求権を代位行使することができるとするとともに，不法占有者に対して直接抵当権者に建物を明け渡すよう求めることもできるとする（最大判平11・11・24）。

オ：妥当である（最判平13・11・22）。

以上より，妥当なものはウとオであるから，正答は5である。

### No. 15　賃貸借　　　　　　　　　　　正答　2

1．賃貸借契約は諾成契約であって，当事者の合意のみによってその効力を生ずる（民法601条）。ただし，賃料は使用収益の対価なので，物の占有が

移転され，使用収益ができるようにならなければ発生しない。

2．妥当である（最判昭26・5・31）。

3．転借権は賃借権を基礎として成立しているので，転借人保護の見地から，賃貸借契約の「合意」解除はできない（民法613条3項本文）が，賃借人の債務不履行の場合にまで解除を制限すると，賃貸人が著しく不利益を被るので，この場合には解除ができるとされている（同項ただし書）。

4．直接の賃料請求が可能である（民法613条1項前段参照）。

5．賃貸人は，敷金を受け取っている場合において，賃貸借が終了し，かつ，賃貸物の返還を受けたときは，賃借人に対し，その受け取った敷金の額から賃貸借に基づいて生じた賃借人の賃貸人に対する金銭の給付を目的とする債務の額を控除した残額を返還しなければならない（民法622条の2第1項1号）。敷金の返還は，明渡しと同時ではなく，明渡しが先履行である。

### No. 16 相続　　　　　　　　正答　2

1．自筆証書によって遺言をするには，遺言者が，その全文，日付および氏名を自書し，これに印を押さなければならない（民法968条1項）。しかし，自筆証書にこれと一体のものとして相続財産の全部または一部の目録を添付する場合には，その目録については，自書することを要しない（同条2項）。

2．妥当である。配偶者居住権の存続期間は，配偶者の終身の間とする。ただし，遺産の分割の協議もしくは遺言に別段の定めがあるとき，または家庭裁判所が遺産の分割の審判において別段の定めをしたときは，その定めるところによる（民法1030条）。

3．配偶者居住権は，譲渡することができない（民法1032条2項）。また，配偶者は，居住建物の所有者の承諾を得なければ，居住建物の改築もしくは増築をし，または第三者に居住建物の使用もしくは収益をさせることができない（同条3項）。

4．遺留分権利者およびその承継人は，受遺者または受贈者に対し，遺留分侵害額に相当する金銭の支払いを請求することができる（民法1046条1項）。

5．被相続人に対して無償で療養看護その他の労務の提供をしたことにより被相続人の財産の維持または増加について特別の寄与をした被相続人の親族は，相続の開始後，相続人に対し，特別寄与者

の寄与に応じた額の金銭の支払いを請求することができる（民法1050条1項）。

### 【経済学】
### No. 17 市場の安定性　　　　　　正答　5

問題の需要曲線および供給曲線の式より，次のような，需要曲線の傾きの絶対値が供給曲線の傾きの絶対値よりも大きい図を描くことができる。この図をもとに，各肢について見ていく。

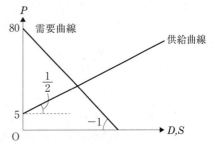

1．価格調整により均衡が達成されるとき，その調整過程をワルラス的調整メカニズムという。この調整過程において，超過需要であれば価格が上昇し，超過供給であれば価格は下落する。価格調整により達成された均衡は，ワルラス的に安定であるという。一方，数量調整により均衡が達成されるとき，その調整過程をマーシャル的調整メカニズムという。この調整過程において，超過需要価格であれば数量は増加し，超過供給価格であれば数量は減少する。数量調整により達成された均衡は，マーシャル的に安定であるという。本問の場合，次図のように，均衡はワルラス，マーシャルともに安定である。

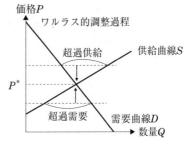

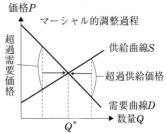

2．1の解説を参照のこと。

3．くもの巣調整過程とは，供給の調整が遅く，1期前の需要価格 $P^d_t$（$t=1$, $2$, …）に従い次期の供給量が決定される市場における調整過程をいう。本問の市場がくもの巣調整過程をとるとき，次図のように時期が経過するにつれて均衡から離れていくため，均衡は不安定である。

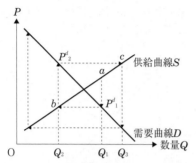

4．市場がワルラス的調整過程をとるとき均衡は安定，くもの巣調整過程をとるとき均衡は不安定である。

5．妥当である。

## No. 18　最適労働供給　　正答　2

賃金率が上昇すると，予算制約線は図の $AB$ から $BC$ へと変化する。このとき最適労働時間が増加するか減少するかは，代替効果と所得効果の大小により決まる。労働供給における代替効果と所得効果は，それぞれ次のように解釈することができる。

代替効果：賃金が高くなると，たくさんの賃金を稼ぐことができるので，働く時間を増やして一層頑張ろうとする「勤勉な」気持ち。逆にいえば，余暇の値段（機会費用）が高くなったので遊ぶのをあきらめている。

所得効果：賃金が上がれば，それほど働かなくてもある程度賃金を稼ぐことができるので，ちょっとくらい働く時間を減らしてもいいか，という「怠惰な」気持ち。

本問のケースでは，点 $E$ から点 $F$ への変化が代替効果に該当する。代替効果は，賃金の上昇によって時間の配分が余暇から労働に切り替えられた部分を表す。一方，点 $F$ から点 $G$ への変化は所得効果に該当する。所得効果は，実質所得の増加によって余暇の需要が増加する部分を表す。また，財の分類について，所得効果を見ると，余暇は $X_F$ から $X_G$ へと増加していることから，余暇は上級財になる。

よって，正答は**2**である。

## No. 19　費用最小化　　正答　1

1．妥当である。資本のレンタル価格を $r$，賃金率を $w$，労働投入量を $L$，資本投入量を $K$ としたとき，総費用 $TC$ は，

$$TC=wL+rK　……①$$

と表され，①を $K=$〜に変形すると，右下がりの等費用線が求められる。

$$K=-\frac{w}{r}L+\frac{TC}{r}　……②$$

②より，資本レンタル価格の上昇により，縦軸切片 $\frac{TC}{r}$ が小さくなる。また，②に $K=0$ を代入すると，

$$L=\frac{TC}{w}　……③$$

と横軸切片の値が求められ，資本のレンタル価格の影響を受けないことが明らかである。

2．1の解説の②より，賃金率 $w$ が下落しても縦軸切片は不変であるが，③より，横軸切片が大きくなる。すなわち，横軸切片は右方移動する。

3．②式より，等費用線の傾き（の絶対値）は，資本のレンタル価格 $r$ と賃金率 $w$ の比率である。ここで，賃金率 $w$ が上昇し資本のレンタル価格 $r$ が下落すると，等費用線の傾きは急になる。

4．等産出量曲線と等費用線の接する点が，費用最小化となる要素投入量である。このとき等産出量曲線の接線の傾き（技術的限界代替率 $MRTS$）と等費用線の傾き（要素価格比）が等しくなる（次図の点 $E$）。等費用線が右方に平行移動した場合，新たな等産出量曲線との接点は，図の点 $E'$ となる。このとき，点 $E$ に比べ費用は大きくなっている。また，平行移動であることから，要素価格比は当初と変わらない。すなわち，賃金率と資本のレンタル価格はともに当初に比べ高い水準だけでなく低い水準となることも考えられる。

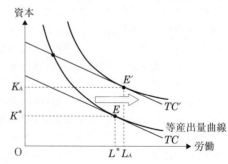

5．一定の技術の下で労働と資本の投入をともに増加させることから，新しい等費用線における費用最小化は，点 $E$ よりも産出量が低い水準ではなく，高い水準で決定される。

## No. 20  市場の失敗　　　　正答　3

1．共有資源（コモンプール財）は，誰でもアクセス可能であることから消費の排除性はない一方，乱獲などにより資源の枯渇を招き，他の者はとることができなくなってしまうことから，消費の競合性を有する。
2．クラブ財とは，その対価を支払わない消費者を排除できる排除性を持つ一方，対価を支払った消費者の間では競合性がない財をいう。
3．妥当である。
4．「人々が自動車保険に入ったことにより，不注意な運転をするようになり，その結果かえって事故を起こすようになる現象」はモラルハザードである。「グレシャムの法則」とは，悪貨は良貨を駆逐するというもので，逆選択と同じ意味で使われることが多い。
5．スクリーニングについての説明であるが，複数の契約条件や料金体系を提示するのは，情報を持たない側である。シグナリングとは，逆選択を防ぐために，情報を多く持っている側が，情報の少ない側に情報を発信することをさす。

## No. 21  比較優位　　　　正答　5

1．Aさんは，おにぎりを1個作るのに2分，サンドイッチを1個作るのに3分かかる。よって，おにぎりを1個作ることの機会費用は，サンドイッチ $\frac{2}{3}$ 個である。
2．Bさんは，おにぎりを1個作るのに4分，サンドイッチを1個作るのに5分かかる。よって，おにぎりを1個作ることの機会費用は，サンドイッチ $\frac{4}{5}$ 個である。
3．1，2の解説において，おにぎりとサンドイッチを逆にして考えればわかるように，Aさんのサンドイッチを1個作ることの機会費用は，おにぎり $\frac{3}{2}$ 個，Bさんのサンドイッチを1個作ることの機会費用は，おにぎり $\frac{5}{4}$ 個である。よって，サンドイッチを作ることに比較優位を持つのは失う

おにぎりが少なくて済むBさんである。
4．Aさんがおにぎりとサンドイッチを作ることの両方に持っているのは，比較優位ではなく，絶対優位である。
5．妥当である。

## No. 22  GDP　　　　正答　3

1．GDPは，各生産段階で生み出される産出額から原材料価格などの中間投入額を引いた付加価値額の合計である。
2．中間投入額には減価償却費や人件費は含まれない。
3．妥当である。
4．名目GDPは，実質GDPとGDPデフレーターの積に等しい。
5．本肢は名目GNI（国民総所得）の内容である。

## No. 23  *IS-LM 分析*　　　　正答　5

1．金融緩和政策は，*LM* 曲線を右方にシフトさせる。これによって利子率が低下するものの，*IS* 曲線が垂直であることから投資が増加しないため，GDPは変化しない。
2．1の解説参照のこと。
3．政府支出の増加は，*IS* 曲線を右方にシフトさせる。このとき，利子率は上昇するものの，*IS* 曲線が垂直ということから投資の利子弾力性はゼロで，投資は減少しないため，GDPは増加する。
4．3の解説にあるように，投資は減少しない。
5．妥当である。投資の利子弾力性がゼロとは，利子率が低下しても投資がまったく増えない状態を意味し，結果，国民所得も変化せず，*IS* 曲線は垂直になる。

## No. 24  ライフサイクル仮説　　　　正答　1

まず，この個人の生涯所得は，
　　400〔万円〕×30〔年〕＋3000〔万円〕
　　＝1億5000〔万円〕
である。また，現在30歳で，80歳で亡くなることから，残り50年の毎年の消費額（平均消費）は，
　　15000÷50＝300〔万円〕
　毎年の所得は400万円であることから，毎年の貯蓄額は，
　　400－300＝100〔万円〕
　よって，正答は1である。

## No. 25　新古典派経済成長論　　正答　2

1．貯蓄率の低下（$s \Rightarrow s'$）は，財市場均衡条件より設備投資が減少するため，次図のように定常状態における労働1単位当たりの生産量は，$y^*$から$y^{**}$へ減少する。

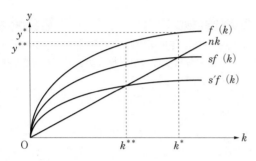

2．妥当である。労働成長率の低下（$n \Rightarrow n'$）は，定常状態の資本・労働比率を増加させるため，次図のように定常状態における労働1単位当たりの生産量は，$y^*$から$y^{**}$へ増加する。

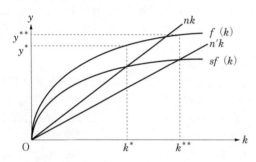

3．全要素生産性の上昇は，$f(k)$を上方シフトさせることから，次図のように，定常状態の資本・労働比率を$k^*$から$k^{**}$へ増大させる。

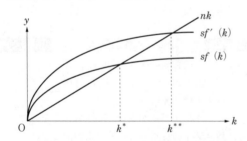

4．貯蓄性向が$s$から$s'$へ上昇すると，貯蓄が増加し，設備投資が促進されるため，資本の深化が生じ，定常状態の資本・労働比率を$k^*$から$k^{**}$へ増加させる。

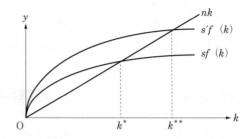

5．労働成長率が$n$から$n'$へと上昇すると，定常状態の資本・労働比率は$k^*$から$k^{**}$へ減少する。ただし，経済全体では人口成長に伴い生産力が増大し，経済成長率が高まる。

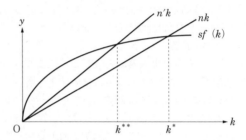

## No. 26　日・米・欧の物価動向　　正答　2

A：日本。我が国はデフレ経済の長期化により，企業物価の上昇が消費者物価に反映されない状態が続き，米国やユーロ圏と比べて，物価の上昇率が緩やかである。

B：米国。Cと同様にグラフ縦軸の目盛りの値が大きいことに加え，2021年前半から2022年の5月にかけて，消費者物価上昇率に占めるサービス物価上昇率の割合が大きい特徴がある。米国は日本やユーロ圏よりもサービス物価の上昇率が高いため，グラフにおいてサービス物価の消費者物価への寄与度は他のグラフと比べて大きい特徴がある。

C：ユーロ圏。Bと同様にグラフ縦軸の目盛りの値が大きいことに加え，2021年前半以降，消費者物価上昇率に占めるエネルギー物価の割合が急激に上昇している特徴がある。ユーロ圏では2021年の前半から新型コロナウイルスによる行動制限が徐々に解除されるにつれて，エネルギー需要が高くなり，結果，エネルギー物価が上昇した。また，2022年2月のロシアのウクライナ侵攻によりロシアから直接的にエネルギーを輸入しているユーロ圏は打撃を受け，エネルギーの物価上昇に拍車がかかった。そのため，2021年前半からエネルギーの消費者物価への寄与度が大きくなっている。よって，正答は2である。

## 【財政学】

### No. 27　高度成長期以降の我が国財政の歩み　正答　1

　1960年代の半ばにいわゆる昭和40年不況に突入し、65年度には年度途中に「歳入補てん債」（ア）発行を盛り込んだ補正予算が組まれた。また66年度には当初予算において、「建設公債」（イ）を発行することで我が国は均衡予算主義と決別した。その後、第一次オイルショック翌年の74年には戦後初のマイナス成長を記録するに至った。この不況で法人税を中心に税収が大幅に落ち込んだことにより、75年度の補正予算によって「特例公債」（ウ）の発行を余儀なくされた。

　1980年度には、財政再建元年と位置づけ、概算要求の段階で一定の枠を設ける「シーリング」（エ）方式による支出抑制を実施し、バブル期の税の自然増収が加わり、90年度には「特例公債」（ウ）の発行ゼロが実現した。

　バブル経済崩壊後、我が国財政は悪化の一途をたどっていったが、平成9年度に「財政構造改革法」（オ）を制定し、徹底的に歳出を見直すことをめざした。しかし、同年秋以降、金融機関の破綻等に伴う金融システム不安が発生し、翌年の経済成長率がマイナス成長に陥ったため、「財政構造改革法」（オ）を凍結せざるをえず、我が国は、主要先進国中最悪の財政状況に陥った。

　よって、正答は1である。

### No. 28　地方財政　正答　3

1．前半は財源保障機能に関する記述であり正しい。しかし、2023年度の歳入総額に占める地方交付税の割合は地方税よりも小さく、歳入総額（約92兆円）の約2割の規模であることから、後半が誤り。

2．贈与税および相続税は、地方交付税の財源には含まれていない。正しくは酒税および地方法人税である。また、特別交付税は災害等の特別な事情があった場合に交付されるものであり、特定財源ではない。

3．妥当である。

4．協議制が見直されたのは事実であるが、内容が誤り。本肢の条件の団体の場合、協議は不要で、事前に総務大臣または都道府県知事に対して届け出ることで起債できる（事前届出制度）。

5．地方分権一括法により、法定外普通税（地方公共団体が条例で独自に定める税）について、許可制度から同意を要する協議制度に変更されるとと

もに、法定外目的税の創設が認められた。なお、宿泊税と産業廃棄物税はともに法定外目的税である。

### No. 29　我が国の租税　正答　4

1．道府県たばこ税は間接税である。また、固定資産税、自動車税は直接税である。

2．固定資産税は市町村税、自動車税は道府県税である。

3．事業税は所得課税、自動車税は消費課税である。

4．妥当である。

5．我が国の所得税は個人単位である。また、配偶者や扶養する子どもがいる場合は独身者に比べ、課税最低限は高くなっている。

## 【社会政策】

### No. 30　若者と労働　正答　1

1．妥当である。ジョブカフェは都道府県の所管である。ちなみに、「ヤングハローワーク」などとして、若者に特化した公共職業安定所も設置されているが、これは国の行政機関である。

2．完全失業率は若年になるほど高水準で推移している。若年層は、適職探しのために自発的に退職する傾向が強いことなどが理由として考えられる。なお、求人募集について、年齢による限定は原則として禁止されている。

3．特定技能制度ではなく、若年技能者人材育成支援等事業（ものづくりマイスター制度）。特定技能制度とは、国内で人材確保が難しい産業分野において、「特定技能1号」あるいは「特定技能2号」の在留資格で、一定の専門性、技能を持つ外国人労働者を受け入れる制度のことをいう。

4．「1年以内」の部分が誤りで、正しくは「3年以内」。早期退職の要因としては、イメージしていた仕事と実際の仕事の違いへの戸惑い（リアリティショック）が主因と考えられている。また、企業側も早期退職を防ぐために、新卒予定者向けの職業体験としてインターンシップを実施している。

5．失業手当は、原則として離職日以前2年間に、雇用保険の被保険者期間が通算して12か月以上あることが受給条件である。

### No. 31　生活保護　正答　3

1．総人口に占める生活保護の受給者の割合を保護率というが、保護率は1.6%台にとどまっている。なお、生活保護受給世帯を類型別に見ると、高齢者世帯が過半数を占めており、その約9割が単身

世帯であるのは事実である。

2. 生活保護を受けるのに無収入である必要はなく，収入が最低生活費を下回れば，その差額が支給されることになっている。なお，生活保護は，生活困窮者がその利用できる資産，能力などを最低限度の生活を維持するために活用することを要件として行われることになっており，ミーンズテストとはこの要件を満たしているかを判定する調査のことをいう。

3. 妥当である。生活扶助の基準額は生活保護の受給者の居住地や年齢によって異なるし，住宅扶助も地域によって異なる。それに，障害者や母子家庭には加算が行われる。

4. 生活保護の受給者は公的医療保険の被保険者ではない。それに，介護保険の第2号被保険者は40〜64歳の公的医療保険の被保険者だから，介護保険の第2号被保険者でもなくなる。生活保護には医療扶助や介護扶助があり，受給者は自己負担分なしで，医療や介護を受けることになる。

5. 生活困窮者自立支援制度とは，生活保護に至る前の段階の生活困窮者が生活保護に至ることがないよう，早期に自立を支援する制度のこと。生活保護の受給者を対象とした制度ではない。就労準備や家計改善の支援のほか，住居確保給付金として家賃相当額の支給などが行われている。

### No. 32　介護保険　　　　　　　正答　2

1. 通常の介護保険では給付対象外となる上乗せサービスや横出しサービスを独自に提供することも認められている。

2. 妥当である。デイサービス（通所介護）とは在宅介護を受けている要介護者がデイサービスセンターで受けられる入浴や食事などのサービスのことである。施設サービスは介護療養型医療施設，介護老人保健施設，介護老人福祉施設（特別養護老人ホーム），介護医療院に入居して受けるサービスのことをいう。ちなみに，居住する地域内にある小規模なグループホームなどで受ける介護サービスのことを，地域密着型サービスという。

3. 初老期認知症や脳血管障害などの老化に起因する疾病によって要介護状態となった場合には，第二号被保険者も介護サービスを受けることができる。なお，65歳以上のすべての人は第一号被保険者となる。

4. 制度開始時には，自己負担分は1割だった。現在も原則的には1割だが，一定以上の所得がある

者は2割あるいは3割を負担することになっている。

5. 要支援と判定された場合は，原則として本人の1割負担で介護予防サービスを受給できる。なお，要支援は1〜2，要介護は1〜5に段階分けされており，段階に応じて利用限度は異なる。

## 【政治学】

### No. 33　G.サルトーリの政党制論　　正答　5

1. ドイツは穏健な多党制に分類され，CDU・CSU（キリスト教民主・社会同盟）と社会民主党が二大政党であるが，両政党による大連立政権が誕生することもある。なお，穏健な多党制とはイデオロギー的な隔たりの小さい主要政党が3〜5ほど存在する政党制であり，連立政権が常態的だが，政治は安定しやすいとされる。

2. 二大政党制の国の例としては，米国や英国が該当する。ワイマール憲法時代のドイツの政党制は，分極的多党制に該当する。

3. 分極的多党制ではなく，原子化政党制に関する記述である。分極的多党制とは，主要な政党数が6〜8ほどあり，これらの政党間のイデオロギー的な隔たりが大きい政党制のことをいう。政治が安定しにくいとされる。

4. ヘゲモニー政党制ではなく，一党制に関する記述である。なお，ヘゲモニー政党制とは，一党のみが指導権を持つ政党として存在し，他の政党も存在は認められているものの，政権獲得のために競合することは許されない体制のことをいう。例としては，東西冷戦時代の東欧諸国の政党制が挙げられる。

5. 妥当である。日本の55年体制が一党優位政党制の例とされる。

### No. 34　政治権力　　　　　　　正答　2

1. 「寡頭制の鉄則」とは，規模が大きくなるにつれ，組織が一握りの幹部によって支配されるようになること（寡頭制化）は避けられないというものである。ミヘルスが，ドイツ社会民主党の分析から明らかにした。

2. 妥当である。また，「Bが通常ならばしないことをAがさせた場合，AはBに対して権力を持つ」とするダールの関係論的権力観，バクラックとバラッツの非決定権力論に対し，ルークスは権力の存在を認識させないままに思考や行動に影響を及ぼす権力があるとして，これを三次元的権力

とした。

3．メリアムは，権力を正当化する手段には，大衆の感情に働きかけるミランダ（国旗や国歌など）と大衆の知性に働きかけるクレデンダ（イデオロギーなど）があり，そのどちらも必要であると論じている。

4．モスカではなく，M.ウェーバーの議論である。ウェーバーは「支配の三類型」として前近代的な伝統的支配，近代的な合法的支配，いつの時代にも現れるカリスマ的支配の３つを挙げた。モスカは多数者は多数であるがゆえに組織化は困難であり，少数者に支配されざるをえないという，「少数支配の原則」を説いている。

5．ダールの『統治するのはだれか』ではなく，C.W.ミルズの『パワーエリート』に関する記述である。ダールはニューヘイブン市の調査から，多元的エリート論を唱えた。

## 【行政学】

### No.35　行政統制　　　　　　　　正答　5

「制度的／非制度的」の軸は，行政統制を法制度に規定されているものか否かで分類するものであり，「内在的／外在的」の軸は，行政内部での統制か行政の外側からの統制かで分類するものである。

ア：制度的でかつ外在的な行政統制の例としては，議会や裁判所による統制がある。また，パブリックコメントとは，行政機関による施策に関し，一般国民から意見を募集することをいう。国レベルでも行政手続法に基づき制度化されており，これも制度的で外在的な行政統制の例といえる。

イ：非制度的でかつ外在的な行政統制の例としては，マスメディアや外部の有識者，専門家による批判，圧力団体の活動や市民団体からの批判などがある。

ウ：制度的でかつ内在的な行政統制の例としては，各省大臣による統制や上司からの職務命令，財務省による予算査定，人事院による統制などがある。

エ：非制度的でかつ内在的な行政統制の例としては，職員組合や同僚からの批判などがある。

以上より，正答は5である。

### No.36　内閣府　　　　　　　　　　正答　4

1．公害対策会議は，環境省の「特別の機関」。「特別の機関」とは，法律に基づいて，国の行政機関に特に必要な場合に設置される機関である。それに，現在設置されている重要政策会議は，経済財

政諮問会議，総合科学技術・イノベーション会議，国家戦略特別区域諮問会議，中央防災会議，男女共同参画会議の５つである。

2．内閣府の主任の大臣は内閣総理大臣。内閣官房長官は内閣官房の長官である。なお，内閣官房長官は国務大臣でなければならないことになっている。

3．内閣法制局は内閣に置かれた機関である。審査事務や立案事務のほか，意見事務（内閣総理大臣らに法律問題に関し，意見を述べる事務）や調査事務なども行っている。ちなみに，法制局は衆議院と参議院にもそれぞれ設置されている。

4．妥当である。2023年４月，内閣府と厚生労働省が担っていた子どもに関する行政を一元化し，「こどもまんなか社会」の実現をめざし，こども家庭庁が設立された。

5．国地方係争処理委員会は，総務省の審議会であり，内閣府の機関でも行政委員会でもない。なお，審査の結果，国の関与が違法・不当であるとした場合は，国に必要な措置を講ずるよう勧告などを行うことができる。

## 【国際関係】

### No.37　「歴史の終わり」　　　　　　正答　2

1．マルクスとエンゲルスは，『共産党宣言』において，「これまでのあらゆる社会の歴史は，階級闘争の歴史である」とし，社会主義革命の実現によって階級闘争の歴史は終わるとした。

2．妥当である。フクヤマは，1992年刊行の『歴史の終わり』において，東西冷戦が自由主義陣営の勝利に終わった以上，もはや大きなイデオロギー対立は起こらないとした。

3．「人間の安全保障」に関する記述。「人間の安全保障」とは，戦争だけでなく，環境破壊や人権侵害，感染症など，生存の脅威になるものから人間を守ろうという考え方で，アマルティア・センらが提唱した。

4．文化や国際貢献活動などによる，一国の他国に及ぼす影響力をソフトパワーという。コヘインとナイらが論者だが，軍事力などのハードパワーがパワーではなくなったとしているわけではない。

5．現代の国際社会は，建前では主権国家は至上の存在とされつつも，国際連合や欧州連合（EU）のような超国家機関が形成され，多国籍企業やNGOなどが地球規模で活動している。その一方，一国内では少数民族らに高度な自治権が認められるようになっている。「新しい中世」とは，この

ように現代の多層化した国際社会を意味して用いられている言葉である。

## No. 38 ASEAN 　正答 3

1. 東南アジア諸国がアジア通貨危機に見舞われたのは1997年の出来事だが，ASEANの設立は1967年の出来事である。なお，2023年末の時点で，ASEAN加盟国は10か国だが，東ティモールの加盟に向けた準備が進められている。

2. ASEAN諸国が一つの経済圏とするAEUは，クアラルンプール宣言によって発足した。ASEAN域内での関税などの貿易障壁を撤廃するためにAFTAが結成されたのは，1992年の出来事である。

3. 妥当である。ARFにはASEANのほか，日本，アメリカ，ロシア，EUなど，25か国，1地域，1機関が参加している。

4. RCEP協定は，ASEAN＋6と呼ばれるASEANおよびASEANと自由貿易協定を結ぶ，日本，中国，韓国，インド，オーストラリア，ニュージーランドによる枠組みによって交渉が行われ，後にインドが交渉から離脱し，残る15か国で締結に至った。

5. AUKUSではなく，アジア欧州会合（ASEM）に関する記述。AUKUSとは，オーストラリア，アメリカによる軍事同盟であり，2021年に発足に至った。

## No. 39 中東，アフリカ情勢 　正答 1

1. 妥当である。ノルウェーの仲介により，イスラエルとパレスチナ解放機構（PLO）はオスロ合意に至り，さらにアメリカの仲介でパレスチナ暫定自治協定の締結に至った。その後，ガザ地区は2007年にパレスチナの武装組織であるハマス（イスラム抵抗運動）の実効支配下に置かれた。

2. 1994年のルワンダ虐殺は，フツ族によるツチ族のジェノサイドである。その他の記述については正しい。

3. ダルフール紛争と南北間におけるスーダン紛争は，アラブ系と非アラブ系の対立ということでは共通するが，両者は別の紛争である。ダルフール地域とはスーダンの西部にあり，そこで2013年に武力紛争が勃発したが，カタールの仲介で停戦に至った。

4. ロシアが政府軍を支援して軍事介入する一方で，アメリカは反政府勢力の自由シリア軍を支援している。なお，中東諸国もイランは政府軍を支持する一方，トルコやサウジアラビアなどは反政府勢力を支持している。

5. イランはシーア派国家であり，サウジアラビアなどはスンニ派国家である。よって，イランはシーア派勢力を支援し，サウジアラビアなどはスンニ派勢力を支援している。

## No. 40 国際機関 　正答 1

1. 妥当である。ブレトン・ウッズ協定は，第二次世界大戦末期の1944年に締結された協定であり，この協定によってIMFや国際復興開発銀行（IBRD）の設立が決まったほか，米ドルを基軸通貨とする固定為替相場制の導入によって自由貿易を推進していくこととされた。

2. OECDは，先進国クラブの異名を持つが，日本や欧米諸国など，38か国が加盟する機関であり，国連の専門機関ではない。国連の専門機関の例としては，IMFや国連教育科学文化機関（UNESCO），世界保健機関（WHO）などがある。

3. 国連環境計画は，1972年の国連人間環境会議で採択された人間環境宣言などを実施するために，設立された。国連環境開発会議の開催は，その20年後の1992年の出来事である。

4. 「ドーハ開発アジェンダ」の部分が誤りで，正しくはGATTの「ウルグアイラウンド」。GATT（貿易および貿易に関する一般協定）を発展的に継承する形で，1995年に設立された。ドーハ開発アジェンダは，2000年代にWTOの主催で始まった多角的な貿易交渉である。

5. 国際司法裁判所は国連の主要機関の一つであるが，国際刑事裁判所はその特別の支部とはされておらず，それどころか国連の機関ともされていない。

# 受験ジャーナルのご案内

## ■定期号……

　定期号（年間6冊）では，6年度試験までのスケジュールに合わせ，各種の試験情報・試験対策を「特集」として取り上げるほか，公務員の仕事FILE，合格体験記，自己採点方式の基礎力チェック問題など，合格に役立つ情報を掲載しています。

　発行日と特集の内容については，**弊社のホームページ**をご覧ください。

## ■特別企画・別冊……

　『学習スタートブック 6年度試験対応』（発売中）

　『公務員の仕事入門ブック 6年度試験対応』（発売中）

　『6年度 国立大学法人等職員採用試験攻略ブック』（発売中）

　『6年度 直前対策ブック』（発売中）

　『6年度 面接完全攻略ブック』（発売中）

---

# 試 験 情 報 ＆ 合 格 体 験 記 募 集 ！

**●試験情報**　　編集部では，本試験の情報を募集しています。大卒程度の公務員試験を受験された方は，ぜひ，出題内容などについて情報をお寄せください。情報内容の程度により，謝礼（粗品）を進呈いたします。

※問題が公開されている（持ち帰りができる）試験の情報は不要です。情報をお寄せいただいても謝礼はお送りできませんので，ご注意ください。詳細は，巻末の試験情報用紙をご参照ください。

**●合格体験記**　　公務員をめざす後輩のために，自分の学習方法や合格までのプロセスなどを合格体験記で伝えておきたいという方は，編集部までお知らせください。採用させていただく方には，当社規定により謝礼を差し上げます。

〈連絡先〉Eメール juken-j@jitsumu.co.jp　　TEL. 03-3355-1813

【個人情報の取扱いについて】弊社にご提供いただきました個人情報につきましては，個人情報保護法など関連法規を遵守し，厳重に管理・使用します。弊社個人情報の取扱い方針は実務教育出版ホームページをご覧ください。

---

### ＊実務教育出版のホームページ＊

https://www.jitsumu.co.jp/

公務員試験ニュースのほか，通信講座，書籍の紹介をしています。受験ジャーナルのバックナンバーも紹介。

このほかX（旧Twitter）もやってます！「公務員試験　受験ジャーナル編集部」で検索してください。

---

受験ジャーナル特別企画5

**6年度 直前予想問題**

2024年4月5日　初版第1刷発行
第50巻6号　通巻第673号

編集人／加藤幸彦
［編集］川辺知里／田村初穂／笹原奈津子
　　　　谷本優子
発行人／淺井 亨
発行所／株式会社　実務教育出版
　　　　〒163-8671　東京都新宿区新宿1-1-12
印刷・製本／図書印刷
表紙デザイン／アルビレオ
表紙イラスト／北村みなみ
編集協力／明昌堂

《問合せ先》
●編集（記事内容について）
〒163-8671　東京都新宿区新宿1-1-12
FAX.03-5369-2237　TEL.03-3355-1813
E-mail juken-j@jitsumu.co.jp
※原則としてメール，FAXまたは郵送でお願いします。
●販売（当社出版物について）
TEL.03-3355-1951
※万一，落丁，乱丁などの不良品がございましたら，当社にて良品とお取り替えいたします。

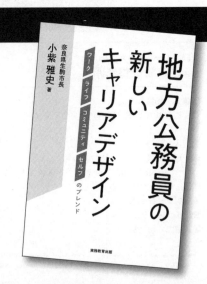

# 大卒程度公務員試験［一次試験情報］をお寄せください！

　弊社では，次の要領で大卒・短大卒程度公務員試験の一次試験情報，二次試験情報（面接試験などの情報）を募集しています。
受験後ご記憶の範囲でけっこうですので，事務系・技術系問わず，ぜひとも情報提供にご協力ください。

☆募集内容　地方上・中級，市役所上・中級，大卒・短大卒警察官，その他各種公務員試験，国立大学法人等職員採用試験の実際
　　問題・科目別出題内訳等

※問題の持ち帰りができる試験については，情報をお寄せいただく必要はありません。ただし，地方公務員試験のうち，東京都，
　特別区，警視庁，東京消防庁以外の試験問題が持ち帰れた場合には，現物またはコピーをお送りください。

☆ご謝礼　情報内容の程度により，ご謝礼を進呈いたします。

☆送り先　なるべく Google フォーム（アンケート形式）をご利用ください。右の二次元コードを読み込んで
　いただくと，一次試験情報提供用の Google フォームが開きます。下記とほぼ同じ内容を入力してそのまま
　ご送信いただけます。E-mail，郵送でも受け付けています。[E-mail の場合] juken-j@jitsumu.co.jp
　[郵送の場合] 〒163-8671　新宿区新宿 1-1-12　（株）実務教育出版　「試験情報係」

〒_____　住所_____

氏名_____　TEL または E-mail アドレス_____

●受験した試験名・試験区分 （県・市および上・中級の別も記入してください。例：○○県上級・行政）

_____

●一次試験日　_____ 年_____ 月_____ 日

●試験構成・試験時間・出題数

・教養_____ 分_____ 問（うち必須_____ 問，選択_____ 問のうち_____ 問解答）

・専門（択一式）_____ 分_____ 問（うち必須_____ 問，選択_____ 問のうち_____ 問解答）

・適性試験（事務適性）_____ 分_____ 形式_____ 題

> 内容（各形式についてご自由にお書きください）

・適性検査（性格検査）（クレペリン・Y-G 式・そのほか〔　　　　　　　　　〕）_____ 分_____ 題

・論文_____ 分_____ 題（うち_____ 題解答）_____ 字→_____ 次試験で実施

> 課題

・その他（SPI3，SCOA など）

> 内容（試験の名称と試験内容について，わかる範囲でお書きください。例：○○分，○○問。テストセンター方式等）

●受験した試験名・試験区分 （県・市および上・中級の別も記入してください。例：○○県上級・行政）

●教養試験の試験時間・出題数

＿＿＿＿＿分＿＿＿＿＿問（うち必須：No.＿＿＿＿＿〜No.＿＿＿＿＿，選択：No.＿＿＿＿＿〜No.＿＿＿＿＿のうち＿＿＿＿＿問解答）

●教養試験科目別出題数　※表中にない科目名は空欄に書き入れてください。

| 科 目 名 | 出題数 | 科 目 名 | 出題数 | 科 目 名 | 出題数 | 科 目 名 | 出題数 |
|---|---|---|---|---|---|---|---|
| 政　治 | 問 | 世界史 | 問 | 物　理 | 問 | 判断推理 | 問 |
| 法　律 | 問 | 日本史 | 問 | 化　学 | 問 | 数的推理 | 問 |
| 経　済 | 問 | 文学・芸術 | 問 | 生　物 | 問 | 資料解釈 | 問 |
| 社　会 | 問 | 思　想 | 問 | 地　学 | 問 | | 問 |
| 地　理 | 問 | 数　学 | 問 | 文章理解 | 問 | | 問 |

●専門試験（択一式）の試験時間・出題数

＿＿＿＿＿分＿＿＿＿＿問（うち必須：No.＿＿＿＿＿〜No.＿＿＿＿＿，選択：No.＿＿＿＿＿〜No.＿＿＿＿＿のうち＿＿＿＿＿問解答）

●専門試験科目別出題数　※表中にない科目名は空欄に書き入れてください。

| 科 目 名 | 出題数 | 科 目 名 | 出題数 | 科 目 名 | 出題数 | 科 目 名 | 出題数 | 科 目 名 | 出題数 |
|---|---|---|---|---|---|---|---|---|---|
| 政 治 学 | 問 | 憲　法 | 問 | 労 働 法 | 問 | 経済事情 | 問 | | 問 |
| 行 政 学 | 問 | 行 政 法 | 問 | 経済原論 | 問 | 経営学 | 問 | | 問 |
| 社会政策 | 問 | 民　法 | 問 | 財政学 | 問 | | 問 | | 問 |
| 国際関係 | 問 | 商　法 | 問 | 経済政策 | 問 | | 問 | | 問 |
| 社 会 学 | 問 | 刑　法 | 問 | 経済史 | 問 | | 問 | | 問 |

問題文 （教養・専門，科目名　　　　　　　　　　　）

選択肢 1

2

3

4

5

●**受験した試験名・試験区分**（県・市および上・中級の別も記入してください。例：○○県上級・行政）

_____

**問題文**（教養・専門，科目名　　　　　　　）

**選択肢 1**

2

3

4

5

**問題文**（教養・専門，科目名　　　　　　　）

**選択肢 1**

2

3

4

5

# 大卒程度公務員試験 [二次試験情報] をお寄せください！

☆**募集内容** 国家総合職・一般職・専門職，地方上・中級，市役所上・中級，大卒・短大卒警察官，その他各種公務員試験，国
立大学法人等採用試験の論文試験・記述式試験・面接等
（※問題が公開されている試験の場合は，面接試験〈官庁訪問含む〉の情報のみお書きください）

☆**送り先** なるべく Google フォーム（アンケート形式）をご利用ください。右の二次元コードを読み込んで
いただくと，二次試験情報提供用の Google フォームが開きます（一次試験情報とは別のフォームです）。
E-mail，郵送でも受け付けています。送り先，ご謝礼については一次試験情報と同様です。

〒＿＿＿＿＿＿＿＿　住所＿＿＿＿＿＿＿＿＿＿＿＿＿＿＿＿＿＿＿＿＿＿＿＿＿＿＿＿

氏名＿＿＿＿＿＿＿＿＿＿＿　TEL または E-mail アドレス＿＿＿＿＿＿＿＿＿＿＿＿＿

●**受験した試験名・試験区分**（県・市および上・中級の別も記入してください。例：○○県上級・行政）

＿＿＿＿＿＿＿＿＿＿＿＿＿＿＿＿＿＿＿　**結果：**合格・不合格・未定

●**二次試験日** ＿＿＿年＿＿＿月＿＿＿日

●**試験内容**（課された試験には ✓ 印を）

□論文＿＿＿分＿＿＿題＿＿＿字 課題＿＿＿＿＿＿＿＿＿＿＿＿＿＿＿＿＿＿＿

□人物試験 □個別面接（試験官＿＿＿人，時間＿＿＿分）

　　　　　□集団面接（受験者＿＿＿人，試験官＿＿＿人，時間＿＿＿分）

□集団討論（受験者＿＿＿人，試験官＿＿＿人，時間＿＿＿分，面接会場＿＿＿＿＿＿＿＿＿＿）

□その他＿＿＿＿＿＿＿＿＿＿＿＿＿＿＿＿＿＿＿＿＿＿＿＿＿＿＿＿＿＿＿＿＿＿＿

（以下は官庁訪問の場合）

●**官庁訪問先** ＿＿＿＿＿＿＿＿　●**官庁訪問の回数** ＿＿＿回

●**官庁訪問１回目**

面接（訪問）日＿＿＿月＿＿＿日，面接会場＿＿＿，面接形態：個別・集団＿＿＿人

面接官＿＿＿＿＿＿＿＿＿人（例：大学 OB・1人），面接時間＿＿＿分

●**官庁訪問２回目**

面接（訪問）日＿＿＿月＿＿＿日，面接会場＿＿＿，面接形態：個別・集団＿＿＿人

面接官＿＿＿＿＿＿＿＿＿人（例：人事担当・2人），面接時間＿＿＿分　※第３回以降がある場合は同様に

●**人物試験・官庁訪問の内容**（個別面接・集団面接・集団討論・グループワーク・プレゼンテーション）

●**人物試験・官庁訪問の感想など**

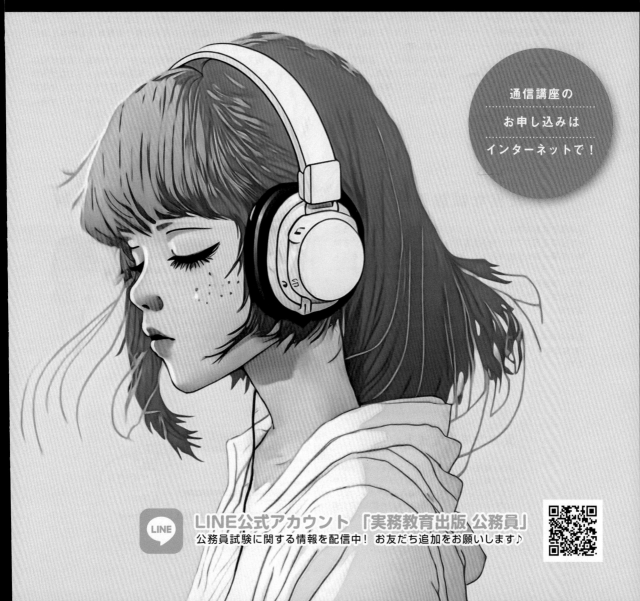

# 「公務員合格講座」の特徴

## 68年の伝統と実績

実務教育出版は、68年間および公務員試験の問題集・参考書・情報誌の発行や模擬試験の実施、全国の大学・専門学校などと連携した教室運営などの指導を行っています。その積み重ねをもとに作られた、確かな教材と個人学習を支える指導システムが「公務員合格講座」です。公務員として活躍する数多くの先輩たちも活用した伝統ある「公務員合格講座」です。

## 時間を有効活用

「公務員合格講座」なら、時間と場所に制約がある通学制のスクールとは違い、生活スタイルに合わせて、限られた時間を有効に活用できます。通勤時間や通学時間、授業の空き時間、会社の休憩時間など、今まで利用していなかったスキマ時間を有効に活用できる学習ツールです。

## 取り組みやすい教材

「公務員合格講座」の教材は、まずテキストで、テーマ別に整理された頻出事項を理解し、次にワークで、テキストと連動した問題を解くことで、解法のテクニックを確実に身につけていきます。初めて学ぶ科目も、基礎知識から詳しく丁寧に解説しているので、スムーズに理解することができます。

## 実戦力がつく学習システム

「公務員合格講座」では、習得した知識が実戦で役立つ「合格力」になるよう、数多くの演習問題で重要事項を何度も繰り返し学習できるシステムになっています。特に、eラーニング[Jトレプラス]は、実戦力養成のカギになる豊富な演習問題の中から学習進度に合わせ、テーマや難易度をチョイスしながら学習できるので、効率的に「解ける力」が身につきます。

eラーニング

[Jトレプラス]

## 豊富な試験情報

公務員試験を攻略するには、まず公務員試験のことをよく知ることが必要不可欠です。受講生専用の[Jトレプラス]では、各試験の概要一覧や出題内訳など、試験の全体像を把握でき、ベストな学習プランが立てられます。また、実務教育出版の情報収集力を結集し、最新試験情報や学習対策コンテンツなどを随時アップ！さらに直前期には、最新の時事を詳しく解説した「直前対策ブック」もお届けします。

※KCMのみ

## 親切丁寧なサポート体制

受験に関する疑問や、学習の進め方や学科内容についての質問には、専門の指導スタッフが一人ひとりに親身になって丁寧にお答えします。模擬試験や添削課題では、客観的な視点からアドバイスをします。そして、受講生専用サイトやメルマガでの受講生限定の情報提供など、あらゆるサポートシステムであなたの学習を強力にバックアップしていきます。

## 受講生専用サイト

受講生専用サイトでは、公務員試験ガイドや最新の試験情報など公務員合格に必要な情報を利用しやすくまとめていますので、ぜひご活用ください。また、お問い合わせフォームからは、質問や書籍の割引購入などの手続きができるので、各種サービスを安心してご利用いただけます。

受講生専用メルマガも配信中！！

※サイトのデザインは変更する場合があります

# 志望職種別　講座対応表

各コースの教材構成をご確認ください。下の表で志望する試験区分に対応したコースを確認しましょう。

| | 教材構成 | | | |
|---|---|---|---|---|
| | 教養試験対策 | 専門試験対策 | 論文対策 | 面接対策 |
| **K** 大卒程度 公務員総合コース［教養＋専門行政系］ | ● | ●行政系 | ● | ● |
| **C** 大卒程度 公務員総合コース［教養のみ］ | ● | | ● | ● |
| **L** 大卒程度 公務員択一攻略セット［教養＋専門行政系］ | ● | ●行政系 | | |
| **D** 大卒程度 公務員択一攻略セット［教養のみ］ | ● | | | |
| **M** 経験者採用試験コース | ● | | ● | ● |
| **N** 経験者採用試験［論文・面接試験対策］コース | | | ● | ● |
| **R** 市役所教養トレーニングセット［大卒程度］ | ● | | ● | ● |

| | | 試験名［試験区分］ | 対応コース |
|---|---|---|---|
| 国家公務員試験 | 国家一般職 [大卒程度] | 行政 | 教養＊3＋専門対策 → **K L** |
| | | 技術系区分 | 教養＊3対策 → **C D** |
| | 国家専門職 [大卒程度] | 国税専門A（法文系）／財務専門官 | 教養＊3＋専門対策 → **K L** ＊4 |
| | | 皇宮護衛官［大卒］／法務省専門職員（人間科学）／国税専門B（理工・デジタル系）／食品衛生監視員／労働基準監督官／航空管制官／海上保安官／外務省専門職員 | 教養＊3対策 → **C D** |
| | 国家特別職 [大卒程度] | 防衛省 専門職員／裁判所 総合職・一般職［大卒］／国会図書館 総合職・一般職［大卒］／衆議院 総合職［大卒］・一般職［大卒］／参議院 総合職 | 教養＊3対策 → **C D** |
| | 国立大学法人等職員 | | 教養対策 → **C D** |
| 地方公務員試験 | 都道府県 特別区（東京23区） 政令指定都市＊2 市役所 [大卒程度] | 事務（教養＋専門） | 教養＋専門対策 → **K L** |
| | | 事務（教養のみ） | 教養対策 → **C D R** |
| | | 技術系区分、獣医師 薬剤師 保健師など資格免許職 | 教養対策 → **C D R** |
| | | 経験者 | 教養＋論文＋面接対策 → **M** 論文＋面接対策 → **N** |
| | 都道府県 政令指定都市＊2 市役所 [短大卒程度] | 事務（教養＋専門） | 教養＋専門対策 → **K L** |
| | | 事務（教養のみ） | 教養対策 → **C D** |
| | 警察官 | 大卒程度 | 教養＋論文対策 → ＊5 |
| | 消防官（士） | 大卒程度 | 教養＋論文対策 → ＊5 |

＊1 地方公務員試験の場合、自治体によっては試験の内容が対応表と異なる場合があります。
＊2 政令指定都市…札幌市、仙台市、さいたま市、千葉市、横浜市、川崎市、相模原市、新潟市、静岡市、浜松市、名古屋市、京都市、大阪市、堺市、神戸市、岡山市、広島市、北九州市、福岡市、熊本市。
＊3 国家公務員試験では、教養試験のことを基礎能力試験としている場合があります。
＊4 国税専門A（法文系）、財務専門官は **K**［大卒程度 公務員総合コース［教養＋専門行政系］］、**L**［大卒程度 公務員択一攻略セット［教養＋専門行政系］］に「新スーパー過去問ゼミ 会計学」（有料）をプラスすると試験対策ができます（ただし、商法は対応しません）。
＊5 警察官・消防官の教養＋論文対策は、「警察官 スーパー過去問セット［大卒程度］」「消防官 スーパー過去問セット［大卒程度］」をご利用ください（巻末広告参照）。

# 大卒程度 公務員総合コース
[教養＋専門行政系]

## 膨大な出題範囲の合格ポイントを的確にマスター！

※表紙デザインは変更する場合があります

### 教材一覧

- ●受講ガイド（PDF）
- ●学習プラン作成シート
- ●テキスト＆ワーク［教養試験編］知能分野（4冊）
  判断推理、数的推理、資料解釈、文章理解
- ●テキストブック［教養試験編］知識分野（3冊）
  社会科学［政治、法律、経済、社会］
  人文科学［日本史、世界史、地理、文学・芸術、思想］
  自然科学［数学、物理、化学、生物、地学］
- ●ワークブック［教養試験編］知識分野
- ●数学の基礎確認ドリル
- ●[知識分野] 要点チェック
- ●テキストブック［専門試験編］（12冊）
  政治学、行政学、社会学、国際関係、法学・憲法、行政法、
  民法、刑法、労働法、経済原論（経済学）・国際経済学、財政学、
  経済政策・経済学史・経営学
- ●ワークブック［専門試験編］（3冊）
  行政分野、法律分野、経済・商学分野
- ●テキストブック［論文・専門記述式試験編］
- ●6年度　面接完全攻略ブック
- ●実力判定テスト★（試験別 各1回）
  地方上級［教養試験、専門試験、論文・専門記述式試験（添削2回）]
  国家一般職大卒［基礎能力試験、専門試験、論文試験（添削2回）]
  市役所上級［教養試験、専門試験、論・作文試験（添削2回）]
  ＊教養、専門は自己採点　＊論文・専門記述式・作文は計6回添削
- ●[添削課題] 面接カード（2回）
- ●自己分析ワークシート
- ●[時事・事情対策] 学習ポイント＆重要テーマのまとめ（PDF）
- ●公開模擬試験★（試験別 各1回）※マークシート提出
  地方上級［教養試験、専門試験］
  国家一般職大卒［基礎能力試験、専門試験］
  市役所上級［教養試験、専門試験］
- ●本試験問題例集（試験別過去問1年分 全4冊）
  令和6年度 地方上級［教養試験編］★
  令和6年度 地方上級［専門試験編］★
  令和6年度 国家一般職大卒［基礎能力試験編］★
  令和6年度 国家一般職大卒［専門試験編］★
  ※平成27年度〜令和6年度分は、[Jトレプラス]に収録
- ●7年度　直前対策ブック★
- ●eラーニング [Jトレプラス]

★印の教材は、発行時期に合わせて送付（詳細は受講後にお知らせします）。

### 教養・専門・論文・面接まで対応

行政系の大卒程度公務員試験に出題されるすべての教養科目と専門科目、さらに、論文・面接対策教材までを揃え、最終合格するために必要な知識とノウハウをモレなく身につけることができます。また、汎用性の高い教材構成ですから、複数試験の併願対策もスムーズに行うことができます。

### 出題傾向に沿った効率学習が可能

出題範囲をすべて学ぼうとすると、どれだけ時間があっても足りません。本コースでは過去数十年にわたる過去問研究の成果から、公務員試験で狙われるポイントだけをピックアップ。要点解説と問題演習をバランスよく構成した学習プログラムにより初学者でも着実に合格力を身につけることができます。

| 受講対象 | 大卒程度 一般行政系・事務系の教養試験（基礎能力試験）および専門試験対策<br>［都道府県、特別区（東京23区）、政令指定都市、市役所、国家一般職大卒など］ | 申込受付期間 | | 2024年3月15日〜2025年3月31日 |
|---|---|---|---|---|
| | | 学習期間のめやす | 6か月 | 学習期間のめやすです。個人のスケジュールに合わせて、長くも短くも調整することが可能です。試験本番までの期間を考慮し、ご自分に合った学習計画を立ててください。 |
| 受講料 | **93,500円**<br>（本体85,000円＋税 教材費・指導費等を含む総額）<br>※受講料は2024年4月1日現在のものです。 | 受講生有効期間 | | 2026年10月31日まで |

| Step | | Step | | Step | |
|---|---|---|---|---|---|
| **1** | **基礎固め**<br>基本教材で、頻出事項を理解！ | **2** | **トレーニング**<br>演習教材を中心に解き方をマスター！ | **3** | **仕上げ**<br>実戦力を養成！ |

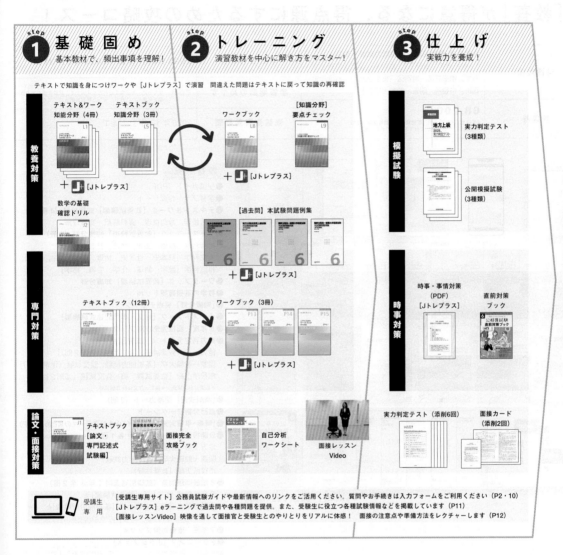

テキストで知識を身につけワークや［Jトレプラス］で演習　間違えた問題はテキストに戻って知識の再確認

**教養対策**

テキスト&ワーク　テキストブック
知能分野（4冊）　知識分野（3冊）
＋ J［Jトレプラス］

ワークブック　　［知識分野］
　　　　　　　要点チェック
＋ J［Jトレプラス］

数学の基礎
確認ドリル

【過去問】本試験問題例集
＋ J［Jトレプラス］

**専門対策**

テキストブック（12冊）

ワークブック（3冊）
＋ J［Jトレプラス］

**論文・面接対策**

テキストブック
［論文・専門記述式試験編］
面接完全攻略ブック
自己分析ワークシート
面接レッスン Video

**模擬試験**

実力判定テスト（3種類）
公開模擬試験（3種類）

**時事対策**

時事・事情対策（PDF）［Jトレプラス］
直前対策ブック

実力判定テスト（添削6回）
面接カード（添削2回）

**公務員合格！**

[受講生専用サイト] 公務員試験ガイドや最新情報へのリンクをご活用ください。質問やお手続きは入力フォームをご利用ください（P2・10）
[Jトレプラス] eラーニングで過去問や各種問題を提供。また、受験生に役立つ各種試験情報などを掲載しています（P11）
[面接レッスンVideo] 映像を通して面接官と受験生とのやりとりをリアルに体感！　面接の注意点や準備方法をレクチャーします（P12）

受講生専用

---

**success voice!!**

## 通信講座を使い時間を有効的に活用すれば念願の合格も夢ではありません

**奥村 雄司** さん
龍谷大学卒業

京都市 上級Ｉ 一般事務職 合格

　私は医療関係の仕事をしており平日にまとまった時間を確保することが難しかったため、いつでも自分のペースで勉強を進められる通信講座を勉強法としました。その中でも「Jトレプラス」など場所を選ばず勉強ができる点に惹かれ、実務教育出版の通信講座を選びました。

　勉強は試験前年の12月から始め、判断推理・数的推理・憲法などの出題数の多い科目から取り組みました。特に数的推理は私自身が文系であり数字に苦手意識があるため、問題演習に苦戦しましたが、「Jトレプラス」を活用し外出先でも問題と正解を見比べ、問題を見たあとに正解を結びつけられるイメージを繰り返し、解ける問題を増やしていきました。

　ある程度基礎知識が身についたあとは、過去問集や本試験問題例集を活用し、実際に試験で解答する問題を常にイメージしながら問題演習を繰り返しました。回答でミスした問題も放置せず基本問題であればあるほど復習を忘れずに日々解けない問題を減らしていくことを積み重ねていきました。

　私のように一度就職活動中の公務員試験に失敗したとしても、通信講座を使い時間を有効的に活用すれば念願の合格も夢ではありません。試験直前も最後まであきらめず、落ちてしまったことがある方も、その経験を糧にぜひ頑張ってください。社会人から公務員へチャレンジされる全ての方を応援しています。

# C 大卒程度 公務員総合コース
[教養のみ]

## 「教養」が得意になる、得点源にするための攻略コース！

| 受講対象 | 大卒程度 教養試験（基礎能力試験）対策<br>[一般行政系（事務系）、技術系、資格免許職を問わず、都道府県、特別区（東京23区）、政令指定都市、市役所、国家一般職大卒など] | 申込受付期間 | 2024年3月15日〜2025年3月31日 |
|---|---|---|---|
| | | 学習期間のめやす | 6か月　学習期間のめやすです。個人のスケジュールに合わせて、長くも短くも調整することが可能です。試験本番までの期間を考慮し、ご自分に合った学習計画を立ててください。 |
| 受講料 | 68,200円<br>（本体62,000円＋税　教材費・指導費等を含む総額）<br>※受講料は、2024年4月1日現在のものです。 | 受講生有効期間 | 2026年10月31日まで |

※表紙デザインは変更する場合があります

### 教材一覧

- ●受講ガイド（PDF）
- ●学習プラン作成シート
- ●テキスト＆ワーク［教養試験編］知能分野（4冊）
  判断推理、数的推理、資料解釈、文章理解
- ●テキストブック［教養試験編］知識分野（3冊）
  社会科学［政治、法律、経済、社会］
  人文科学［日本史、世界史、地理、文学・芸術、思想］
  自然科学［数学、物理、化学、生物、地学］
- ●ワークブック［教養試験編］知識分野
- ●数学の基礎確認ドリル
- ●［知識分野］要点チェック
- ●テキストブック［論文・専門記述式試験編］
- ●6年度　面接完全攻略ブック
- ●実力判定テスト★（試験別 各1回）
  地方上級［教養試験、論文試験（添削2回）］
  国家一般職大卒［基礎能力試験、論文試験（添削2回）］
  市役所上級［教養試験、論・作文試験（添削2回）］
  ＊教養は自己採点　＊論文・作文は計6回添削
- ●［添削課題］面接カード（2回）
- ●自己分析ワークシート
- ●［時事・事情対策］学習ポイント＆重要テーマのまとめ（PDF）
- ●公開模擬試験★（試験別 各1回）＊マークシート提出
  地方上級［教養試験］
  国家一般職大卒［基礎能力試験］
  市役所上級［教養試験］
- ●本試験問題例集（試験別過去問1年分 全2冊）
  令和6年度 地方上級［教養試験編］★
  令和6年度 国家一般職大卒［基礎能力試験編］★
  ※平成27年度〜令和6年度分は、［Jトレプラス］に収録
- ●7年度　直前対策ブック★
- ●eラーニング［Jトレプラス］

★印の教材は、発行時期に合わせて送付します（詳細は受講後にお知らせします）

---

**success voice!!**

## 「Jトレプラス」では「面接レッスンVideo」と、直前期に「動画で学ぶ時事対策」を利用しました

**伊藤 拓生さん**
信州大学卒業

**長野県 技術系 合格**

私が試験勉強を始めたのは大学院の修士1年の5月からでした。研究で忙しい中でも自分のペースで勉強ができることと、受講料が安価のため通信講座を選びました。

まずは判断推理と数的推理から始め、テキスト＆ワークで解法を確認しました。知識分野は得点になりそうな分野を選んでワークを繰り返し解き、頻出項目を覚えるようにしました。秋頃から市販の過去問を解き始め、実際の問題に慣れるようにしました。また直前期には「動画で学ぶ時事対策」を追加して利用しました。食事の時間などに、繰り返し視聴していました。

2次試験対策は、「Jトレプラス」の「面接レッスンVideo」と、大学のキャリアセンターの模擬面接を利用し受け答えを改良していきました。

また、受講生専用サイトから質問ができることも大変助けになりました。私の周りには公務員試験を受けている人がほとんどいなかったため、試験の形式など気になったことを聞くことができてとてもよかったです。

公務員試験は対策に時間がかかるため、継続的に進めることが大切です。何にどれくらいの時間をかけるのか計画を立てながら、必要なことをコツコツと行っていくのが必要だと感じました。そして1次試験だけでなく、2次試験対策も早い段階から少しずつ始めていくのがよいと思います。またずっと勉強をしていると気が滅入ってくるので、定期的に気分転換することがおすすめです。

# 大卒程度 公務員択一攻略セット

[教養＋専門行政系]

## 教養＋専門が効率よく攻略できる

| 受講対象 | 大卒程度 一般行政系・事務系の教養試験（基礎能力試験）および専門試験対策<br>[都道府県、特別区（東京23区）、政令指定都市、市役所、国家一般職大卒など] |
|---|---|
| 受講料 | **62,700円** （本体57,000円＋税 教材費・指導費等を含む総額）<br>※受講料は2024年4月1日現在のものです。 |
| 申込受付期間 | **2024年3月15日〜2025年3月31日** |
| 学習期間のめやす | **6か月** 学習期間のめやすです。個人のスケジュールに合わせて、長くも短くも調整することが可能です。試験本番までの期間を考慮し、ご自分に合った学習計画を立ててください。 |
| 受講生有効期間 | 2026年10月31日まで |

### 教材一覧

- ●受講ガイド（PDF）
- ●テキスト＆ワーク［教養試験編］知能分野（4冊）
  判断推理、数的推理、資料解釈、文章理解
- ●テキストブック［教養試験編］知識分野（3冊）
  社会科学［政治、法律、経済、社会］
  人文科学［日本史、世界史、地理、文学・芸術、思想］
  自然科学［数学、物理、化学、生物、地学］
- ●ワークブック［教養試験編］知識分野
- ●数学の基礎確認ドリル
- ●［知識分野］要点チェック
- ●テキストブック［専門試験編］（12冊）
  政治学、行政学、社会学、国際関係、法学・憲法、行政法、民法、刑法、労働法、経済原論（経済学）・国際経済学、財政学、経済政策・経済学史・経営学
- ●ワークブック［専門試験編］（3冊）
  行政分野、法律分野、経済・商学分野
- ●［時事・事情対策］学習ポイント＆重要テーマのまとめ（PDF）
- ●過去問 ※平成27年度〜令和6年度 ［Jトレプラス］に収録
- ●eラーニング［Jトレプラス］

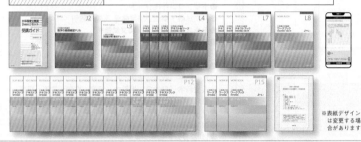

※表紙デザインは変更する場合があります

教材は **K** コースと同じもので、
面接・論文対策、模試がついていません。

---

# 大卒程度 公務員択一攻略セット

[教養のみ]

## 教養のみ効率よく攻略できる

| 受講対象 | 大卒程度 教養試験（基礎能力試験）対策<br>[一般行政系（事務系）、技術系、資格免許職を問わず、都道府県、政令指定都市、特別区（東京23区）、市役所など] |
|---|---|
| 受講料 | **46,200円** （本体42,000円＋税 教材費・指導費等を含む総額）<br>※受講料は2024年4月1日現在のものです。 |
| 申込受付期間 | **2024年3月15日〜2025年3月31日** |
| 学習期間のめやす | **6か月** 学習期間のめやすです。個人のスケジュールに合わせて、長くも短くも調整することが可能です。試験本番までの期間を考慮し、ご自分に合った学習計画を立ててください。 |
| 受講生有効期間 | 2026年10月31日まで |

### 教材一覧

- ●受講ガイド（PDF）
- ●テキスト＆ワーク［教養試験編］知能分野（4冊）
  判断推理、数的推理、資料解釈、文章理解
- ●テキストブック［教養試験編］知識分野（3冊）
  社会科学［政治、法律、経済、社会］
  人文科学［日本史、世界史、地理、文学・芸術、思想］
  自然科学［数学、物理、化学、生物、地学］
- ●ワークブック［教養試験編］知識分野
- ●数学の基礎確認ドリル
- ●［知識分野］要点チェック
- ●［時事・事情対策］学習ポイント＆重要テーマのまとめ（PDF）
- ●過去問 ※平成27年度〜令和6年度 ［Jトレプラス］に収録
- ●eラーニング［Jトレプラス］

※表紙デザインは変更する場合があります

教材は **C** コースと同じもので、
面接・論文対策、模試がついていません。

# M 経験者採用試験コース

## 職務経験を活かして公務員転職を狙う教養・論文・面接対策コース！

**POINT**

広範囲の教養試験を頻出事項に絞って効率的な対策が可能！

8回の添削で論文力をレベルアップ
面接は、本番を想定した準備が可能！
面接レッスンVideoも活用しよう！

| 受講対象 | 民間企業等職務経験者・社会人採用試験対策 |
|---|---|
| 受講料 | **79,200円** （本体72,000円＋税 教材費・指導費等を含む総額）※受講料は、2024年4月1日現在のものです。 |
| 申込受付期間 | **2024年3月15日～2025年3月31日** |
| 学習期間のめやす | **6か月** 学習期間のめやすです。個人のスケジュールに合わせて、長くも短くも調整することが可能です。試験本番までの期間を考慮し、ご自分に合った学習計画を立ててください。 |
| 受講生有効期間 | 2026年10月31日まで |

※表紙デザインは変更する場合があります

### 教材一覧
- ●受講ガイド（PDF）
- ●学習プラン作成シート
- ●論文試験・集団討論試験等 実際出題例
- ●テキスト＆ワーク［論文試験編］
- ●テキスト＆ワーク［教養試験編］知能分野（4冊）
  判断推理、数的推理、資料解釈、文章理解
- ●テキストブック［教養試験編］知識分野（3冊）
  社会科学［政治、法律、経済、社会］
  人文科学［日本史、世界史、地理、文学・芸術、思想］
  自然科学［数学、物理、化学、生物、地学］
- ●ワークブック［教養試験編］知識分野
- ●数学の基礎確認ドリル
- ●［知識分野］要点チェック
- ●面接試験対策ブック
- ●提出課題1（全4回）
  ［添削課題］論文スキルアップ No.1（職務経験論文）
  ［添削課題］論文スキルアップ No.2、No.3、No.4（一般課題論文）
- ●提出課題2（以下は初回答案提出後発送 全4回）
  再トライ用［添削課題］論文スキルアップ No.1（職務経験論文）
  再トライ用［添削課題］論文スキルアップ No.2、No.3、No.4（一般課題論文）
- ●実力判定テスト［教養試験］★（1回）※自己採点
- ●［添削課題］面接カード（2回）
- ●［時事・事情対策］学習ポイント＆重要テーマのまとめ（PDF）
- ●本試験問題例集（試験別過去問1年分 全1冊）
  令和6年度 地方上級［教養試験編］
  ※平成27年度～令和6年度分は、［Jトレプラス］に収録
- ●7年度 直前対策ブック★
- ●eラーニング［Jトレプラス］

★印の教材は、発行時期に合わせて送付します（詳細は受講後にお知らせします）。

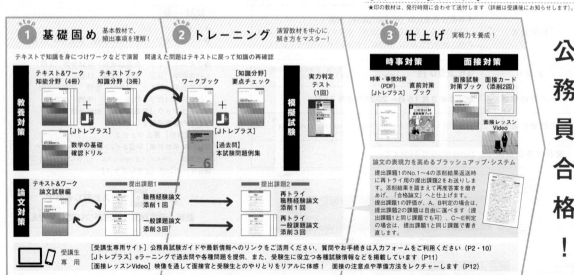

**step 1 基礎固め** 基本教材で、頻出事項を理解！
**step 2 トレーニング** 演習教材を中心に解き方をマスター！
**step 3 仕上げ** 実戦力を養成！

テキストで知識を身につけワークなどで演習　間違えた問題はテキストに戻って知識の再確認

**教養対策**
テキスト＆ワーク 知能分野（4冊）＋テキストブック 知識分野（3冊）→ワークブック＋［知識分野］要点チェック→実力判定テスト（1回）模擬試験
［Jトレプラス］数学の基礎確認ドリル
［Jトレプラス］［過去問］本試験問題例集

**論文対策**
テキスト＆ワーク 論文試験編→提出課題1 職務経験論文 添削1回／一般課題論文 添削3回→提出課題2 再トライ 職務経験論文 添削1回／再トライ 一般課題論文 添削3回

**時事対策**
時事・事情対策（PDF）［Jトレプラス］／直前対策ブック

**面接対策**
面接試験対策ブック／面接カード（添削2回）／面接レッスンVideo

論文の表現力を高めるブラッシュアップ・システム
提出課題1のNo.1～4の添削結果返送時に再トライ用の提出課題2をお送りします。添削結果を踏まえて再度答案を磨きあげ、「合格論文」へと仕上げます。
提出課題1の評価が、A、B判定の場合は、提出課題2の課題は自由に選べます（提出課題と同じ課題でも可）。C～E判定の場合は、提出課題1と同じ課題で書き直します。

受講生専用
［受講生専用サイト］公務員試験ガイドや最新情報へのリンクをご活用ください。質問やお手続きは入力フォームをご利用ください（P2・10）
［Jトレプラス］eラーニングで過去問や各種問題を提供。また、受験生に役立つ各種試験情報などを掲載しています（P11）
［面接レッスンVideo］映像を通して面接官と受験生とのやりとりをリアルに体感！ 面接の注意点や準備方法をレクチャーします（P12）

**公務員合格！**

# 経験者採用試験
# ［論文・面接試験対策］コース

## 経験者採用試験の論文・面接対策に絞って攻略！

**POINT**

8回の添削指導で
論文力をレベルアップ！

面接試験は、回答例を参考に
本番を想定した準備が可能！
面接レッスンVideoも活用しよう！

| 受講対象 | 民間企業等職務経験者・社会人採用試験対策 |
|---|---|
| 受講料 | **39,600円** （本体 36,000円＋税　教材費・指導費等を含む総額）<br>※受講料は、2024年4月1日現在のものです。 |
| 申込受付期間 | **2024年3月15日～2025年3月31日** |
| 学習期間のめやす | **4か月**　学習期間のめやすです。個人のスケジュールに合わせて、長くも短くも調整することが可能です。試験本番までの期間を考慮し、ご自分に合った学習計画を立ててください。 |
| 受講生有効期間 | 2026年10月31日まで |

### 教材一覧

- ●受講のてびき
- ●論文試験・集団討論試験等 実際出題例
- ●テキスト＆ワーク［論文試験編］
- ●面接試験対策ブック
- ●提出課題1（全4回）
  - ［添削課題］論文スキルアップ No.1（職務経験論文）
  - ［添削課題］論文スキルアップ No.2、No.3、No.4（一般課題論文）
- ●提出課題2（以下は初回答案提出後発送 全4回）
  - 再トライ用［添削課題］論文スキルアップ No.1（職務経験論文）
  - 再トライ用［添削課題］論文スキルアップ No.2、No.3、No.4（一般課題論文）
- ●［添削課題］面接カード（2回）
- ●［時事・事情対策］学習ポイント＆重要テーマのまとめ（PDF）
- ●eラーニング［Jトレプラス］

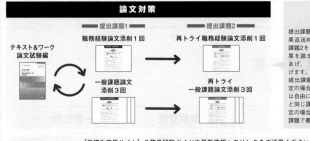

**公務員合格！**

受講生専用：[受講生専用サイト] 公務員試験ガイドや最新情報へのリンクをご活用ください。質問やお手続きは入力フォームをご利用ください（P2・10）　[面接レッスンVideo] 映像を通して面接官と受験生とのやりとりをリアルに体感！　面接の注意点や準備方法をレクチャーします（P12）　[Jトレプラス］[時事] 重要テーマのまとめ(PDF)、eラーニング「時事問題の穴埋めチェック」、試験情報などが利用できます

※『経験者採用試験コース』と『経験者採用試験［論文・面接試験対策］コース』の論文・面接対策教材は同じものです。
両方のコースを申し込む必要はありません。どちらか一方をご受講ください。

**success voice!!**

---

## 通信講座のテキスト、添削のおかげで効率よく公務員試験に必要な情報を身につけることができました

**小川 慎司 さん**
南山大学卒業

**国家公務員中途採用者選考試験**
**（就職氷河期世代）合格**

　私が大学生の頃はいわゆる就職氷河期で、初めから公務員試験の合格は困難と思い、公務員試験に挑戦しませんでした。そのことが大学卒業後20年気にかかっていましたが、現在の年齢でも公務員試験を受験できる機会を知り、挑戦しようと思いました。
　通信講座を勉強方法として選んだ理由は、論文試験が苦手だったため、どこが悪いのかとのように書けばよいのかを、客観的にみてもらいたいと思ったからです。
　添削は、案の定厳しい指摘をいただき、論文の基本的なことがわかっていないことを痛感しましたが、返却答案のコメントやテキストをみていくうちに、順を追って筋道立てて述べること、明確に根拠を示すことなど論文を書くポイントがわかってきました。すると

筆記試験に合格するようになりました。
　面接は、面接試験対策ブックが役に立ちました。よくある質問の趣旨、意図が書いてあり、面接官の問いたいことはなにかという視点で考えて、対応することができるようになりました。
　正職員として仕事をしながらの受験だったので、勉強時間をあまりとることができませんでしたが、通信講座のテキスト、添削のおかげで効率よく公務員試験に必要な情報を身につけることができました。
　ちょうどクリスマスイブに合格通知書が届きました。そのときとても幸せな気持ちになりました。40歳代後半での受験で合格は無理ではないかと何度もくじけそうになりましたが、あきらめず挑戦してよかったです。

# 2024年度試験対応
# 市役所教養トレーニングセット
## ［大卒程度］

## 大卒程度の市役所試験を徹底攻略！

| | |
|---|---|
| 受講対象 | **大卒程度 市役所 教養試験対策**<br>一般行政系（事務系）、技術系、資格免許職を問わず、大卒程度<br>市役所 |
| 受講料 | **29,700円** （本体 27,000円＋税　教材費・指導費等を含む総額）<br>※受講料は 2024 年4月1日現在のものです。 |
| 申込受付期間 | **2023年8月1日～2024年7月31日** |
| 学習期間のめやす | **3か月** 学習期間のめやすです。個人のスケジュールに合わせて、長くも短くも調整することが可能です。試験本番までの期間を考慮し、ご自分に合った学習計画を立ててください。 |
| 受講生有効期間 | 2025年10月31日まで |

### 教材一覧
- ●受講ガイド（PDF）
- ●学習のモデルプラン
- ●テキスト＆ワーク［教養試験編］知能分野（4冊）
  判断推理、数的推理、資料解釈、文章理解
- ●テキストブック［教養試験編］知識分野（3冊）
  社会科学［政治、法律、経済、社会］
  人文科学［日本史、世界史、地理、文学・芸術、思想］
  自然科学［数学、物理、化学、生物、地学］
- ●ワークブック［教養試験編］知識分野
- ●数学の基礎確認ドリル
- ●［知識分野］要点チェック
- ●面接試験対策ブック
- ●実力判定テスト★ ※教養は自己採点
  市役所上級［教養試験、論・作文試験（添削2回）］
- ●過去問（5年分）
  ［Jトレプラス］に収録 ※令和元年度～5年度
- ●eラーニング［Jトレプラス］
★印の教材は、発行時期に合わせて送付（詳細は受講後にお知らせします）。

※表紙デザインは変更する場合があります

---

## 質問回答

### 学習上の疑問は、指導スタッフが解決！

マイペースで学習が進められる自宅学習ですが、疑問の解決に不安を感じる方も多いはず。でも「公務員合格講座」なら、学習途上で生じた疑問に、指導スタッフがわかりやすく丁寧に回答します。手軽で便利な質問回答システムが、通信学習を強力にバックアップします！

| 質問の種類 | **学科質問**<br>通信講座教材の内容について<br>わからないこと | **一般質問**<br>志望先や学習計画に<br>関することなど |
|---|---|---|
| 回数制限 | **10回まで無料**<br>11回目以降は有料となります。<br>詳細は下記参照 | **回数制限なし**<br>何度でも質問できます。 |
| 質問方法 | 受講生専用サイト、郵便、FAX<br>で受け付けます。 | 受講生専用サイト、電話、郵便、<br>FAX で受け付けます。 |

---

### 受講生特典

受講後、実務教育出版の書籍を当社に
直接ご注文いただくとすべて 10%割引になります！！

公務員合格講座受講生の方は、当社へ直接ご注文いただく場合に限り、
実務教育出版発行の本すべてを 10% OFF でご購入いただけます。
書籍の注文方法は、受講生専用サイトでお知らせします。

# いつでもどこでも学べる学習環境を提供！

## eラーニング

# Jトレ+
[ J ト レ プ ラ ス ]

> Jトレプラスの活用法がご覧いただけます

## 時間や場所を選ばず学べます！

スマホで「いつでも・どこでも」学習できるツールを提供しています。本番形式の「五肢択一式」のほか、手軽な短答式で重要ポイントの確認・習得が効率的にできる「穴埋めチェック」や短時間でトライできる「ミニテスト」など、さまざまなシチュエーションで活用できるコンテンツをご用意しています。外出先などでも気軽に問題に触れることができ、習熟度がUPします。

| ホーム | 五肢択一式 | 穴埋めチェック | ミニテスト |
|---|---|---|---|
|  |  |  |  |

# スキマ時間で、問題を解く！　テキストで確認！

＼ 利用者の声 ／

[Jトレプラス]をスマートフォンで利用し、ゲーム感覚で問題を解くことができたので、飽きることなく進められて良かったと思います。

ちょっとした合間に手軽に取り組める[Jトレプラス]でより多くの問題に触れるようにしていました。

通学時間に利用した[Jトレプラス]は時間が取りにくい理系学生にも強い味方となりました。

テキスト自体が初心者でもわかりやすい内容になっていたのでモチベーションを落とさず勉強が続けられました。

テキスト全冊をひととおり読み終えるのに苦労しましたが、一度読んでしまえば、再読するのにも時間はかからず、読み返すほどに理解が深まり、やりがいを感じました。勉強は苦痛ではなかったです。

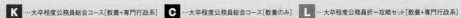

対応コースを記号で明記しています。　K …大卒程度公務員総合コース[教養＋専門行政系]　C …大卒程度公務員総合コース[教養のみ]　L …大卒程度公務員択一攻略セット[教養＋専門行政系]　D …大卒程度公務員択一攻略セット[教養のみ]　M …経験者採用試験コース　N …経験者採用試験[論文・面接試験対策]コース　R …市役所教養トレーニングセット

11

# 面接のポイントが動画や添削でわかる！

## 面接レッスンVideo

### 面接試験をリアルに体感！

K C M N R

実際の面接試験がどのように行われるのか、自分のアピール点や志望動機をどう伝えたらよいのか？
面接レッスンVideoでは、映像を通して面接試験の緊張感や面接官とのやりとりを実感することができます。面接試験で大きなポイントとなる「第一印象」対策も、ベテラン指導者が実地で指南。対策が立てにくい集団討論やグループワークなども含め、準備方法や注意点をレクチャーしていきます。
また、動画内の面接官からの質問に対し声に出して回答し、その内容をさらにブラッシュアップする「実践編」では、「質問の意図」「回答の適切な長さ」などを理解し、本番をイメージしながらじっくり練習することができます。
[Jトレプラス]内で動画を配信していますので、何度も見て、自分なりの面接対策を進めましょう。

### 面接レッスンVideoの紹介動画公開中！

面接レッスンVideoの紹介動画を公開しています。
実務教育出版webサイト各コースページからもご覧いただけます。

紹介動画をご覧いただけます

（1）個人面接編
（2）集団討論編
（3）実践編

の3つを見ることができます！
※コースによって異なる場合があります。

実務教育出版
JITSUMUKYOIKU-SHUPPAN

---

## 指導者 Profile

### 坪田まり子先生

有限会社コーディアル代表取締役、東京学芸大学特命教授、プロフェッショナル・キャリア・カウンセラー®。
自己分析、面接対策などの著書を多数執筆し、就職シーズンの講演実績多数。

### 森下一成先生

東京未来大学モチベーション行動科学部コミュニティ・デザイン研究室 教授。
特別区をはじめとする自治体と協働し、まちづくりの実践に学生を参画させながら、公務員や教員など、公共を担うキャリア開発に携わっている。

---

## 面接試験対策テキスト／面接カード添削

### テキストと添削で自己アピール力を磨く！

K C M N

面接試験対策テキストでは、面接試験の形式や評価のポイントを解説しています。テキストの「質問例＆回答のポイント」では、代表的な質問に対する回答のポイントをおさえ、事前に自分の言葉で的確な回答をまとめることができます。面接の基本を学習した後は「面接カード」による添削指導で、問題点を確認し、具体的な対策につなげます。2回分の提出用紙を、「1回目の添削結果を踏まえて2回目を提出」もしくは「2回目は1回目と異なる受験先用として提出」などニーズに応じて利用できます。

▲面接試験対策テキスト

▲面接カード・添削指導

---

対応コースを記号で明記しています。

**K** …大卒程度公務員総合コース[教養＋専門行政系]　**C** …大卒程度公務員総合コース[教養のみ]　**L** …大卒程度公務員択一攻略セット[教養＋専門行政系]

**D** …大卒程度公務員択一攻略セット[教養のみ]　**M** …経験者採用試験コース　**N** …経験者採用試験[論文・面接試験対策]コース　**R** …市役所教養トレーニングセット

# お申し込み方法・受講料一覧

## インターネット

実務教育出版ウェブサイトの「公務員合格講座 受講申込」ページへ進んでください。

●受講申込についての説明をよくお読みになり【申込フォーム】に必要事項を入力の上［送信］してください。
●【申込フォーム】送信後、当社から［確認メール］を自動送信しますので、必ずメールアドレスを入力してください。

### ■お支払方法

**コンビニ・郵便局で支払う**
教材と同送の「払込取扱票」でお支払いください。
お支払い回数は「1回払い」のみです。

**クレジットカードで支払う**
インターネット上で決済できます。ご利用いただけるクレジットカードは、VISA、Master、JCB、AMEXです。お支払い回数は「1回払い」のみです。

※クレジット決済の詳細は、各カード会社にお問い合わせください。

### ■複数コース受講特典

**コンビニ・郵便局で支払いの場合**
以前、公務員合格講座の受講生だった方（現在受講中含む）、または今回複数コースを同時に申し込まれる場合は、受講料から3,000円を差し引いた金額を印字した「払込取扱票」をお送りします。
以前、受講生だった方は、以前の受講生番号を【申込フォーム】の該当欄に入力してください（ご本人様限定）。

**クレジットカードで支払いの場合**
以前、公務員合格講座の受講生だった方（現在受講中含む）、または今回複数コースを同時に申し込まれる場合は、後日当社より直接ご本人様宛にQUOカード3,000円分を進呈いたします。
以前、受講生だった方は、以前の受講生番号を【申込フォーム】の該当欄に入力してください（ご本人様限定）。

---

**詳しくは、実務教育出版ウェブサイトをご覧ください。**
「公務員合格講座 受講申込」　　https://www.jitsumu.co.jp/contact/

---

### 教材のお届け

あなたからのお申し込みデータにもとづき受講生登録が完了したら、教材の発送手配をいたします。

＊教材一式、受講生証などを発送します。　＊通常は当社受付日の翌日に発送します。
＊お申し込み内容に虚偽があった際は、教材の送付を中止させていただく場合があります。

## 受講料一覧［インターネットの場合］

| コース記号 | コース名 | 受講料 | 申込受付期間 |
|---|---|---|---|
| K | 大卒程度 公務員総合コース［教養＋専門行政系］ | 93,500 円（本体 85,000 円＋税） | 2024年3月15日～2025年3月31日 |
| C | 大卒程度 公務員総合コース［教養のみ］ | 68,200 円（本体 62,000 円＋税） | |
| L | 大卒程度 公務員択一攻略セット［教養＋専門行政系］ | 62,700 円（本体 57,000 円＋税） | |
| D | 大卒程度 公務員択一攻略セット［教養のみ］ | 46,200 円（本体 42,000 円＋税） | |
| M | 経験者採用試験コース | 79,200 円（本体 72,000 円＋税） | |
| N | 経験者採用試験［論文・面接試験対策］コース | 39,600 円（本体 36,000 円＋税） | |
| R | 市役所教養トレーニングセット［大卒程度］ | 29,700 円（本体 27,000 円＋税） | 2023年8月1日～2024年7月31日 |

＊受講料には、教材費・指導費などが含まれております。　＊お支払い方法は、一括払いのみです。　＊受講料は、2024年4月1日現在の税込価格です。

---

**[返品・解約について]**

◇教材到着後、未使用の場合のみ2週間以内であれば、返品・解約ができます。
◇返品・解約される場合は、必ず事前に当社へ電話でご連絡ください（電話以外は不可）。
TEL：03-3355-1822（土日祝日を除く 9：00～17：00）
◇返品・解約の際、お受け取りになった教材一式は、必ず実務教育出版あてにご返送ください。教材の返送料は、お客様のご負担となります。
◇2週間を過ぎてからの返品・解約はできません。また、2週間以内でも、お客様による折り目や書き込み、破損、汚れ、紛失等がある場合は、返品・解約ができませんのでご了承ください。
◇全国の取扱い店（大学生協・書店）にてお申し込みになった場合の返品・解約のご相談は、直接、生協窓口・書店へお願いいたします。

---

## 公務員受験生を応援するwebサイト

※サイトのデザインは変更する場合があります

実務教育出版は、68年の伝統を誇る公務員受験指導のパイオニアとして、常に新しい合格メソッドと学習スタイルを提供しています。最新の公務員試験情報や詳しい公務員試験ガイド、国の機関から地方自治体までを網羅した官公庁リンク集、さらに、受験生のバイブル・実務教育出版の公務員受験ブックスや通信講座など役立つ学習ツールを紹介したオリジナルコンテンツも見逃せません。お気軽にご利用ください。

### 公務員試験ガイド

【公務員試験ガイド】は、試験別に解説しています。試験区分・受験資格・試験日程・試験内容・各種データ、対応コースや関連書籍など、盛りだくさん！

### あなたに合ったお仕事は？
### 公務員クイック検索！

【公務員クイック検索！】は、選択条件を設定するとあなたに合った公務員試験を検索することができます。

## 公務員合格講座に関するお問い合わせ　　　　実務教育出版 公務員指導部

「どのコースを選べばよいか」、「公務員合格講座のシステムのこがわからない」など、公務員合格講座についてご不明な点は、電話かwebのお問い合わせフォームよりお気軽にご質問ください。公務員指導部スタッフがわかりやすくご説明いたします。

 **03-3355-1822** （土日祝日を除く 9：00～17：00）
電話

 **https://www.jitsumu.co.jp/contact/inquiry/**
web　　　　　　　　　　　　　　　　　　（お問い合わせフォーム）

### 実務教育出版

**www.jitsumu.co.jp**
〒163-8671　東京都新宿区新宿1-1-12 / TEL：03-3355-1822 （土日祝日を除く 9：00～17：00）

©JITSUMUKYOIKU SHUPPAN　　掲載内容の無断転載を禁じます。　　5A11-601

# 警察官・消防官 [大卒程度] 一次試験対策セット！

大卒程度の警察官・消防官の一次試験合格に必要な書籍、教材、模試をセット販売します。問題集をフル活用することで合格力を身につけることができます。模試は自己採点でいつでも実施することができ、論文試験は対策に欠かせない添削指導を受けることができます。

## 警察官 スーパー過去問セット [大卒程度]

### 教材一覧

- ●大卒程度 警察官・消防官 スーパー過去問ゼミ[改訂第3版] 社会科学、人文科学、自然科学、判断推理、数的推理、文章理解・資料解釈
- ●数学の基礎確認ドリル
- ●[知識分野] 要点チェック
- ●2025年度版 大卒警察官 教養試験 過去問350
- ●警察官・消防官[大卒程度] 公開模擬試験
  ＊問題、正答と解説（自己採点）、論文（添削付き）

| セット価格 | 18,150円（税込） |
| --- | --- |
| 申込受付期間 | 2023年10月25日〜 |

## 消防官 スーパー過去問セット [大卒程度]

### 教材一覧

- ●大卒程度 警察官・消防官 スーパー過去問ゼミ[改訂第3版] 社会科学、人文科学、自然科学、判断推理、数的推理、文章理解・資料解釈
- ●数学の基礎確認ドリル
- ●[知識分野] 要点チェック
- ●2025年度版 大卒・高卒消防官 教養試験 過去問350
- ●警察官・消防官[大卒程度] 公開模擬試験
  ＊問題、正答と解説（自己採点）、論文（添削付き）

| セット価格 | 18,150円（税込） |
| --- | --- |
| 申込受付期間 | 2024年1月12日〜 |

# 産経公務員模擬テスト

## バックナンバー自宅受験　ご案内

**2024年度**　第1・3回　地方上級／市役所上級／大卒警察官・消防官
第2・4回　国家一般職大卒
第5回　地方上級／市役所上級／大卒消防官

## 受験機会を逃した方に。実力試し（自宅受験）の再チャンス！

このたび、当模擬テストの本年度すでに実施済みの第1回〜第5回が、バックナンバーとして自宅受験できるようになりました。マークシートを返送すればもちろん、これまでの受験者全員の成績にあなたの成績を加えて判定した成績表をお送りします。ですから、あくまでも通常の模試を受けたと同じ条件で、ご自分の実力が分かります。前回受験できなかった方、これから公務員採用試験を目指す方も、ぜひこの機会をご活用ください。

### 第1回 バックナンバー
地方上級／市役所上級
大卒警察官・消防官
| 本試験重要テーマ攻略 |
申込締切日
**5月7日**(火)

### 第2回 バックナンバー
国家一般職大卒
| 本試験重要テーマ攻略 |
申込締切日
**5月7日**(火)

### 第3回 バックナンバー
地方上級／市役所上級
大卒警察官・消防官
| 本試験予想 |
申込締切日
**5月7日**(火)

### 第4回 バックナンバー
国家一般職大卒
| 本試験予想 |
申込締切日
**5月7日**(火)

### 第5回 バックナンバー
地方上級／市役所上級
大卒消防官
| 本試験直前予想 |
申込締切日
**5月7日**(火)

| 回 | 試験の種類 | 申込締切日 | 自宅受験 | | | 受験科 | |
| --- | --- | --- | --- | --- | --- | --- | --- |
| | | | 問題発送日 | 返送締切日 | 結果発送日 | 教養＋専門 | 教養のみ |
| 1 | 地上／市役所／警察・消防（本試験重要テーマ攻略） | 5月7日(火) | ネット受付入金確認後3日以内（土日祝日を除く） | 5月31日(金)【必着】 | 答案到着後約2週間 | 6,900円 | 4,600円 |
| 2 | 国家一般職大卒（本試験重要テーマ攻略） | 5月7日(火) | | | | 6,900円 | 4,600円 |
| 3 | 地上／市役所／警察・消防（本試験予想） | 5月7日(火) | | | | 6,900円 | 4,600円 |
| 4 | 国家一般職大卒（本試験予想） | 5月7日(火) | | | | 6,900円 | 4,600円 |
| 5 | 地上／市役所／消防（本試験直前予想） | 5月7日(火) | | | | 6,900円 | 4,600円 |

＊申込締切日は当日深夜0時ネット受付終了、受験料は消費税込。
＊実施回によって同じ職種の試験対策でも問題が異なります。

### お問い合わせ先・事務局

**産經公務員テスト機構**　www.sankei-koumuin.jp

〒100-8079　東京都千代田区大手町1-7-2　産經新聞社　コンベンション事業部内
電話：03-3241-4977（土日祝日を除く 10:00〜17:30）E-mail：koumuin@sankei.co.jp

## 主催＝産經新聞社・実務教育出版

## 試験の特色

- 実際の公務員採用試験に準拠して実施します。特に地方上級試験は、各自治体の出題内容に対応した型別出題システムで実施します。
- 元試験専門委員などのスタッフが過去の問題を徹底分析、それに今後予想される出題傾向をプラスして精度の高い問題を作成します。
- 解答方法の練習に役立つようマークシートの答案用紙を使用し、コンピュータで迅速に採点します。
- 客観的かつ全国レベルでの実力が分かります。また、細かく分析された成績表により、弱点分野の克服に役立ちます。
- 豊富なデータに基づく信頼性の高い合格可能度を判定します。
- 「正答と解説」には全問にポイントを押さえた解説付き。解法のポイントやテクニックが盛り込まれており、弱点補強に役立ちます。
- 「論文試験」添削指導(別途有料)が受けられます。(※論文試験のみのお申込みは受け付けておりません。)

## 試験の内容　(※出題される問題は各実施回ごとに異なります。)

### ●第1・3・5回　地方上級（行政系）
地方上級（各都府県・政令指定都市・特別区）の行政系に照準を合わせた問題です。**東京都・横浜市・相模原市・静岡市・神戸市および技術職を志望される方は「教養試験」**のみを受験してください。なお、北海道（札幌市を除く）・大阪府・和歌山県・大阪市・堺市を志望される方、および、京都府・広島県・広島市の「法律」「経済」区分を志望される方は、本模擬テストの対象外となります。

### ●第1・3・5回　市役所上級・大卒消防官
主に6月試験実施の、一部の比較的大きな市を対象として実施します。該当する自治体は右下の一覧表をご参照ください。**それ以外の自治体を志望される方は、試験の内容・レベルが異なりますので、あくまでも力試しとして受験してください。**なお、市役所上級の合格可能度判定は、各市役所ごとではなく、「市役所上級」として一本化した判定となります。

### ●第1・3回　大卒警察官
警視庁・道府県警察の大卒程度警察官（男性・女性）を対象として実施します。必ず「教養試験」のみを受験してください。

### ●第2・4回　国家一般職大卒（行政）
国家一般職大卒の行政に照準を合わせた問題です。技術職を志望される方は「教養試験（基礎能力試験）」のみを受験してください。

#### ◎試験時間

| （第1・3・5回） | 教養試験：150分 |
| --- | --- |
| | 専門試験：120分 |
| （第2・4回） | 教養試験：110分 |
| | 専門試験：180分 |

#### ◎出題科目
実際の採用試験に準じた科目で実施します。詳しい出題科目に関しましては、弊社ホームページをご覧ください。

#### ◎成績資料
教養・専門試験の得点、判定、換算点、平均点、序列、問題別解答状況、分野別解答状況、合格可能度、昨年度本試験の実施結果、合格ラインの総合点

> **ご注意**　「教養試験のみ」の受験者については、成績判定の総合に関するもの、および合格可能度は判定されません。ただし、地方上級の東京都・横浜市・相模原市・静岡市・神戸市、および市役所上級、大卒警察官・消防官の志望者は例外となります。
> なお、詳しい出題内容等につきましては、弊社ホームページをご覧ください。
> http://www.sankei-koumuin.jp/about/detail/

## 試験の種別について（必ずお読みください。）

### 地方上級（第1・3・5回）
「専門試験」は〈行政系〉対応です。
技術職志望者は「教養のみ」を受験してください。ただし、〈行政系〉志望であっても、東京都・横浜市・相模原市・静岡市・神戸市の志望者は「教養のみ」を受験してください。
また、北海道（札幌市を除く）・大阪府・和歌山県・大阪市・堺市を志望される方、および、京都府・広島県・広島市の「法律」「経済」区分を志望される方は、本模擬テストの対象外となります。

### 国家一般職大卒（第2・4回）
「専門試験」は〈行政〉対応です。
技術職志望者は「教養のみ」を受験してください。

### 大卒警察官（第1・3回）
必ず「教養のみ」を受験してください。

### 市役所上級・大卒消防官（第1・3・5回）
志望自治体によって「教養＋専門」「教養のみ」の別が決まりますので、必ず下記の一覧表を参照の上、お申込みください。なお、市役所上級の「専門試験」は〈事務系〉対応です。技術職および大卒消防官のうち下記一覧にない自治体の志望者は「教養のみ」を受験してください。また、札幌市・消防官、堺市・消防官を志望される方は、本模擬テストの対象外、浜松市・消防官を志望される方は、試験制度改正により、第1回と第3回のみ実施、第5回は本模擬テストの対象外となります。
（ご注意）市役所上級の問題構成・採点は下記自治体別ではなく、一本化して実施します。

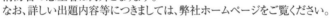

| | 教養＋専門 | 教養のみ |
| --- | --- | --- |
| 市役所上級 | 青森市、弘前市、八戸市、山形市、福島市、郡山市、いわき市、白河市、須賀川市、喜多方市、伊達市、船橋市、松戸市、柏市、流山市、飯山市、千曲市、安曇野市、岐阜市、富山市、金沢市、姫路市、和歌山市、呉市、丸亀市、東かがわ市 | 盛岡市、会津若松市、伊勢崎市、三郷市、東村山市、海老名市、須坂市、五泉市、高山市、黒部市、七尾市、小松市、坂井市、鳥取市、出雲市、安来市、雲南市、廿日市市、高知市 |
| 大卒消防官 | 広島市 | 仙台市、さいたま市、千葉市、東京消防庁、横浜市、川崎市、相模原市、新潟市、静岡市、浜松市（第1・3回のみ）、名古屋市、京都市、大阪市、神戸市、岡山市、北九州市、福岡市、熊本市、その他の市 |

※上記以外の自治体の志望者は、試験の内容・レベルが異なりますので、あくまでも力試しとして受験してください。その場合、択一式の専門試験の有無等、各自治体発表の採用試験情報をご自分でお調べの上、お申込みください。

## お申込み方法

### インターネットでお申込み

●お申込みは弊社ホームページからのインターネット申込のみとなります。（www.sankei-koumuin.jp）
●お支払い方法は、クレジットカード決済または各種コンビニ決済のどちらかをお選びください。
●コンビニ決済をお選びいただいた場合、お支払い期限はネット上でのお申込み手続き完了から二日以内（翌々日の23時59分59秒まで）となります。この期限を過ぎますと、お申込み自体が無効となりますので、十分ご注意ください。
●郵便局や銀行等、各種金融機関の口座振込はご利用になれません。

**お申込み・模擬試験の詳しい内容についてなど、弊社ホームページをご覧ください。**

# www.sankei-koumuin.jp
※右のQRコードをご利用いただくか、インターネットで《公務員テスト》を検索！

## 受験についてのご注意

●本バックナンバー自宅受験は、本年度すでに会場・自宅受験にて実施終了したものを再度受験機会を設けるものです。すでに受験されている方は、お間違いのないよう十分ご注意ください。
●申込締切日は2024年5月7日（火）【当日深夜0時ネット受付終了】です。ただし、バックナンバーは数に限りがあります。**問題冊子がなくなり次第、申込受付を終了いたしますので、お早めにお申込みください。**
●弊社にて受験料の入金を確認後、3日以内（土日祝日を除く）に「自宅受験のセット」を発送いたします。なるべく早く解答し、答案用紙（マークシート）をご返送ください。なお、ご返送の際には切手を貼ってご投函ください。
●「お申込み完了メール」が届いてから10日ほど経っても「自宅受験のセット」が届かない場合、必ず下記事務局までご一報ください。**特にご連絡なき場合、問題なく到着したものとみなしますので、十分ご注意ください。**
●結果（成績表）の発送は答案用紙（マークシート）が事務局に到着してから約2週間後です。実際の採用試験の実施日に十分ご注意の上、余裕をもってお申込み・受験を行ってください。
●「正答と解説」はお送りする「自宅受験のセット」に同封いたします。
●答案採点の最終受付は2024年5月31日（金）必着分といたします。これ以降に到着した答案に関しては採点できませんのでご注意ください。
●付録の論文試験（有料添削）の受付期間は2024年5月7日（火）【消印有効】までです。この期限以降のお申込みには応じかねますので、あらかじめご了承ください。

### 答案提出期限に関するご注意

下記の各【第1次試験】に間に合うように成績表の発送を希望される方は、それぞれの提出期限【消印有効】を厳守してください。

a）愛知県：3月28日（木）
b）大卒警察官（5月本試験）：3月28日（木）
c）国家一般職大卒（6月本試験）：4月30日（火）
d）地方上級（東京都・愛知県・特別区・名古屋市を除く）、市役所上級、大卒消防官（6月本試験）：4月30日（火）
e）大卒警察官（7月本試験）：5月24日（金）

※東京都・特別区・名古屋市は日程の都合によりバックナンバーを受験できません。

### 受験内容の変更・キャンセルについて

お申込み後の受験内容の変更・キャンセル等、**受験料の返金を伴うご要望には一切応じることができません。**その場合、別の実施回に振り替えていただくか、テキスト等資料の送付で対応いたします。事前に十分ご注意ください。

---

（お問い合わせ先・事務局）

**産經公務員テスト機構**
〒100-8079　東京都千代田区大手町1-7-2　産經新聞社　コンベンション事業部内
電話：03-3241-4977（土日祝日を除く 10:00〜17:30）
E-mail：koumuin@sankei.co.jp

# 産經公務員模擬テスト
## バックナンバー自宅受験　ご案内

| 2024年度 | 第1・3回 | 地方上級／市役所上級／大卒警察官・消防官 |
|---|---|---|
| | 第2・4回 | 国家一般職大卒 |
| | 第 5 回 | 地方上級／市役所上級／大卒消防官 |

## さあ本番。ラストスパートだ！
## まだ間に合う、2024年度公務員採用試験を狙う腕試し。

## 産經公務員模擬テストだから

産經公務員模擬テストは、公務員受験指導で長年の実績と信頼を持つ実務教育出版と我が国屈指のマスメディアグループであるフジサンケイグループの組織力が結び付いた、全国レベル・最大規模の公開模擬試験として数々の特長を持っています。

- ★バックナンバーは自宅で受験。都合の良い日時にできるので、自分の計画が立てやすい。
- ★全国主要7都市で実施した会場受験に加え、北は北海道から南は沖縄までを自宅受験でカバー、様々な大学・専門学校等でも学内団体受験を実施、まさに全国規模の模擬試験となっています。
- ★すでに実施済みの会場および自宅受験者はもとより学校単位で実施している団体受験者など、これまでの受験者全員の成績にあなたの採点をプラス、今までの受験者全体の中であなたの成績を判定するので「バックナンバーだから…」とか「受験者数が少ないのでは…」といった不安は無用です。
- ★産經公務員模擬テストの受験者は全国規模、数でも最大級。ということは、より正確で客観的な成績判断をお届けできます。豊富なデータから信頼性の高い合格可能度を判定し、細かく分析された成績表はあなたの弱点分野を指摘してくれます。
- ★地方上級模試は、各自治体の出題内容に即した型別出題システムを採用し、自分の志望する自治体に対応した問題を選んで解答します。また、国家一般職大卒模試は本試験の形式、科目選択解答制に対応しています。本番さながらの出題形式で、自分のチャレンジする本試験科目の問題に沿った受験対策ができます。
- ★産經公務員模擬テストは、過去に出題された問題を徹底分析。それに今後予想される出題傾向をプラスして、元試験専門委員などのベテランスタッフによって作成されています。
- ★各問題については、受験者全員にお渡しする「正答と解説」のなかで1問1問に詳しい解説をつけています。解法のポイントやテクニックが盛り込まれており、弱点補強に活用できます。また、最新の情報をまとめた「公務員試験情報」を受験者全員にさしあげます。（成績表に同封）

### 詳しい内容・お申込みは下記ホームページで!!
# www.sankei-koumuin.jp
※右のQRコードをご利用いただくか、インターネットで《公務員テスト》を検索！

## 主催＝産經新聞社・実務教育出版

# 公務員受験 *BOOKS* のご案内

各書籍の詳細については右記ウェブサイトをご覧ください。

## 一般知識分野を効率的に学習するための要点整理集！

上・中級公務員試験
### 新・光速マスター シリーズ

資格試験研究会編
定価：各1,320円

**社会科学** [改訂第2版]
[政治 / 経済 / 社会]

**人文科学** [改訂第2版]
[日本史 / 世界史 / 地理 / 思想 / 文学・芸術]

**自然科学** [改訂第2版]
[物理 / 化学 / 生物 / 地学 / 数学]

## 基礎レベルの過去問演習書！ 学習スタート期に最適！

公務員試験
### 集中講義 シリーズ

定価：各1,650円

**数的推理**の過去問
資格試験研究会編／永野龍彦 執筆

**判断推理**の過去問
資格試験研究会編／結城順平 執筆

**文章理解**の過去問
資格試験研究会編／饗庭 悟 執筆

**資料解釈**の過去問
資格試験研究会編／結城順平 執筆

**図形・空間把握**の過去問
資格試験研究会編／永野龍彦 執筆

**憲法**の過去問
資格試験研究会編／鶴田秀樹 執筆

**行政法**の過去問
資格試験研究会編／吉田としひろ 執筆

**民法Ⅰ**の過去問
資格試験研究会編／鶴田秀樹 執筆

**民法Ⅱ**の過去問
資格試験研究会編／鶴田秀樹 執筆

**政治学・行政学**の過去問
資格試験研究会編／近 裕一 執筆

**国際関係**の過去問
資格試験研究会編／高瀬淳一 執筆

**ミクロ経済学**の過去問
資格試験研究会編／村尾英俊 執筆

**マクロ経済学**の過去問
資格試験研究会編／村尾英俊 執筆

## 公務員受験者必読の定番書籍です！

### 受験ジャーナル増刊号

受験ジャーナル編集部編

6年度試験対応　公務員試験
**学習スタートブック**
●定価：1,760円

6年度試験対応
**公務員の仕事入門ブック**
●定価：1,760円

6年度
**国立大学法人等職員採用試験攻略ブック**
●定価：2,200円

6年度　公務員試験
**直前対策ブック**
●定価：1,870円

6年度　公務員試験
**面接完全攻略ブック**
●定価：1,870円

6年度　公務員試験
**直前予想問題**
●定価：1,870円

# https://www.jitsumu.co.jp/

## 基礎固めから実戦演習まで、ここを押さえれば試験で差がつく！

# 基本書

公務員試験 **文章理解** すぐ解ける〈直感ルール〉ブック
[改訂版]　　　　　　瀧口雅仁著●定価：1,980円

公務員試験 **速攻の自然科学**
資格試験研究会編●定価：1,320円

公務員試験 **速攻の英語**
資格試験研究会編●定価：1,320円

公務員試験 **無敵の文章理解メソッド**
鈴木鋭智著●定価：1,540円

公務員試験 行政5科目 **まるごとパスワードneo2**
高瀬淳一著●定価：1,430円

公務員試験 行政5科目 **まるごとインストールneo2**
高瀬淳一著●定価：1,430円

公務員試験 法律5科目 **まるごとエッセンス**
[改訂第4版]　　　　九条正臣著●定価：1,430円

公務員試験 **最初でつまずかない数的推理**
佐々木淳著●定価：1,870円

## 公務員のガイドから、論文・面接・官庁訪問対策まで！

# ガイド・他

公務員試験　現職人事が書いた
**「面接試験・官庁訪問」の本**
2025年度版　　　　大賀英徳著●定価：1,540円

公務員試験　現職人事が書いた
**「自己PR・志望動機・提出書類」の本**
2025年度版　　　　大賀英徳著●定価：1,430円

公務員試験　現職人事が書いた
**「公務員になりたい人へ」の本**
2025年度版　　　　大賀英徳編著●定価：1,430円

**公務員面接を勝ち抜く力**
小紫雅史著●定価：1,320円

**わが子に公務員をすすめたい親の本**
寺本康之著●定価：1,430円

公務員試験
**独学で合格する人の勉強法**
2025年度版　　　　鶴田秀樹編著●定価：1,430円

# 厳選1000問をeラーニングで完全マスター！

eラーニング 大卒[教養] 過去問1000

eラーニング 大卒[専門] 過去問1000

eラーニング【公務員試験】
## 大卒[教養]過去問1000

eラーニング【公務員試験】
## 大卒[専門]過去問1000

「過去問1000」は、スマートフォン・タブレット・PCなどで、いつでもどこでも学習できるeラーニングシステムです！

■利用期間：お申込日から　1年間有効
■定価：各5,500円（税込）

詳細はこちら

# 公務員受験 BOOKS 取扱い書店一覧

公務員受験BOOKSは、掲載書店以外の書店・大学生協でも取扱っております。
書店で品切れの場合は、店頭での注文により、取り寄せることができます。

●北海道　紀伊國屋書店（札幌本店・厚別店）／MARUZEN＆ジュンク堂書店札幌店／三省堂書店札幌店／コーチャンフォー（美しが丘店・ミュンヘン大橋店・新川通り店・釧路店・旭川店・北見店）／喜久屋書店小樽店／宮脇書店帯広店／函館蔦屋書店／ジュンク堂書店旭川店／リリィアブルブックス運動公園通り店／くまざわ書店アリオ札幌店／江別 蔦屋書店

●青森県　ジュンク堂書店弘前中三店／宮脇書店青森本店／成田本店しんまち店

●秋田県　ジュンク堂書店秋田店／未来屋書店秋田店／宮脇書店秋田本店／スーパーブックス八橋店

●岩手県　さわや書店フェザン店／ジュンク堂書店盛岡店／エムズ エクスポ盛岡南店／東山堂イオンモール盛岡南店／MORIOKA TSUTAYA

●山形県　八文字屋（本店・北店・鶴岡店）／こまつ書店（寿町本店・堀川町店）／戸田書店（三川店・山形店）／TENDO八文字屋

●宮城県　八文字屋（泉店・セルバ店）／紀伊國屋書店仙台店／丸善書店仙台アエル店／あゆみBOOKS仙台一番町店／ヤマト屋書店（仙台八幡店・仙台三越店・東仙台店）／未来屋書店名取店／蔦屋書店仙台泉店／くまざわ書店（エスパル仙台店・アリオ仙台泉店）

●福島県　岩瀬書店（福島駅西口店・富久山店）／鹿島ブックセンター／ヤマニ書房本店／みどり書房（イオンタウン店・桑野店・福島南店）／ジュンク堂書店郡山店／くまざわ書店（福島エスパル店・会津若松店）

●茨城県　ACADEMIAイーアスつくば店／コーチャンフォーつくば店／川又書店（県庁店・エクセル店）／WonderGOOつくば店／未来屋書店（水戸内原店・土浦店・つくば店）／蔦屋書店（ひたちなか店・龍ケ崎店）／ブックエース茨木前店／くまざわ書店取手店／リブロトナリエキュートつくば店

●栃木県　喜久屋書店宇都宮店（イトーヨーカドー店・宝木店・トナリエ店）／うさぎや（自治医大店・栃木城内店）／くまざわ書店（宇都宮インターパーク店・宇都宮店）／TSUTAYA小山ロブレ店／ビッグワンTSUTAYA（佐野店・さくら店）

●群馬県　戸田書店高崎店／ブックマンズアカデミー（高崎店・太田店）／喜久屋書店太田店／紀伊國屋書店前橋店／くまざわ書店高崎店／蔦屋書店前橋みなみモール店／未来屋書店高崎店

●埼玉県　須原屋（本店・コルソ店・武蔵浦和店・川口前川店）／三省堂書店大宮店／ジュンク堂書店大宮高島屋店／紀伊國屋書店（川越店・さいたま新都心店・浦和パルコ店）／東京旭屋書店（新越谷店・志木店・イオンモール浦和美園店）／ブックファーストルミネ川越店／ブックデポ書楽／くまざわ書店（アズセカンド店・宮原店）／蔦屋書店フォレオ菖蒲店／ACADEMIA菖蒲店／文教堂書店川口駅店／未来屋書店レイクタウン店／明文堂書店TSUTAYA戸田店／TSUTAYAレイクタウン／蔦屋書店桶川店／リブロ（ららぽーと富士見店・ララガーデン春日部店）／ツタヤブックストアグランエミオ所沢

●千葉県　三省堂書店（千葉そごう店・カルチャーステーション千葉店）／東京旭屋書店船橋店／丸善書店津田沼店／堀江良文堂書店松戸店／くまざわ書店（松戸店・津田沼店・ペリエ千葉本店・柏高島屋店・流山おおたかの森店・セブンパークアリオ柏店）／喜久屋書店（千葉ニュータウン店・松戸店）／未来屋書店イオン成田店／精文館書店（木更津店・市原五井店）／蔦屋書店（幕張新都心店・茂原店）／ジュンク堂書店（南船橋店・柏モラージュ店）／丸善ユニモちはら台店／ツタヤブックストアテラスモール松戸／有隣堂ニッケコルトンプラザ店

●神奈川県　有隣堂（横浜駅西口店・ルミネ横浜店・戸塚モディ店・本店・藤沢店・厚木店・たまプラーザテラス店・新百合ヶ丘エルミロード店・ミウィ橋本店・テラスモール湘南店・ららぽーと海老名店・ららぽーと湘南平塚店・キュービックプラザ新横浜店）／三省堂書店海老名店／文教堂書店（溝ノ口本店・横須賀MORE'S店）／八重洲B.C京急上大岡店／ブックファースト青葉台店／ポーノ相模大野店）／紀伊國屋書店（横浜店・ららぽーと横浜店・武蔵小杉店）／丸善書店ラゾーナ川崎店／丸善日吉東急アベニュー店／ジュンク堂書店藤沢店／くまざわ書店（相模大野店・本厚木店・横須賀店）／ACADEMIAくまざわ書店橋本店／ACADEMIA港北店

●東京都　くまざわ書店（八王子店・錦糸町店・桜ケ丘店・武蔵小金井北口店・調布店・アリオ北砂店）／丸善書店（丸の内本店・日本橋店・お茶の水店・多摩センター店）／オリオン書房（ルミネ店・ノルテ店・イオンモールむさし村山店）／有隣堂（町田モディ店・アトレ目黒店・アトレ恵比寿店・グランデュオ蒲田店）／久美堂本店／三省堂書店（神保町本店・池袋本店・有楽町店・成城店・東京ソラマチ店・経堂店）／紀伊國屋書店（新宿本店・玉川高島屋店・国分寺店・小田急町田店・アリオ亀有店）／東京旭屋書店池袋店／書泉芳林堂書店高田馬場店／啓文堂書店（府中本店・多摩センター店・渋谷店）／文教堂書店（二子玉川店・赤羽店・市ケ谷店）／ジュンク堂書店（池袋本店・吉祥寺店・大泉学園店・立川高島屋店）／ブックファースト（新宿店・アトレ大森店・レミィ五反田店・ルミネ北千住店・中野店）／コーチャンフォー若葉台店／喜久屋書店府中店

●新潟県　紀伊國屋書店新潟店／ジュンク堂書店新潟店／戸田書店長岡店／知遊堂（三条店・亀貝店・上越国府店）／蔦屋書店（新通店・新発田店）／未来屋書店新潟南店

●富山県　文苑堂（福田本店・富山豊田店・藤の木店）／BOOKSなかだ本店／喜久堂書店高岡店／明文堂書店富山新庄経堂店／紀伊國屋書店富山店／くまざわ書店富山マルート店

●石川県　うつのみや金沢香林坊店／金沢ビーンズ明文堂書店／明文堂書店TSUTAYA（野々市店・KOMATSU店）／未来屋書店杜の里店

●長野県　平安堂（新長野店・上田店・東和田店）／MARUZEN松本店

●福井県　紀伊國屋書店福井店／Super KaBoS（新二の宮店・大和田店・敦賀店）

●山梨県　朗月堂本店／ブックセンターよむよむフレスポ甲府東店／BOOKS KATOH都留店／くまざわ書店双葉店／未来屋書店甲府昭和店

●静岡県　谷島屋（新流通店・浜松本店・イオンモール浜松志都呂店・ららぽーと磐田店・マークイズ静岡店）／未来屋書店浜松市野店／マルサン書店仲見世店／戸田書店（江尻台店・藤枝東店）／MARUZEN＆ジュンク堂書店新静岡店

●岐阜県　丸善書店岐阜店／カルコス（本店・穂積店）／未来屋書店各務原店／ACADEMIA大垣店／三省堂書店岐阜店／三洋堂書店アクロスプラザ恵那店

●三重県　宮脇書店四日市本店／本の王国文化センター前店／MARUZEN四日市店／コメリ書房鈴鹿店／TSUTAYAミタス伊勢店

●愛知県　三洋堂書店いりなか店／三省堂書店名古屋本店／星野書店近鉄パッセ店／精文館書店（本店・新豊田店）／ジュンク堂書店（名古屋店・名古屋栄店）／らくだ書店本店／MARUZEN名古屋本店（ヒルズウォーク徳重店・イオンタウン千種店）／未来屋書店（ナゴヤドーム前店・大高店）／夢屋書店長久手店／TSUTAYA（春日井店・瀬戸店・ウィングタウン岡崎店・ららぽーと愛知東郷）／紀伊國屋書店（名古屋空港店・mozoワンダーシティ店）／カルコス小牧店

●滋賀県　ジュンク堂書店滋賀草津店／ブックハウスひらがきAスクエア店／大垣書店フォレオ大津一里山店／喜久屋書店草津店／サンミュージック（ハイパーブックス彦根店・ハイパーブックスかがやき通り店）

●京都府　丸善書店京都本店／大垣書店（烏丸三条店・イオンモールKYOTO店・イオンモール京都桂川店・京都ヨドバシ店・イオンモール北大路店・京都本店・二条店）／未来屋書店高の原店

●奈良県　啓林堂書店奈良店／喜久屋書店（大和郡山店・橿原店）／三洋堂書店香芝店／ジュンク堂書店奈良店／WAY書店TSUTAYA天理店

●和歌山県　TSUTAYA WAY（ガーデンパーク和歌山店・岩出店・田辺東山店）／くまざわ書店和歌山ミオ店／宮脇書店ロイネット和歌山／未来屋書店和歌山店

●兵庫県　喜久屋書店（北神戸店・須磨パティオ店）／ジュンク堂書店（三宮店・三宮駅前店・西宮店・姫路店・神戸住吉店・明石店）／紀伊國屋書店（加古川店・川西店）／ブックファースト阪急西宮ガーデンズ店／大垣書店神戸ハーバーランドumie店／未来屋書店伊丹店／メトロ書店神戸御影店／旭屋書店ららぽーと甲子園店

●大阪府　旭屋書店なんばCity店／紀伊國屋書店（梅田本店・グランフロント大阪店・泉北店・堺北花田店・京橋店・高槻阪急店・天王寺ミオ店・アリオ鳳店）／ジュンク堂書店（大阪本店・難波店・天満橋店・近鉄あべのハルカス店・松坂屋高槻店）／喜久屋書店阿倍野店／田村書店千里中央店／大垣書店高槻店／MARUZEN＆ジュンク堂書店梅田店／未来屋書店（大日店・りんくう泉南店・茨木店）／TSUTAYAららぽーとEXPOCITY／梅田蔦屋書店／丸善（八尾アリオ店・セブンパーク天美店）／水嶋書店くずはモール店／枚方蔦屋書店

●鳥取県　本の学校　今井ブックセンター／今井書店（湖山店・吉成店・錦町店）／宮脇書店鳥取店

●島根県　ブックセンタージャスト浜田店／今井書店（グループセンター店・学園通り店・出雲店・AERA店）／宮脇書店イオンモール出雲店

●岡山県　丸善（岡山シンフォニービル店・さんすて岡山店）／紀伊國屋書店（クレド岡山店・エブリィ津高店）／宮脇書店岡山本店／喜久屋書店倉敷店／TSUTAYA津島モール店／啓文社岡山本店／未来屋書店岡山店／TSUTAYA BOOKSTORE岡山駅前

●広島県　紀伊國屋書店（広島店・ゆめタウン広島店・ゆめタウン廿日市店）／廣文館広島駅ビル店／フタバ図書（TERA広島府中店・広島駅前店・MEGA・アルティアルパーク北棟店・アルティ福山本店）／啓文社ポートプラザ店／ジュンク堂書店広島駅前店／MARUZEN広島店／TSUTAYA（東広島店・フジグラン緑井店）／広島蔦屋書店／エディオン蔦屋家電

●山口県　文榮堂（本店・山大前店）／宮脇書店（宇部店・徳山店）／明屋書店（南岩国店・MEGA大内店・MEGA新下関店）／くまざわ書店下関店／幸太郎本舗TSUTAYA宇部店／紀伊國屋書店ゆめタウン下松店

●香川県　宮脇書店（本店・南本店・総本店・丸亀店）／紀伊國屋書店丸亀店／くまざわ書店高松店／ジュンク堂書店高松店

●徳島県　紀伊國屋書店（徳島店・ゆめタウン徳島店）／附家書店（松茂店・国府店）／宮脇書店徳島本店／BookCity平惣徳島店／未来屋書店徳島店

●愛媛県　明屋書店（中央通店・MEGA平田店・石井店）／ジュンク堂書店松山三越店／TSUTAYA（エミフルMASAKI店・BOOKSTORE 重信・フジグラン松山店）／紀伊國屋書店いよてつ高島屋店

●高知県　TSUTAYA中万々店／宮脇書店高須店／金高堂／金高堂朝倉ブックセンター／高知 蔦屋書店／未来屋書店高知店

●福岡県　ジュンク堂書店福岡店／紀伊國屋書店（福岡本店・ゆめタウン博多店・久留米店）／福岡金文堂福大店／ブックセンタークエスト（小倉本店・エマックス久留米店）／丸善書店博多店／喜久屋書店小倉店／フタバ図書（TERA福岡店・GIGA春日店）／くまざわ書店（小倉店・福岡西新店・ららぽーと福岡店）／蔦屋書店イオンモール筑紫野／黒木書店七隈店／丸善津屋店・直方店）／六本松蔦屋書店／TSUTAYA和白店／ツタヤブックストアマークイズ福岡ももち店

●佐賀県　積文館書店佐大通り店／くまざわ書店佐賀店／紀伊國屋書店佐賀店／TSUTAYA鳥栖店

●長崎県　紀伊國屋書店長崎店／メトロ書店本店／くまざわ書店佐世保店／ツタヤブックストアさせぼ五番街店／TSUTAYA長崎COCOWALK

●熊本県　金龍堂まるぶん店／紀伊國屋書店（熊本光の森店・熊本はません店・あらおシティモール店）／蔦屋書店（熊本三年坂店・嘉島店・小川町店）／明林堂書店（長崎店・白山店）／メトロ書店熊本本店

●大分県　明林堂書店（別府本店・大分本店）／リブロ大分わさだ店／紀伊國屋書店アミュプラザおおいた店／くまざわ書店大分明野店

●宮崎県　田中書店妻ヶ丘本店／蔦屋書店宮崎高千穂通り店／くまざわ書店延岡ニューシティ店／未来屋書店イオンモール宮崎店／紀伊國屋書店アミュプラザみやざき店／ツタヤブックストア宮交シティ

●鹿児島県　ブックスミスミ（オプシア店・鹿児島店）／ジュンク堂書店鹿児島店／紀伊國屋書店鹿児島店／未来屋書店鹿児島店／MARUZEN天文館店／TSUTAYA BOOKSTORE 霧島

●沖縄県　宮脇書店宜野湾店・太陽書房美里店・南風原店・うるま店・大山店・イオン名護店・経塚シティ店）／TSUTAYA那覇新都心店／球陽堂書房（那覇メインプレイス店・西原店）／くまざわ書店那覇店／リウボウブックセンター店／ジュンク堂書店那覇店／未来屋書店ライカム店／HMV&BOOKS OKINAWA

（2023年12月現在）

IV

# 公務員 公開模擬試験

**2024年度試験対応**

web限定申込

主催:実務教育出版

## 自宅で受けられる模擬試験！直前期の最終チェックにぜひご活用ください！

### ▼日程・受験料

| 試験名 | 申込締切日 ※ | 問題発送日 当社発送日 | 答案締切日 当日消印有効 | 結果発送日 当社発送日 | 受験料 （税込） | 受験料[教養のみ] （税込） |
|---|---|---|---|---|---|---|
| 地方上級 公務員 | 2/26 | 3/13 | 3/26 | 4/16 | 5,390 円 教養+専門 | 3,960 円 教養のみ |
| 国家一般職大卒 | 2/2 | | 申込受付は終了しました | | ,390 円 能力+専門 | 3,960 円 基礎能力のみ |
| [大卒程度] 警察官・消防官 | 2/26 | 3/13 | 3/26 | 4/16 | 4,840 円 教養+論文添削 | |
| 市役所上級 公務員 | 4/4 | 4/19 | 5/7 | 5/24 | 4,840 円 教養+専門 | 3,960 円 教養のみ |
| 高卒・短大卒程度 公務員 | 6/6 | 6/24 | 7/12 | 8/1 | 3,850 円 教養+適性+作文添削 | |
| [高卒・短大卒程度] 警察官・消防官 | 6/6 | 6/24 | 7/12 | 8/1 | 3,850 円 教養+作文添削 | |

※申込締切日後は【自己採点セット】を販売予定。詳細は4月上旬以降に実務教育出版webサイトをご覧ください。　　＊自宅受験のみになります。

### ▼試験構成・対象

| 試験名 | 試験時間・問題数 | 対象 |
|---|---|---|
| 地方上級 公務員 *問題は2種類から選択 | 教養 [択一式/2時間30分/全問：50題 or 選択：55問中45題] 専門(行政系) [択一式/2時間/全問：40題 or 選択：50題中40題] | 都道府県・政令指定都市・特別区 (東京23区) の大卒程度一般行政系 |
| 国家一般職大卒 | 基礎能力試験 [択一式/1時間50分/30題] 専門(行政系) [択一式/3時間/16科目 (80題) 中 8科目 (40題) ] | 行政 |
| [大卒程度] 警察官・消防官 | 教養 [択一式/2時間/50題] 論文 [記述式/60分/警察官 or 消防官 いずれか1題] ＊添削付き | 大卒程度 警察官・消防官 (男性・女性) |
| 市役所上級 公務員 | 教養 [択一式/2時間/40題] 専門(行政系) [択一式/2時間/40題] | 政令指定都市以外の市役所の大卒程度一般行政系 (事務系) |
| 高卒・短大卒程度 公務員 | 教養 [択一式/1時間40分/45題]　　適性 [択一式/15分/120題] 作文 [記述式/50分/1題] ＊添削付き | 都道府県・市区町村、国家一般職 (高卒者、社会人) 事務、国家専門職 (高卒程度、社会人)、国家特別職 (高卒程度) など高卒・短大卒程度試験 |
| [高卒・短大卒程度] 警察官・消防官 | 教養 [択一式/2時間/50題] 作文 [記述式/60分/警察官 or 消防官 いずれか1題] ＊添削付き | 高卒・短大卒程度 警察官・消防官 (男性・女性) |

## 実務教育出版webサイトからお申し込みください
## https://www.jitsumu.co.jp/

## ■模擬試験の特徴

### ●2024年度（令和6年度）試験対応の予想問題を用いた、実戦形式の試験です！

試験構成、出題数、試験時間など実際の試験と同形式です。マークシートの解答方法はもちろん時間配分に慣れることができ、本試験直前期に的確な最終チェックが可能です。

### ●自宅で本番さながらの実戦練習ができます！

全国規模の実施ですので、実力を客観的に把握できます。「正答と解説」には、詳しい説明が記述されていますので、周辺知識までが身につき、一層の実力アップがはかれます。

### ●全国レベルの実力がわかる、客観的な判定資料をお届けします！

マークシートご提出後に、個人成績表をお送りいたします。精度の高い合格可能度判定をはじめ、得点、偏差値、正答率などの成績データにより、学習の成果を確認できます。

▼ 個人成績表
▼ マークシート
▼ 正答と解説
▼ 教養試験・専門試験

## ■申込方法

### 公開模擬試験は、実務教育出版webサイトの公開模擬試験申込フォームからお申し込みください。

1. 受験料のお支払いは、クレジット決済、コンビニ決済の2つの方法から選べます。

2. コンビニ決済の場合、ご利用のコンビニを選択すると、お申込情報（金額や払込票番号など）とお支払い方法が表示されます。その指示に従い指定期日（ネット上でのお申込み手続き完了日から6日目の23時59分59秒）までにコンビニのカウンターにて受験料をお支払いください。この期限を過ぎますと、お申込み自体が無効となりますので、十分ご注意ください。

スマホから
簡単アクセス

[ご注意] 決済後の受験内容の変更・キャンセル等、受験料の返金を伴うご要望には一切応じることができませんのでご了承ください。
氏名は、必ず受験者ご本人様のお名前で、入力をお願いいたします。

---

### ◆公開模擬試験についてのお問い合わせ先

問題発送日より1週間経っても問題が届かない場合、下記「公開模擬試験」係までお問い合わせください。
実務教育出版　「公開模擬試験」係　TEL：03-3355-1822（土日祝日を除く9：00〜17：00）

---

### 当社 2024 年度 通信講座受講生 は下記の該当試験を無料で受験できます。

申込手続きは不要です。問題発送日になりましたら、自動的に問題、正答と解説をご自宅に発送します。
＊無料受験対象以外の試験をご希望の方は、当サイトの公開模擬試験申込フォームからお申し込みください。

▼各コースの無料受験できる公開模擬試験は下記のとおりです。

| あなたが受講している通信講座のコース名 | 無料受験できる公開模擬試験 |
|---|---|
| 大卒程度公務員総合コース<br>[教養＋専門行政系] | 地方上級（教養＋専門）　国家一般職大卒（基礎能力＋専門）<br>市役所上級（教養＋専門） |
| 大卒程度公務員総合コース<br>[教養のみ] | 地方上級（教養のみ）　国家一般職大卒（基礎能力のみ）<br>市役所上級（教養のみ） |

---

## 【実力判定テスト】もあります！

詳細は、実務教育出版webサイトをご覧ください。